GRÖN-
LAND
ARK)
Bay
Baffin Island
Davisstraße
NAVUT
Iqaluit
A D A
Hudson Bay
Labrador-
see
NEWFOUNDLAND
AND
LABRADOR
NTARIO
QUEBEC
ATLANTIK
Lake
Superior
PRINCE
EDWARD
ISLAND
Quebec
NEW
BRUNS-
WICK
St. John's
Ottawa
Montreal
Lake Huron
Toronto
NOVA
SCOTIA
Lake Ontario
Lake Erie
New York

Carmen Rohrbach

MEIN BLOCKHAUS IN KANADA

CARMEN ROHRBACH

MEIN BLOCKHAUS IN KANADA

Wie ich mir den Traum von Wildnis und Einsamkeit erfüllte

Mit 42 farbigen Fotos, 3 Schwarz-Weiß-Illustrationen und einer Karte

MALIK

Mehr über unsere Autoren und Bücher:
www.malik.de

Mit Rücksicht auf die Privatsphäre der im Buch vorkommenden Personen habe ich ihre Namen geändert und zum Schutz der wunderbaren Natur, in der ich mehrere Monate verbringen durfte, auch die Örtlichkeiten umbenannt.

MIX
Papier aus verantwortungsvollen Quellen
FSC® C014496
FSC
www.fsc.org

ISBN 978-3-89029-507-7
4. Auflage 2020

Redaktion: Susanne Härtel, München
Fotos: Carmen Rohrbach, mit Ausnahme der Fotos im Bildteil auf S. 2 unten und S. 5 oben: Bert Bergenhenegouwen
© Illustration S. 165: shutterstock
Karte: Marlise Kunkel, München
Satz: psb, Berlin
Litho: Lorenz & Zeller, Inning am Ammersee
Druck und Bindung: GGP Media GmbH, Pößneck
Printed in Germany

Für meinen Bruder Holger und seine Frau Cornelia, deren Tür immer für mich offen steht und die so herzlich an meinem nicht einfachen Lebensweg Anteil nehmen.

Für meine Mutter, die all meine abenteuerlichen Reisen beim kritischen Lesen meiner Manuskripte miterlebt.

Für meinen Lebenspartner Helmut, durch den ich erfahren habe, was Glücklichsein bedeutet.

INHALT

TEIL 3: ALLEIN IN KANADAS WILDNIS

ANHANG

PROLOG: STIMME DER WILDNIS

Kein Geräusch ist zu hören, kein Vogelruf durchbricht die Stille. Diese Lautlosigkeit erfüllt mich mit gespannter Erwartung. Seit dem frühen Morgen sitze ich am Ufer des Rainbow Lake in British Columbia, der nordwestlichen Provinz Kanadas, und stelle mir vor, ein Elch tritt mit seinem langnasigen Kopf und dem ausladenden Schaufelgeweih aus dem Wald heraus und zieht gemächlich zum Äsen in die sumpfigen Wiesen. Vielleicht taucht auch ein Wolf auf, der seinen Durst am Wasser stillt, oder sogar ein Schwarzbär. Nichts von alledem geschieht, dennoch langweile ich mich nicht. Mich durchströmt ein Glücksgefühl, hier sein zu dürfen, in einem der letzten, vom Menschen unbeeinflussten Wildnisgebiete unserer Erde.

Auf einmal schwebt ein sehnsuchtsvoller Laut über das Wasser, eine weithin tönende, melancholische Klage, ein schaurigschöner Klang. Es ist die Stimme des Eistauchers, des *loon*, wie er in Kanada genannt wird. Die rauen und zugleich weich schwingenden Töne dieser Vögel scheinen wie für diese karge, weltabgeschiedene Landschaft geschaffen und verstärken das

Gefühl von Einsamkeit. Der wildromantische Gesang des Eistauchers ergreift mich tief und lässt mein Herz schneller schlagen.

Bald werden diese Töne nicht mehr zu hören sein. Die Eistaucher fliegen im Spätsommer zu den südlich gelegenen Küsten des Pazifiks und Atlantiks, denn die Seen im Norden sind im Winter mit meterdickem Eis bedeckt. Aber gerade dann, im Winter, will ich wiederkommen, um während der kältesten Jahreszeit in einer einsam gelegenen Blockhütte zu überwintern.

Schon lange bewegt mich dieser Gedanke, eigentlich seit meiner Jugend, als fast all meine Reisesehnsüchte entstanden sind. Wie viele junge Menschen haben mich die Abenteuerbücher von Jack London, Friedrich Gerstäcker und Joseph Conrad inspiriert, spannende Beschreibungen wilder Natur, Geschichten von Goldsuchern, Holzfällern und Trappern. Diese Sehnsüchte nach der Wildnis haben mich nie verlassen, und so war ich mir sicher, irgendwann würde ich meinen Traum verwirklichen.

Wie aber sollte ich »mein« Blockhaus in diesem riesigen Land finden? Kanada ist mit fast zehn Millionen Quadratkilometern der weltweit zweitgrößte Staat nach Russland. Meinen ersten Gedanken, mit einem Mietwagen das Land zu durchstreifen, verwarf ich gleich wieder. Mir war klar, die grandiose Landschaft von der Straße aus zu sehen würde mich traurig machen, weil ich sie nicht mit all meinen Sinnen erfassen, mich ihr nicht Schritt für Schritt nähern könnte. Auto und Wildnis, das sind zwei Begriffe, die für mich unvereinbar sind. Zudem sollte mein Domizil nicht über eine Straße erreichbar, also rundum von unbeeinflusster Natur umgeben sein, ohne elektrischen Strom, ohne Internetverbindung, heizbar mit selbst gehacktem Holz, Wasser aus dem Eisloch eines Sees. Gab es so eine Hütte überhaupt noch? Ja, früher, in den Zeiten der Fallensteller und Pelzhändler, also zu Jack Londons Zeiten, da mag es solche primitiven Hütten gegeben haben. Sie waren sicher längst in Einzelteile zerfallen und vom Urwald überwuchert.

Meinen Wunsch hatte ich fast aufgegeben, da las ich in dem Buch »Das Schneekind« von Nicolas Vanier, einem französischen Abenteurer, dass er im Jahr 1994 an einem Bergsee eine Blockhütte gebaut hatte. Der See liegt in den Cassiar-Bergen, die zu den Rocky Mountains gehören. Die Fotos im Buch und die Landschaftsbeschreibung des Autors bestärkten mich darin, genau dies könnte mein Überwinterungsort sein. Die waldreiche Gegend, der kristallklare See, umkränzt von felsigen Bergen mit schneebedeckten Gipfeln, all das entsprach meinen Vorstellungen. Ich spürte, dass ich mich bereits aus der Ferne in das Holzhaus am Seeufer verliebt hatte. Mein Traumbild von einer Blockhütte existierte also in Wirklichkeit. Seltsam, als hätte der Abenteurer meine geheimen Sehnsüchte gekannt, hatte er meine inneren Bilder verwirklicht.

Fast 25 Jahre waren vergangen, seit das Blockhaus gebaut wurde. Nicolas Vanier wohnte schon lange nicht mehr dort, er hatte sich anderen Abenteuern zugewandt. Auf den Fotos im Buch konnte ich erkennen, dass die Unterkunft aus massiven Baumstämmen gefertigt war, mit einem stabilen Satteldach und einer Veranda mit Blick zum See. Allerdings, wenn kein Mensch in der Hütte lebte und für ihren Erhalt sorgte, war sie sicherlich von Schneelasten im Winter beschädigt, vom Sturm zerfleddert, von hungrigen Bären eingedrückt, von Stachelschweinen und anderen Tieren zernagt worden. Doch wer weiß, vielleicht existierte sie noch?

Zunächst besorgte ich mir eine Karte vom Gebiet der Cassiar-Berge. Vergeblich suchte ich darauf den See, denn Nicolas Vanier hatte ihm einen anderen Namen gegeben, um die unberührte Natur vor Nachahmern zu schützen. Thukada Lake hat er ihn genannt, und diese Bezeichnung will ich beibehalten. Er hat in seinem Buch keine einheimischen Helfer erwähnt, doch ich war überzeugt, es musste sie geben. Woher sonst hätte er die Pferde gehabt, mit denen er von der Ortschaft Prince George in das unbesiedelte Gebiet gezogen ist? Zudem brauchte er Ausrüstung und Werkzeug zum Hüttenbau und Hilfe bei der Dachkonstruktion.

Ich begann also meine Nachforschungen in Prince George und fand den ehemaligen Trapper John, mit dessen Pferden der Franzose zum Thukada Lake geritten war. Und welch Glück – Vaniers Hütte war noch intakt, und John organisierte jährlich Wander- und Reittouren dorthin.

Mit John stand ich mehrere Monate lang in Kontakt, und wir einigten uns, dass ich im Sommer bei ihm eine Wandertour vom Blue Lake zum Blockhaus am Thukada Lake für mich und meinen Freund Helmut buchen würde, damit ich meine Entscheidung für die Überwinterung überdenken und mir ein Bild von der Gegend und der Hütte machen konnte. Wichtiger noch, John und der Chief der Tsay Keh Dene – ein Stamm der First Nations, wie die Ureinwohner hier genannt werden – wollten mich kennenlernen und prüfen, ob ich für das Unternehmen geeignet wäre, und mir, bei positivem Eindruck, ihre Erlaubnis und Unterstützung geben. Die Hütte befindet sich auf indigenem Gebiet, und daher durfte ich nur mit der Genehmigung des Stammes im Blockhaus wohnen. Zudem musste die Administration des kanadischen Staats informiert und deren *permit* eingeholt werden.

John wollte alles für mich regeln. Also meldeten wir uns für die Sommerwanderung an. Bis zuletzt wussten wir nicht, was genau uns erwarten würde.

TEIL 1

WILDNISTOUR IM SOMMER

EINE STADT ENTSTEHT DURCH DIE EISENBAHN

Smithers liegt im fruchtbaren Tal des lebhaft strömenden Bulkley River und schmiegt sich an bewaldete Berge, die von den felsigen Gipfeln des 2589 Meter hohen Hudson Bay Mountain gekrönt werden. Bis 1913 herrschte hier undurchdringliche Wildnis. Erst als die transkontinentale Zugverbindung der Grand Trunk Pacific Railway Company von Ost nach West durch das Land gezogen wurde, entstand hier ein wichtiger Knotenpunkt, der genau zwischen den beiden schon damals existierenden Orten Prince George und Prince Rupert lag. Arbeiter kamen von überallher, auch aus Europa und Asien, halfen beim Trassenbau, manche blieben und siedelten sich an. Smithers würde wohl kaum existieren, wäre die Eisenbahn nicht gebaut worden. Inzwischen leben etwa 5400 Einwohner in dem Gebirgsort und 20 000 in der näheren Umgebung in land- und forstwirtschaftlichen Gemeinden und auf einzelnen Farmen.

Die Leute, die der Eisenbahnbau angelockt hatte, waren aber nicht die ersten Menschen im Bulkley Valley. Seit Jahrtausenden war es das Heimatgebiet des indigenen Stammes der

Wet'suwet'en, die noch heute in sechs Gemeinden hier leben. Der Stammesname bedeutet »Menschen der niedrigen Berge«.

Nach fast elfstündigem Flug hatten wir gegen Abend Vancouver erreicht, aber noch immer war es der gleiche Tag, denn die Zeitverschiebung beträgt neun Stunden. Wir waren also stets der Sonne vorausgeflogen, ohne dass es Nacht wurde. Ich fand es faszinierend, am Bordbildschirm die Flugstrecke zu betrachten und zu sehen, wie sich die Erde hinter dem Flugzeug verdunkelte. Fast gespenstisch sah es aus, als würden wir von einem dunklen Schatten verfolgt.

Am nächsten Morgen fliegen wir weiter nach Smithers. Den Ort habe ich nicht aus eigenem Interesse gewählt, sondern weil wir vom Buschflieger von hier in die Wildnis geflogen werden. In der Flughafenhalle werden wir von einem ausgestopften Grizzly begrüßt. Vor neugierigen Berührungen der Menschen sicher, steht er aufgerichtet in einem Glaskasten. Ein wahrhaft imposantes Tier, furchteinflößend, wenn er nicht schon tot wäre. Erlegt wurde er von zwei Offizieren der kanadischen Parkverwaltung, um die Rinder der Farmer zu schützen. »Phantom of the Hungry Hill« wurde der Bär genannt, der drei Jahre lang seine Verfolger narrte, jeder Falle auswich und sich nie bei Büchsenlicht blicken ließ. Immer dichter zog sich der Kreis der Fallen, den seine Verfolger aufstellten. Er aber, der mächtige Grizzly, schaffte es, die als Köder ausgelegten toten Kälber zu fressen, ohne dabei in die Fallen zu geraten. Mehr als 30 Rinder soll er innerhalb von drei Jahren getötet haben. Dann, im Oktober 2001, schlug seine Schicksalsstunde. Eine seiner Pfoten war in eine Eisenschlinge geraten. Das kluge, misstrauische Tier, das bis dahin allen Nachstellungen entgangen war, sie geschickt erspürt hatte, war gefangen. Fast hätte der Bär es geschafft, den Draht durchzubeißen, doch da näherten sich die beiden Offiziere. Mit einem gewaltigen Ruck zerriss er die Fessel und stürzte sich auf seine Feinde. Wenige Schritte vor ihnen brach der 460 Kilogramm schwere Koloss im Kugelhagel zusammen.

Diese Geschichte und der imposante Bär stimmen mich auf Kanadas Abenteuer ein. Zunächst aber geht es nicht in die Wildnis, sondern in bewohnte Gegenden. Während der Taxifahrt vom Flughafen nach Smithers, wo wir eine Nachricht erwarten, wie es am nächsten Tag weitergehen wird, erklärt uns der Fahrer mit düsterer Stimme: »Diese Straße wird ›Highway der Tränen‹ genannt. Seit Jahren verschwinden hier junge Frauen, die per Anhalter unterwegs sind, manchmal findet man irgendwann die Leichen. Mindestens 43 Mädchen sind schon umgebracht worden, vermutlich sogar mehr.«

»Hat man denn nie einen Verdächtigten gefasst?«, fragt Helmut.

»Wie denn?«, antwortet Jim. » Die Frauen sind tot. Sie können nicht mehr sprechen. Im Jahr 1969 hat man das erste ermordete Mädchen gefunden, und bis heute dauert das Morden an. Es gibt wahrscheinlich nicht nur einen Mörder, sondern mehrere. Meist waren die Opfer sehr jung, das jüngste erst 14 Jahre alt, und fast alle indigener Herkunft. Ein Mädchen habe ich flüchtig gekannt. Ihre Leiche fand man hier in der Nähe des Flughafens.«

Ich blicke aus dem Autofenster. Die Landschaft spiegelt nicht die Schrecken wider, die sich hier seit Jahren abspielen. Da sprudelt ein idyllischer Bergbach neben der Straße, auf einer saftigen Wiese weiden Pferde, aber dann kommen wieder Abschnitte mit dichten Wäldern, keine Ortschaft weit und breit. Niemand, von dem man in der Not Hilfe erwarten könnte. Wenn wir kurz halten würden und jemand stiege ein, würde es keiner bemerken.

»Man hat Schilder aufgestellt«, erzählt Jim weiter. »Dort ist eins, lest selbst.«

Girls don't Hitchhike
on the
Highway of Tears.
Killer on the Loose!

»Wenn die indigenen Frauen von ihren Siedlungen in die Stadt zum Einkaufen wollen, müssen sie per Anhalter fahren, denn es gibt keine Busse oder andere öffentliche Verkehrsmittel«, erläutert der Taxifahrer.

Die Straße wird auch Yellowhead Highway genannt, nach dem Pass, der an der Grenze zu Alberta über die Rocky Mountains führt, lese ich später in einem Reiseführer. Als Route 16 erstreckt sie sich über 2687 Kilometer von Winnipeg im Osten bis nach Prince Rupert an der Pazifikküste. An die gewaltigen Entfernungen in diesem Land muss ich mich erst gewöhnen.

Gebaut wurde der Highway von der Hudson's Bay Company, um den wilden Westen Kanadas zu erschließen. Lange hat es gedauert, die Rocky Mountains zu überqueren. Erst 1970 wurde der letzte Streckenabschnitt geschafft, und die Straße konnte eingeweiht werden. Die Hudson's Bay Company, deren Hauptquartier in der Hudson Bay lag, ist das älteste Handelsunternehmen Kanadas. Sie wurde bereits 1670 gegründet und mit einem Privileg des damaligen englischen Königs ausgestattet. Über Jahrhunderte beherrschte die Hudson's Bay Company den Pelzhandel, baute ein Netzwerk von Handelsposten auf und intensivierte die Beziehungen zu den Angehörigen der First Nations, die ihnen die Pelze lieferten. Prinz Ruprecht von der Pfalz war erster Direktor der Gesellschaft, nach ihm erhielt die Ortschaft am Pazifik ihren Namen. Noch öfter werde ich während meines Aufenthalts in Kanada feststellen, dass wichtige Personen der frühen Zeit sich mit ihrem Namen in Ortschaften, Flüssen und Seen verewigt haben.

Smithers gefällt mir sofort. Vor allem seine Lage in den Bergen, überragt von hohen Felsgipfeln, begeistert mich. Die übersichtlich angelegte Ortschaft mit nur einer einzigen Einkaufs- und Geschäftsstraße ist schnell erkundet. Auffallend sind die zahlreichen Restaurants, Bars und Hotels, denn Smithers ist ein beliebter Ausflugsort für Kanadier und wird im Winter zur Skisaison stark besucht.

Mehr als die Einkaufsstraße mit ihren Geschäften interessiert mich die Geschichte der Ortschaft. Um mehr über sie zu erfahren, bietet sich das Bulkley-Museum an, untergebracht in einem historischen Gebäude, das im Jahr 1925 erbaut wurde. Da Nordwestkanada erst spät erforscht und in Besitz genommen wurde, gelten Gebäude und Erinnerungsstücke aus dem 20. Jahrhundert als historisch. In den Räumen, die früher die Wohnräume des Gouverneurs sowie die Verwaltung, die Polizeistation und das Gefängnis beherbergten, sind Fotos aus vergangenen Tagen, Steine, Fossilien und Mineralien, indigene Folklore und Ausstellungen lokaler Künstler zu besichtigen. Ein Raum widmet sich dem Eisenbahnbau. Nach Sir Alfred Smithers, dem Direktor der Eisenbahngesellschaft, die ihr Hauptquartier hier hatte, wurde die Ortschaft benannt. Der Name des 220 Kilometer langen Bulkley River, der bei den Einheimischen Wetzin Kwa hieß und an dessen Ufer die Neusiedler ihre Häuser bauten, stammt von Colonel Charles Bulkley, einem Ingenieur, der die Installation einer Telegrafenleitung vermaß und beaufsichtigte. Noch vor der Erschließung des Landes durch die Eisenbahn begann man bereits 1866, eine Fernsprechleitung durch den ganzen Kontinent bis nach Alaska zu planen. Ursprünglich sollte es eine russisch-amerikanische Telegrafenverbindung werden.

Diese frühe Zeit der Pioniere, Entdecker und Forscher ist es, die mich seit jeher fasziniert und meine Fantasie zu lebhaften Bildern anregt. Dabei bestärkt mich das Panorama von Smithers mit seinen Holzhäusern, von denen einige sogar aus dem Jahr 1913 stammen, aber natürlich neu hergerichtet sind. Im Norden der Stadt, hinter der letzten Straße, wo die wild gezackten Felszinnen emporragen, liegt das alte, ebenfalls renovierte Bahnhofsgebäude.

Auf einem Nebengleis reiht sich ein Güterwaggon an den anderen, zwei Kilometer ist der Zug lang, dem ich nun folge. Ich halte nach Tieren Ausschau, entdecke aber nur eine Schar Spatzen und ein paar Krähen. Ein vertrautes Gurren lässt mich genauer hinschauen. Tatsächlich, es sind Türkentauben, die gleiche Art, die seit den 1930er-Jahren von Osten nach Deutschland eingewandert ist. Wegen ihrer Herkunft tragen sie den auf die Türkei verweisenden Namen, obwohl sie ursprünglich noch weiter entfernt in Asien beheimatet waren. Ich frage mich, wie diese Tauben es über den Atlantik in den Westen Kanadas geschafft haben. Später lese ich in meinem Vogelbestimmungsbuch, dass die Tauben 1970 auf den Bahamas absichtlich ausgewildert worden waren oder unabsichtlich freikamen. Genaueres konnte ich nicht herausfinden. Von dort gelangten sie auf eigenen Schwingen nach Florida und flogen weiter nach Norden, bis sie Kanada erreichten.

Am Weg weist eine Infotafel mit dramatischen Worten und Fotos auf einen 1929 stattgefundenen Bankraub hin. Mit einem Taschenmesser hatte ein Mann den Bankangestellten bedroht, der 2000 Dollar herausrücken musste. Der Räuber flüchtete und versteckte sich ein paar Tage in den Bergen, wurde schließlich aufgespürt und zu fünf Jahren Haft verurteilt. Erstaunlich, dass dieses lange zurückliegende Ereignis es wert ist, so ausführlich geschildert zu werden.

Außerhalb der Ortschaft entdecke ich im Gebüsch neben den Waggons alte Schlafsäcke, Pappkartons und andere Gegenstände, die auf Übernachtungsplätze schließen lassen. Einer möglichen Gefahr will ich mich nicht aussetzen und wende mich wieder der Stadt zu, in deren Zentrum mich ein aus Holz geschnitzter übermannsgroßer Alphornbläser überrascht. Ich erfahre, dass sich außer den frühen Pionieren vom Eisenbahnbau vor allem Menschen aus der Schweiz hier angesiedelt haben; neben ihnen gibt es auch noch eine große Gemeinschaft von Holländern.

Die Bewohner von Smithers leben vor allem vom Wintertourismus. Die mit Liftanlagen erschlossenen Berghänge des Hudson Bay Mountain gelten als hervorragendes Skigebiet. Zudem ist die Ortschaft eine wichtige Versorgungsbasis für zahlreiche Lodges, für Jagd- und Wildhütten und für Outdoor-Aktivitäten. Auch die Minenarbeiter versorgen sich hier, denn noch immer wird in den Bergen nach Gold und anderen Mineralien geschürft. In der Umgebung von Smithers widmen sich Menschen zudem der Forstwirtschaft, der Viehzucht, dem Fischfang und der Landwirtschaft.

Als wir in *Louise's Kitchen* unseren Hunger mit ukrainischen Spezialitäten stillen, kommen wir mit einem meiner Meinung nach echt kanadisch aussehenden Mann ins Gespräch, der entweder Wildhüter oder Förster sein könnte. Wie es in Kanada üblich ist, spricht er uns ganz selbstverständlich an, als wären wir alte Bekannte: »Hi, guys! What are you doing in Smithers?«

An meinem Englisch erkennt er in mir sofort die Ausländerin und freut sich, als er hört, dass wir aus Deutschland kommen. Sein Name sei Wolfgang und er stamme aus der Eifel, erklärt er uns. In Deutschland habe er Biologie studiert und wollte promovieren, indem er Biologie, Forstwirtschaft, Jagd, Fischfang und Naturschutz in seiner Doktorarbeit miteinander verband. Das habe nicht so geklappt, wie er es sich vorgestellt hatte. Sein Doktorvater starb, als er fast mit der Arbeit fertig war, niemand wollte sein Projekt weiter betreuen, und so sei er vor 25 Jahren nach Kanada ausgewandert.

»Jahrelang habe ich mit den Ureinwohnern gelebt, wollte ethnologische Studien treiben. Ich interessierte mich vor allem für die Heilkunst der First Nations. Doch meinen Idealismus habe ich bald verloren, denn nur noch wenige Alte hatten Kenntnisse von der ursprünglichen Lebensweise. Die nachfolgenden Generationen sind ganz und gar entwurzelt, nur wenige finden Arbeit, das Alkohol- und Drogenproblem nimmt überhand. Ich habe versucht, einigen Jugendlichen eine Perspektive zu bieten, bin mit ihnen im Wald gewandert, auf Berge gestiegen, wollte mit ihnen Tiere beobachten und sie Pflanzenkunde lehren, ihnen beibringen, was ihre Vorfahren noch wussten, doch vergeblich.«

Inzwischen hat er sich ein neues Leben aufgebaut, besitzt eine Farm außerhalb von Smithers, hat Pferde und Hunde und ein Sägewerk. In die Stadt sei er nur gekommen, weil er zum Flughafen muss, um seinen Sohn abzuholen, der in Vancouver studiert und bei ihm die Ferien verbringen will. Wolfgang nimmt noch einen letzten Schluck aus seinem Bierglas und verabschiedet sich freundlich von uns.

MIT DEM BUSCHFLIEGER ZUM RAINBOW LAKE

Dort, wo der Bulkley und der Telkwa River zusammenfließen, liegt die kleine Ortschaft Telkwa. Schon im Jahr 1906, also eher als in Smithers, haben Siedler ihre Häuser hier gebaut, als das Telegraph Trail System von Süden nach Norden durch das Land gezogen wurde.

Am frühen Vormittag fahren wir von Smithers mit einem Taxi etwa 20 Kilometer Richtung Telkwa. Dort, am Tykee Lake, so die per E-Mail erhaltene Information, werden wir von einem Wasserflugzeug abgeholt, das uns zum Ausgangpunkt unserer Wildniswanderung am Blue Lake bringen soll. Wir sind früh dran, unsere Mitreisenden sind noch nicht da. Ich nutze die Gelegenheit, mich am Seeufer umzuschauen.

Zunächst erregt ein Propellerflugzeug, das im Wasser dümpelt, meine Aufmerksamkeit. Vom Steg aus ist es leicht zu erreichen. Während ich noch überlege, ob wir vielleicht damit fliegen werden, sehe ich aus dem Augenwinkel ein Flattern, und als ich genauer hinschaue, entdecke ich einen etwa 30 Zentimeter großen Vogel. Es muss ein *kingfisher* sein, wie ich anhand der Fotos im Bestimmungsbuch, das ich immer dabeihabe, sogleich feststelle. Verwandt mit unserem Eisvogel, nur viel größer und ohne das schillernde Federkleid, hockt der am Rücken schwarzblaue Vogel mit seiner leuchtend weißen Brust, die ein breites, dunkles Band ziert, dekorativ auf einem knorrigen Ast. Die rostroten Flecken an den Flanken zeigen mir, dass es ein Weibchen ist. Es ist bei dieser Vogelart attraktiver gefärbt als sein männlicher Partner. Wegen des bandförmigen Streifens über der Brust heißen die Vögel auf Englisch *belted kingfisher*, also Gürtelfischer.

Bevor ich meine Kamera in Position bringen kann, stürzt sich der Vogel ins Wasser und taucht bald darauf mit einem silbrig schimmernden Fisch im Schnabel wieder auf. Es dauert eine Weile, bevor die Beute, Kopf voran, im Schnabel liegt. Als er sie endlich verschluckt, stellt er seine Federhaube demonstrativ in die Höhe, sodass der Kopf mächtig groß im Verhältnis zum ganzen Körper erscheint. Noch einmal taucht er ab, und erneut hat er Glück. Seinen Aussichtsposten auf dem weit übers Wasser ragenden Ast hat er schlau gewählt. Im klaren See kann er die Fischwelt unter sich gut erspähen und zielgenau zustoßen.

Bald werden die *kingfisher*, von denen es nur diese eine Art in Kanada gibt, Richtung Süden fliegen. Den Winter verbringen sie in den USA, in Mexiko oder sogar im Norden Südamerikas, um dann im Frühjahr in ihr angestammtes Revier zurückzukehren. Dort graben sie mit ihrem erprobten Partner meterlange Röhren in lehmige Uferwände, in denen die Weibchen ihre Eier ablegen. Gemeinsam ziehen sie dann ihren Nachwuchs auf. Wegen ihrer monogamen Lebensweise erhielten die Vögel den wissenschaftlichen Namen *alcyon*, in Anlehnung an Alkyone, eine Gestalt aus der griechischen Mythologie. Als Alkyones Gatte, den sie über alles liebte, bei einem Sturm mit seinem Schiff kenterte und ertrank, geriet sie in abgrundtiefe Verzweiflung. Da alles Klagen nichts half, wollte auch sie nicht mehr leben und stürzte sich ins Meer. Der römische Dichter Ovid, der zahlreiche griechische Legenden in seinen »Metamorphosen« verarbeitete, schenkte den sich treu liebenden Eheleuten ein Weiterleben, verwandelt in Eisvögel.

Ich freue mich über diese erste wirklich interessante Vogelbeobachtung, die durch die Ankunft von Cornelia unterbrochen wird. Die junge Schweizerin reist seit einigen Wochen in Kanada umher und erzählt uns begeistert von ihren Erlebnissen und Begegnungen. Sie wird mitfliegen, aber nicht an unserer Wandertour teilnehmen, sondern mit Pferden unterwegs sein. Das Gleiche gilt für Gabi und Andreas, die bald darauf eintreffen. Das Ehepaar lebt im Vogtland, ist schon viel gereist und freut sich auf seine erste echte Wildnistour.

Motorengeräusch hallt über den See, und dann sehen wir auch schon die Maschine, die sich auf die Wasserfläche niedersenkt und Gischt sprühend auf ihren Kufen landet. Langsam schwimmt sie zum Steg. Einige Gäste steigen aus, die in einem anderen Gebiet unterwegs waren. Wir hatten gedacht, dass es nun gleich losgehen würde, schließlich ist es inzwischen bereits Mittag, und wir sollten doch eigentlich am Vormittag starten. Jedoch vergehen Stunden bis zum Abflug. Zuerst wird unser Gepäck gewogen, dann sind wir dran, um zu berechnen, wie viele von den in einem Verschlag gestapelten Lebensmitteln mitgenommen werden können. Einige der Kisten und Schachteln müssen zurückbleiben.

Es ist später Nachmittag, als der Pilot, ein Schweizer und Chef der Alpine Lake Air, der schon lange in Kanada lebt, endlich den Motor seiner Twin Cessna anwirft. Fast zwei Stunden wird der Flug über Wälder, Berge, Seen und Flüsse dauern. Alle Personen haben Fensterplätze und schauen gespannt nach draußen. Cornelia darf sogar vorn neben dem Piloten sitzen, worum ich sie beneide. Die Propeller drehen sich, die Maschine schiebt einen Wasserschwall vor sich her und hebt Tropfen versprühend ab. Schnell gewinnt das Flugzeug an Höhe. Der Pilot zieht einige Schleifen über dem See, der von hoch oben wie ein blauer Fleck zwischen grünen Wiesen und grauen Bergfelsen wirkt.

Nachdem wir Smithers und den Ort Telkwa hinter uns gelassen haben, sehen wir keine Siedlungen mehr. Wir fliegen über die nördlichen Ausläufer der Rocky Mountains, eine endlos scheinende Wildnis. Allerdings werden die Wälder zunächst noch von Schotterstraßen zerfurcht, und Holzfäller haben Schneisen geschlagen, außerdem kann ich einzelne Hütten erkennen, dann aber breiten sich unberührte dunkelgrüne Nadelwälder aus. In breiten Trogtälern winden sich glitzernde Flüsse und münden in einsame Seen. Bald fliegen wir tiefer hinein in die Rocky Mountains. Felsige Höhen, steile Wände, tiefe Canyons und öde Hochflächen bestimmen nun die Landschaft und schaffen ein Labyrinth, in dem sich nur ein erfahrener Pilot orientieren kann.

Wir blicken begierig hinunter auf diese wilde Landschaft, die inzwischen ohne Spur menschlichen Lebens ist, aber auch Tiere sind nicht zu entdecken. So niedrig fliegen wir, dass die dunklen Körper von Schwarzbären, Grizzlys, Karibus oder Wapitis an den grünen Flussufern leicht zu erkennen gewesen wären. Sie scheinen sich aber in den dichten Wäldern zu verbergen.

Was mir allerdings auffällt, auch als wir längst die Gebiete mit Holzeinschlag hinter uns gelassen haben, sind riesige Flächen sterbender Bäume, die rostrot leuchten. Es sind nicht einzelne Bäume mal hier, mal dort, sondern alle Bäume über eine Strecke von mehreren Quadratkilometern sind tot. Ihre roten Nadeln können keine Fotosynthese mehr betreiben, sie haben das Chlorophyll verloren. Die Wurzeln verankern die Stämme noch im Boden, bis Stürme irgendwann die toten Bäume zu Boden zwingen werden.

Ich hatte gelesen, dass die bisher unberührte Natur Kanadas von einer schrecklichen Katastrophe heimgesucht wird. Das Ausmaß des Waldsterbens jetzt mit eigenen Augen zu sehen ist beängstigend. Es sind *mountain pine beetles,* Borkenkäfer, die Kiefern, aber auch Fichten und Lärchen befallen. In früheren Jahren haben sie sich nur über kranke und alte Bäume hergemacht, inzwischen haben sie sich so enorm vermehrt, dass ihnen auch gesunde Bäume zum Opfer fallen. Die Käferweibchen senden Pheromone aus, Duftstoffe, mit denen sie Männchen massenhaft anlocken. Nach der Paarung bohren sich die Weibchen durch die Borke bis zu den nährstoffreichen Leitungsbahnen, wo sie Eier ablegen, aus denen dann die Larven schlüpfen. Normalerweise schützen sich Bäume durch erhöhte Harzproduktion, wodurch die Killerkäfer verkleben und unschädlich gemacht werden. Die gewieften Insekten haben sich aber mit einem Pilz zusammengetan, den sie bei ihrem Angriff gleich mitbringen und der die Harzabsonderung mittels seines Pilzgeflechts stoppt. Auch gesunde Bäume können sich gegen den Angriff nicht mehr zur Wehr setzen und sind nun den Borkenkäfern hilflos ausgeliefert. Es dauert wenige Wochen, dann ist der Baum unrettbar verloren. Weil seine Transportbahnen beschädigt sind, verhungert und verdurstet er, die Nadeln verfärben sich rot, sitzen aber weiter an den Zweigen, obwohl der Baum schon lange tot ist. Nach ein bis zwei Jahren rieseln sie herab, dann stehen graue Stämme wie Mahnmale da, bis sie irgendwann zu Boden brechen.

Niemand hat mit einer so starken Vermehrung der Käfer gerechnet. Die schwarzen reiskornkleinen Insekten sind weit nach Norden und selbst in sicher geltende Höhenlagen vorgedrungen. Der Grund für die ungezügelte Massenvermehrung ist die Klimaerwärmung. Im Winter müsste es wie früher kälter als minus 40 Grad Celsius sein, und das über mehrere Wochen hinweg, damit ein Großteil der Larven unter der Rinde abstirbt. Weil es inzwischen viel zu warm ist, überleben fast alle und können im Frühjahr, in Käfer verwandelt, ausschwärmen und ungehindert ihr Zerstörungswerk fortsetzen. In nur zehn Jahren ist in der Provinz British Columbia fast ein Fünftel der Bäume durch den Kiefernkiller vernichtet worden. Das ist fast die halbe Fläche Deutschlands.

Ich atme befreit auf, als ich keine rostroten Wälder mehr erblicke. Doch die Gefahr ist für die gesunden Bäume nicht gebannt. Je wärmer es wird, umso weiter werden sich die gefräßigen Insekten nach Norden ausbreiten.

Ein See kommt in Sicht. Das Flugzeug kreist, der Pilot sucht zwischen den Felsgipfeln einen Durchschlupf und kommt dabei immer tiefer. Schließlich setzt die Maschine mit ihren Kufen auf dem glasklaren Wasser auf. Am Ufer stehen Holzhäuser und Vorratsschuppen. Das muss das Camp am Blue Lake sein, wie ich es zuvor auf Fotos gesehen hatte. Der Pilot steuert zum Steg, wo einige Leute warten. Für sie sind die Lebensmittel in den Kisten und Paketen bestimmt. Laut Plan werden Helmut und ich uns hier einige Tage akklimatisieren und unseren Guide Bob treffen, der uns durch die Wildnis zu »meinem« Blockhaus am Thukada Lake führen soll.

Wie sich herausstellt, ist Bob nicht unter den Leuten. Er warte am Rainbow Lake auf uns, heißt es. Also steigen wir wieder ins Flugzeug, nehmen unsere Sitzplätze ein, fliegen eine Ehrenrunde über den See, und weiter geht es nach Norden. Die Landschaft wird zunehmend wilder, die Berge ragen noch höher empor.

Eine knappe halbe Stunde später landen wir am nächsten See. Nur ein einziger Mensch steht am Steg – Bob, unser Guide. Schon auf den ersten Blick wirkt der große und sportliche Mann sympathisch. Er hat wache Augen und kräftige, von Wind und Wetter gegerbte Gesichtszüge.

Helmut und ich steigen aus, die anderen Gäste fliegen weiter zum Thukada Lake, wo sie ihre Pferdetour beginnen werden und der später das Endziel unserer Wanderung sein wird. Dort werde ich »mein« Blockhaus erstmals mit eigenen Augen sehen!

Bob hatte die Information bekommen, dass wir gegen 14 Uhr ankommen würden, und hat fast nicht mehr mit uns gerechnet. Wegen der Verzögerung beim Start und durch das Entladen der vielen Lebensmittelkisten am Blue Lake ist es spät geworden, und die Sonne verschwindet bereits hinter den sich im See spiegelnden Felsgipfeln. Das Abendrot ergießt sich über den Horizont, fließt über den See, taucht in ihn ein. Einen Moment ist das Bild wie eingefroren, als würde sich die Sonne vor ihrem Verschwinden noch kurz ausruhen, um dann ihre Reise zur anderen Seite der Erde fortzusetzen.

Das Camp am Rainbow Lake gefällt mir sofort. Es fügt sich, anders als die vielen Gebäude, die ich bei der kurzen Landung am Blue Lake gesehen hatte, harmonisch in die Landschaft ein. Es gibt nur zwei Holzhäuschen dicht am Seeufer, hinter denen der Wald beginnt. Die etwas größere Hütte dient Bob als Unterkunft und uns gemeinsam als Aufenthaltsort bei den Mahlzeiten. In der zweiten Hütte gibt es innen an der Rückwand ein Holzgestell mit einer Schaumstoffmatte, auf der Helmut und ich unsere Schlafsäcke ausbreiten. Ein Tischchen, zwei Hocker und, ganz wichtig, ein Ofen vervollständigen die karge Einrichtung, für mehr wäre kein Platz. Beide Hütten sind nicht aus Baumstämmen gebaut, sondern aus Sperrholzplatten. Für meine Überwinterung würde so eine Hütte sich nicht eignen, sind wir uns sicher, weil sie gegen die Kälte nicht genügend schützt.

Kaum haben wir uns eingerichtet, ruft Bob zum Abendessen. Für mich, die ich noch nie mit einem Führer unterwegs war, ist es ungewohnt, bei einer Wildnistour bekocht zu werden. Bob lässt meinen Widerspruch nicht gelten und erklärt mir, es gehöre zur Aufgabe eines Guides, seine Gäste mit Nahrung zu versorgen. Zu unserer großen Überraschung gibt es Steaks, Gemüse und Salat, ein richtiges Menü. Offenbar war ein Teil der im Flugzeug mitgebrachten Lebensmittel für uns bestimmt.

Von Bob erfahren wir, warum wir nicht, wie geplant, am Blue Lake ausgestiegen und in zwei Tagen hierher gewandert sind, sondern gleich bis zum Rainbow Lake geflogen wurden. Er musste vor unserer Ankunft die Hütte, in der wir jetzt zu Abend essen, reparieren. Ein Schwarzbär hatte die eingelagerten Konserven erschnuppert und sich gegen die Holzwände geworfen, bis sie brachen. Wir bekommen auch gleich jeder eine Dose Pfefferspray extrastark, die wir am Gürtel griffbereit tragen müssen.

»Geht nie nach draußen ohne diesen Schutz«, schärft Bob uns ein. »Selbst der Gang zur Toilette könnte tödlich sein.«

Mitten im Wald liegt das Plumpsklohäuschen. Der Weg dorthin ist romantisch eingerahmt von moosverhüllten Bäumen, von deren Ästen geisterhaft Flechten herabhängen. Der schmale Pfad federt weich unter meinen Schritten. Modrig kühle, nach Pilzen riechende Luft umfängt mich und ruft augenblicklich die Erinnerung an frühe Kindheitserlebnisse wach.

Bis zu meinem fünften Lebensjahr wohnten wir in Bautzen. Meine Eltern verbrachten die Sommertage mit mir und befreundeten Familien in einfachen Bungalows auf einer Wiese, umgeben von Wald, die von einem Bauern gepachtet worden war. Während dieser ersten fünf Jahre genoss ich Sonne, Luft und Freiheit und wurde vertraut mit der Natur, mit Pflanzen und Tieren. Für mich als Kind waren dies einprägsame Erlebnisse, die meinen Lebensweg maßgeblich bestimmten.

Ich erinnere mich noch lebhaft an das Gefühl, wenn ich von meiner Mutter zum Wasserholen an die Quelle geschickt wurde, einem verwunschenen Ort tief im Wald. Nach den ersten Schritten von der sonnenbeschienenen, hellen Wiese hinein in das Reich der hohen Bäume wurde ich von Kühle und gedämpftem Licht begrüßt. Eine andere Welt begann. Ich spürte deutlich die scharfe Grenze von einer Welt in die andere. Immer wieder wunderte ich mich, wie plötzlich der Übergang war, von der Wiese zum Wald, von draußen nach drinnen, von Helligkeit zu Dunkelheit. Mich faszinierte dieser krasse Wechsel. Ich wollte ihn immer wieder von Neuem erleben und ging mehrmals am Tag bereitwillig zum Wasserholen. Nicht nur das Licht, auch die Luft war anders im Wald. Kühl umspielte sie meine nackte Haut, die sofort kleine Huckel bekam. Die Waldluft war feucht und schwer mit einer Fülle von Düften, die ich noch nicht benennen konnte. Mit bloßen Füßen tappte ich über den weichen Waldboden, ein erregendes Gefühl, barfuß die Erde zu spüren. Der Pfad wurde immer feuchter, je näher ich der Quelle kam. Kühles Wasser sprudelte zwischen Steinen aus dem Erdinneren am Berghang. Ich wusste nicht zu erklären, warum mich dieser Ort so anrührte, es war, als würde er ein Geheimnis in sich bergen. Immer ging ich allein zur Quelle und fühlte mich sicher und geborgen. Dass ich mich nach so vielen Lebensjahren an dieses Erleben so deutlich erinnere, zeigt mir, wie tief es mich im Inneren angerührt hat. Jetzt bei der ersten Berührung mit der kanadischen Wildnis steigt es wieder an die Oberfläche meines Bewusstseins. Ich bin meinem Schicksal dankbar, dass sich Erlebnisse meiner Kindheit wie in einem Kreis mit meinem späteren Leben verbinden. So wie damals, habe ich auch diesmal keine Angst, allein in den fremden Wald hineinzugehen, obwohl ich weiß, dass vor nicht allzu langer Zeit ein Bär in der Nähe war.

Die unbekannte Umgebung nehme ich mit allen Sinnen freudig wahr, während ich auf dem gewundenen Pfad zu dem hinter Bäumen verborgenen Häuschen gelange, dessen Tür wie von starken Pranken zerfetzt ist. Ganze Holzstücke sind herausgerissen. Also war er auch hier, der Bär. Prüfend blicke ich umher, ob ich im verwucherten Wald eine dunkle Gestalt wahrnehmen kann. Nichts! Mein Herz schlägt vielleicht etwas schneller, doch Angst steigt nicht in mir auf.

Als ich Bob von der arg zerstörten Tür berichte und meine, dass der Bär doch sehr hungrig sein müsse, wenn er sich von den intensiven Gerüchen des Klos nicht abschrecken ließe, lacht er laut: »Nein, nein, kein Bär. Das waren Stachelschweine!«

»Was, die können festes Holz zerstören?«

»Und ob! Mit ihren kräftigen Nagezähnen vernichten sie selbst Bäume, ganze Blockhäuser haben sie schon zum Einsturz gebracht.«

Stachelschweine sind mit etwa einem Meter Körperlänge fast so groß wie Biber. Mit Schweinen haben sie rein gar nichts zu tun, wie so oft, wenn Tiere willkürlich mit Namen belegt werden, die biologisch nicht stimmen. Es gibt weltweit elf verschiedene Arten in Asien, Afrika, sogar in Südeuropa, zum Beispiel in Süditalien und auf Sizilien, wohin sie von den Römern gebracht wurden. Allen gemeinsam sind die Stacheln am Rücken und Schwanz aus umgewandelten Haaren, die den Tieren als Waffe dienen und mit denen sie sich wirksam gegen Feinde verteidigen. Die Stacheln sind mit Widerhaken versehen. Bei jeder Bewegung des unglücklichen Angreifers dringen sie tiefer in sein Fleisch, durchbohren schließlich innere Organe und können so dem verletzten Feind lange nach der Auseinandersetzung noch den Tod bringen.

Stachelschweine sind mir erstmals in Afrika begegnet. Bedeckt von 30 Zentimeter langen, hell und dunkelbraun gebänderten Stacheln sehen die Tiere aus wie ein lebendes Mikadospiel. Vorsichtig hielt ich Abstand, denn sie können durch Muskelkontraktion die Stacheln abschießen, die dann mehrere Meter weit fliegen. Dabei drehen sie dem Angreifer ihr Hinterteil zu, stellen die Stacheln zu einem Fächer auf, schütteln sie drohend, wie eine Rassel, und schon ist der Gegner von spitzen Spießen durchbohrt. Es gibt Erzählungen, dass ein einzelnes Stachelschwein ein Löwenrudel in die Flucht geschlagen haben soll.

Die Riesennager Kanadas sind nur entfernt mit den afrikanischen Stachlern verwandt. Sie heißen hier Baumstachelschweine oder Urson. Ihrem Namen gemäß klettern sie sehr geschickt auf Bäume, während die Stachelschweine Afrikas sich am Boden aufhalten.

MORGENS AM RAINBOW LAKE

Vom Berghang springt ein Wildbach herab und stürzt sich, nur wenige Schritte von unserer Hütte entfernt, schäumend in den See. Das Wasser ist abschreckend kalt – eine Katzenwäsche muss genügen. An meinem ersten Morgen in der Wildnis stehe ich Zähne putzend am Seeufer, da bemerke ich im Gras ein Streifenhörnchen, ein *chipmunk*. Mausklein, mit buschigem Schweif, dunkelbraunen und hellen Längsstreifen am Rücken, hüpft es hurtig umher auf der Suche nach Futter. Fasziniert beobachte ich den kleinen Nager, wie er eine Grasrispe zierlich in beiden Vorderpfötchen hält und die Samen herausknabbert. Dann springt das Hörnchen wieder davon, so schnell, dass ich ihm kaum mit den Augen folgen kann.

Mit dem ersten Lichtschimmer bin ich aufgestanden, und so habe ich genügend Zeit, noch vor dem Frühstück den Tag mit einer Erkundung der Gegend hinter den beiden Hütten zu beginnen. Den Waldboden bedecken dicke Polster silberheller Rentierflechte, auch irrtümlich als »Isländisches Moos« bezeichnet, die den Karibus als Nahrung dient. Karibus sind Rentiere, die gleiche Art, die auch auf dem eurasischen Kontinent durch die eiskalten Tundren zieht. Die Bezeichnung stammt aus einer indigenen Sprache und bedeutet »Der mit den Hufen scharrt«, weil die Tiere im Winter den Schnee mit ihren Hufen wegschieben, um Flechten freizulegen.

Eine andere Flechtenart prunkt mit korallenroten Fruchtkörpern, die auf weiß umpelzten Stielchen sitzen. Reife Preiselbeeren leuchten zwischen lackgrünen Blättern, und an hüfthohen Sträuchern kann ich blutrote Johannisbeeren identifizieren. Die wilden Früchte sind kleiner als die gezüchteten Garten-Johannisbeeren, schmecken aber genauso gut, wie ich erfreut feststelle.

Steil steigt der Pfad den Hang hinauf. An einigen Stämmen entdecke ich von Menschen gemachte Markierungen. Mit einer Axt wurde in Mannshöhe Rinde abgeschlagen. Wie ich später von Bob erfahre, dienen sie zur Orientierung im Winter, damit man im hohen Schnee das Camp findet.

Mir fällt auf, wie still es im Wald ist. Von ferne rauscht der Bach, aber kein Vogelruf, kein Tierlaut ist zu hören, auch nicht das Sirren und Surren von Insekten, selbst am See gibt es keine Mücken. Die Zeit der bissigen Schwärme beginnt nach der Schneeschmelze in den Monaten Juni und Juli und ist zu unserem Glück schon vorbei. Das Klima so hoch in den Bergen ist rau und kalt. Obwohl es August ist, steigt das Thermometer, selbst wenn die Sonne im Zenit steht, kaum über zwölf Grad Celsius.

Der lautlose Wald mit seinen mit Moos ummantelten Bäumen, den geisterhaften Bartflechten, den halb vermoderten Stämmen wirkt gespenstisch. Vorsichtig schaue ich umher, ob sich irgendwo ein Bär verbirgt. Zwischen den Baumstämmen kann ich einigermaßen gut hindurchsehen, auch das Unterholz ist nicht allzu dicht, sodass ich wahrnehmen würde, wenn sich ein Bär in der Nähe aufhielte. Obwohl – sicher ist das nicht. Ich habe schon oft erfahren, selbst große Tiere verstehen es bestens, sich zu tarnen.

Ein Bär begegnet mir bei diesem ersten Erkundungsgang nicht, doch dass er da war, signalisiert mir seine Hinterlassenschaft, die ich mitten auf dem Pfad entdecke. Der lilafarbene Haufen ist noch ganz frisch und zeigt an, was dem Bär zuletzt geschmeckt und woran er sich gütlich getan hat, nämlich an einer reichlichen Beerenmahlzeit.

Zum Frühstück überrascht uns Bob mit Rührei, dazu Würstchen aus der Dose, Kaffee und Tee. Ich muss mich erst daran gewöhnen, hier derartigen Komfort zu genießen. Irgendwie passt das nicht zu einer Wildnistour. Es ist wie ein in die Wildnis mitgenommener Teil der Zivilisation.

»Wir bleiben noch einen Tag«, eröffnet uns Bob. »Die Wanderung beginnen wir morgen.«

Sein Vorgesetzter John und der First-Nations-Chief Howard haben sich per Funk angemeldet, berichtet er. Sie werden am Vormittag einfliegen, um mit mir über meine Überwinterung zu sprechen. Zwar stand ich mit beiden seit Monaten in E-Mail-Kontakt, aber getroffen haben wir uns noch nicht. Nun bin ich ziemlich aufgeregt, denn von dieser Begegnung hängt es ab, ob sich mein Traum verwirklichen lässt. Der Chief der Tsay-Keh-Dene-Indianer und zugleich Direktor der Lands, Resources & Treaty Operations muss sein Einverständnis geben. Ich hatte ihm und John eine Liste mit meinen Fragen gemailt. Die erste war eher eine Bitte, nämlich ob sie mir die *cabin*, wie Blockhütten in Kanada bezeichnet werden, vermieten würden, und zwar für drei bis vier Monate. Die nächste Frage betraf den Piloten: Ob er mich im Winter hinfliegen und wieder abholen würde, wobei auch die Lebensmittel für die gesamte Zeit meines Aufenthalts mitgenommen werden müssten. Weiter wollte ich wissen, ob es ein Funkgerät gäbe, um Hilfe herbeizurufen, wenn ich in Not geriete, und jemanden, der meine Funknachrichten empfangen würde. Ebenso wichtig würde es sein, genügend Holz zum Heizen zur Verfügung zu haben. Ein weiterer Wunsch war, ein Gewehr mit Erlaubnis der kanadischen Behörden mitnehmen zu dürfen. Die letzte Frage lautete, wie viel ich ungefähr zu bezahlen hätte für Miete, Feuerholz, Pilot, Lebensmittel und nicht zuletzt für ihre Unterstützung. Bisher hatten weder der Chief noch John verlauten lassen, was sie von meiner Idee hielten, sondern mich auf das Gespräch nach meiner Ankunft in Kanada vertröstet.

Es ist ein sonnenheller Vormittag. Der See schmückt sich mit glitzernden Wellen, ein paar Enten dümpeln im Wasser. Helmut und ich sitzen in der Sonne am Seeufer, Bob repariert inzwischen das vom Baumstachelschwein ramponierte Klohäuschen, als plötzlich Motorengeräusch ertönt, das schnell lauter wird, und schon taucht das Flugzeug über den Felsgipfeln auf, senkt sich hinunter zum See. Nun entscheidet es sich. Mein Herz klopft heftig.

Ein hochgewachsener, drahtiger Mann mit wettergegerbtem Gesicht und ein zweiter, kleinerer mit eindeutig indigenem Aussehen verlassen die Maschine und balancieren über die Schwimmkufen zum Steg. Wir schütteln uns förmlich die Hände und stiefeln zur Hütte, wo wir uns um den Tisch herum gruppieren, auch Helmut und Bob sind beim Gespräch dabei. Zwei Stunden wird die Unterredung dauern.

Bevor sie meine Fragen beantworten, stellen John und Howard mir die ihren. Zuerst wollen sie wissen: »Warum wollen Sie den Winter in der kanadischen Wildnis verbringen?«

Oje, wie erkläre ich auf Englisch, warum ich in Dunkelheit und eisiger Kälte, noch dazu allein, in einer Blockhütte überwintern will? Wie mache ich deutlich, dass ich keine verrückte

Abenteurerin bin, die nicht weiß, worauf sie sich einlässt? Wie kann ich ihnen klarmachen, dass ich mir keine romantischen Vorstellungen von der Wildnis mache? Mir ist bewusst, von meiner Antwort hängt viel ab, wenn nicht alles. Hätte ich mir nur vorher ein paar passende englische Sätze zurechtgelegt. Ich darf nicht zu lange zögern. Johns stahlblaue Augen und die schwarzen von Howard blicken mich scharf und forschend an.

Am besten wird sein, ich beginne mit einigen Infos über mich: »So weit ich in meinem Leben zurückdenken kann, habe ich eine enge Beziehung zur Natur. Schon als Kind bin ich allein im Wald auf Entdeckungstour gegangen, habe manchmal sogar draußen übernachtet, um Tiere zu beobachten. In Büchern las ich als Jugendliche über Kanadas Wildnis. So entstand schon damals der starke Wunsch, diese Gebiete zu besuchen. Zunächst habe ich Biologie studiert und mich gleichzeitig auf Wildnisexpeditionen vorbereitet, indem ich meinen Körper trainierte, Hunger und Kälte und Entbehrungen auszuhalten. Außerdem habe ich Klettern und Tauchen gelernt, habe auch den Jagdschein gemacht, um mich im Notfall mit Nahrung versorgen zu können. Ein Jahr lang erforschte ich als Biologin das Leben der Meerechsen auf den Galapagosinseln, lebte auf einer einsamen Insel, wobei ich feststellte, dass ich es gut aushalte, lange Zeit ohne andere Menschen zu sein. Danach war ich in Ländern unterwegs, oft monatelang, wo die Natur noch ursprünglich und vom Menschen wenig beeinflusst ist, wie in Patagonien, der Mongolei, Ecuador, den Philippinen, im Jemen. Meinen Traum, die Wildnis Kanadas zu erleben, habe ich dabei jedoch nie vergessen. Nachdem ich all die Jahre umfangreiche Erfahrungen gesammelt habe, wäre nun der richtige Zeitpunkt, ihn zu verwirklichen.«

Während ich spreche, weichen Johns durchdringend blaue Augen keinen Moment von meinem Gesicht, ohne dass ich erkennen könnte, was meine Worte bewirken. Noch weniger kann ich dem Chief ansehen, was er denkt. Seine Lider verdecken halb seine Augen, und kein Muskel bewegt sich in seinem faltenlosen Gesicht.

»Und warum ausgerechnet im Winter?«, greife ich deren zuvor gestellte Frage auf. »Weil das Erlebnis in der kalten Jahreszeit intensiver ist. Ich möchte in der Wildnis sein, wenn die Natur extrem und das Leben hart ist, wenn es darum geht zu überleben. Dabei kann ich nicht nur mehr über die Natur erfahren, sondern auch über mich und meine Fähigkeiten. Und gerade hier in British Columbia kann ich finden, was auf der Erde schon so selten geworden ist – echte Wildnis.«

In Johns Augen leuchtet Interesse auf, als würde er ähnlich denken und fühlen. Er nickt, räuspert sich und sagt: »Ein Aufenthalt von November bis Januar ist unmöglich!« Ich erschrecke, und mein Herz schlägt hart. Ist das eine Absage?

Da ergreift der Chief das Wort: »Wenn es draußen kälter als minus 40 Grad Celsius ist, erfrierst du in der *cabin*.«

»Du müsstest Tag und Nacht alle zwei Stunden Holz nachlegen«, ergänzt John. »Nach einiger Zeit schläfst du übermüdet ein und wachst nicht mehr auf.«

Sie schlagen mir die Monate ab Februar vor, auch im März und April sei immer noch tiefer Winter bei minus 20 Grad Celsius.

Howard meint, und dabei huscht ein Lächeln über sein Gesicht: »Das müsste doch kalt genug für dich sein. Auch dann ist der Winter noch nicht vorbei, aber die Tage werden länger, die Temperatur steigt, die Natur erwacht, die Vögel kommen zurück, und der Frühling beginnt.«

Ich halte den Atem an. Bedeutet das eine Zusage?

»Wir können dich aber erst im Mai abholen«, fährt John fort. »Der See muss vollkommen eisfrei sein, damit das Wasserflugzeug landen kann. Im Februar setzt es mit Schneekufen auf dem Eis auf, aber in den Monaten danach wird es für den Piloten gefährlich, weil sich Risse, Spalten und Aufwölbungen bilden. Wenn du in dieser Zeit Hilfe benötigst, müssten wir dich mit dem Hubschrauber holen lassen.«

Helmut und Bob hören zu, ohne sich einzumischen, wobei Bob sich während des Gesprächs eifrig Notizen macht, die er später in Johns und meinen Vertrag einarbeiten wird.

»Deinen Wunsch nach einer Waffe können wir nicht erfüllen«, sagt der Indianer. »Es ist ein Schutzgebiet, in dem nicht gejagt werden darf.«

»Ein Gewehr zur Selbstverteidigung gegenüber Bären ist auch viel zu gefährlich«, ergänzt John. »Selbst wenn ein Bär tödlich getroffen ist, hat er oft noch genug Kraft, dich wütend anzugreifen, dann gibt es keine Rettung. Besser, du vertreibst Bären mit Pfefferspray und Knallern.«

Bevor die Männer wieder ins Flugzeug steigen, wendet sich John mir fürsorglich zu und warnt: »Du musst gut auf dich aufpassen und vorsichtig sein. März und April sind gefährliche Monate. Das Eis auf dem See wird brüchig. Wenn du Trinkwasser aus dem Eisloch holst und einbrichst, kann dir niemand helfen, und du bist schnell erfroren. Das ist eine viel größere Gefahr als ein Bär.«

Keiner von beiden hat wortwörtlich die Zusage ausgesprochen, doch da Bob einen Vertrag zwischen mir und Johns Outfitter-Unternehmen (so werden Tourveranstalter und Ausrüster hier genannt) aufsetzen soll, kann das doch nur heißen, dass ich meinen Plan verwirklichen kann.

Was habe ich für ein Glück, denke ich, während wir drei am Seeufer stehen und dem Flugzeug hinterherschauen, bis es über den Bergen verschwindet. Am Anfang war meine Kanadaüberwinterung nur ein Traum gewesen, aus dem der starke Wunsch entstand, ihn zu verwirklichen. Allmählich entwickelte sich ein Plan, der immer konkreter wurde. Und jetzt habe ich mit den beiden Kanadiern erfahrene und verantwortungsvolle Partner an meiner Seite, die mich ernst nehmen, mir helfen und mich unterstützen. Was mehr könnte ich mir wünschen?

Ich sitze mit Helmut auf der Holzbank am Grillplatz, um mich mit ihm über das Treffen auszutauschen, während Bob sich wieder der Reparatur am Toilettenhäuschen widmet. Noch benommen von dem Gespräch und der Konzentration, die mich die Stunden in englischer Sprache gekostet haben, kann ich vorerst keinen klaren Gedanken fassen. Mich durchströmt ein großes Glücksgefühl. Wie seltsam – glücklich sein wollte ich nie. In meiner Jugend war ich der Meinung, Glück wäre wie Opium, würde mich in einen schläfrigen Zustand versetzen, betäuben und mir die Kraft rauben, für meine Ziele zu kämpfen. Damals konnte ich nicht verstehen, warum Menschen sich nach Glück sehnen. Leben war und ist für mich, Herausforderungen zu bestehen, Pläne zu schmieden und zu verwirklichen, sich zu entwickeln und zu verändern. Paradoxerweise, obwohl ich früher so abwertend über das Glück gedacht habe, führe ich ein glückliches Dasein. Doch wichtig ist mir nach wie vor, mein Leben in die eigenen Hände zu nehmen, nicht zu warten und zu hoffen, dass sich Wünsche erfüllen, sondern selbst dazu beizutragen.

»Na ja«, meint Helmut, dem ich gerade meine Gedanken mitgeteilt habe. »Mitunter kann es nützlich sein abzuwarten. Manche Probleme lösen sich dann von selbst und besser, als man es gekonnt hätte.«

»Das kann sein«, gebe ich zu. »Wie du aber weißt, bin ich ein ungeduldiger Mensch. Lieber nehme ich eine Fehlentscheidung in Kauf, statt tatenlos abzuwarten.«

»Manchmal genügt schon ein kurzer Moment, um stillzuhalten und nachzudenken«, sagt er lächelnd.

Mit Helmut verbindet mich eine Seelenverwandtschaft. Wir denken und fühlen ähnlich. Immer wieder sind wir verblüfft, wenn der eine etwas sagt, was der andere gerade in diesem Moment gedacht hat. Dabei kennen wir uns erst seit fünf Jahren. Meine Freunde waren total überrascht, als meine Wahl auf Helmut gefallen ist. Von unserer beruflichen Ausrichtung passen wir, von außen gesehen, erst einmal nicht zueinander. Helmut hat nicht wie ich Biologie studiert oder ein anderes verwandtes Fach, sondern Betriebswirtschaft und arbeitet als Firmenkundenbetreuer bei einer Bank.

»Sag mal, was willst du denn mit einem Banker?«, fragten ungläubig die Freunde. »Du bist doch auf Natur, Tiere, Abenteuerreisen abonniert.«

Über die Jahre hinweg hatte ich vergeblich nach einem Partner Ausschau gehalten, der ähnliche Vorlieben wie ich hat, mit dem ich gemeinsam meine abenteuerlichen Unternehmungen hätte durchführen können. Als ich Helmut kennenlernte, begriff ich, dass ich bei meiner Suche völlig falsche Prioritäten gesetzt hatte. Statt mich nach einem Fotografen oder Tierfilmer umzuschauen, hätte ich lieber nach jemandem suchen sollen, der meine Gefühle erwidert. Doch die hatte ich vor mir selbst verborgen, weil mir die Verwirklichung meiner Träume wichtiger war. Mein Leben in die von mir gewünschte Bahn zu lenken hatte mir enorme Kraft abverlangt, da wollte ich mich nicht durch die Liebe und ihre Irrungen und Wirrungen von meinem Weg abbringen lassen. Gefühle hatte ich einfach nicht zugelassen und sie wie in einer Kühltruhe fest verschlossen. Erst Helmut hatte den Schlüssel, und so ist er mein Lebenspartner geworden. Gut hat es sich gefügt, dass er trotz seines kaufmännischen Berufs ein echter Naturbursche ist. Aufgewachsen in einem Dorf, wo all seine Vorfahren Bauern waren und sein Vater der Hoferbe hätte sein sollen, ist Helmut von klein auf mit der Natur und dem ländlichen Leben verbunden gewesen. Seine Wurzeln pflegt er, wohnt dort, wo er geboren wurde und seine Verwandten leben, und er ist wohl der einzige Banker auf der Welt, der nicht nur einen eigenen Wald besitzt, sondern auch eigenhändig Bäume fällt, das Holz mit der Axt spaltet und nicht mit einer Spaltmaschine. Bei Wanderungen in den Alpen haben wir uns erprobt, und ich habe nicht den geringsten Zweifel, dass unsere Wildniswanderung ein wunderbares Erlebnis werden wird.

Bob hat inzwischen die Tür des Häuschens repariert und fragt uns, ob wir angeln wollen. Wir sind nicht erpicht darauf. Weder Helmut noch ich sehen ein Vergnügen darin, einen Fisch mittels eines Köders zu überlisten und gewaltsam aus seinem angestammten Element zu reißen. Für mich gibt es nur einen Grund zu angeln, und zwar, wenn die Nahrung knapp ist und das eigene Überleben vom Fischfang abhängt. Im Angeln ein Vergnügen zu sehen, widerstrebt mir zutiefst. Im Winter werde ich vielleicht versuchen, aus dem Eisloch meinen Eiweißbedarf zu decken, jetzt aber genießen wir lieber die Stille am See, freuen uns, dass wir hier sind, dass der Traum Wirklichkeit geworden ist.

Zwei schwarze Vögel fliegen über den See hinüber zum anderen Ufer. Es sind Kolkraben, bussardgroß und durch ihren keilförmigen Schwanz von den Rabenkrähen zu unterscheiden. Ihre sonoren Rufe klingen vertraut. *Korrk* und *klong, klong* schallt es schnarrend über das Wasser, als würde eine Glocke geschlagen. Es ist die gleiche Art Kolkraben, die auch in Europa vorkommt. Mein Herz hüpft freudig, wie immer, wenn ich diese intelligenten Gefiederten sehe und höre.

Am Himmel kreist ein noch größerer Vogel mit dunklen Schwingen und leuchtend weißer Unterseite. Auch diese Art kenne ich aus Deutschland. Es ist ein Fischadler, in Kanada *osprey* genannt. In Mecklenburg hatte ich Fischadler bei der Jagd beobachten können. Hatten sie beim Kreisen über dem Wasser einen Fisch erspäht, legten sie die Flügel dicht an den Körper und schossen wie ein Pfeil herab, die Fänge weit vorgestreckt. Hoch spritzte das Wasser auf, wenn der Vogel eintauchte und für einen Moment verschwunden war, und schon stieg er wieder aus den Fluten auf, in seinen Fängen glitzerte silbern die Beute. Während sich der Adler damals in die Luft erhob, schüttelte er sein Gefieder, und ein Regen sprühender Wassertropfen fiel in den See zurück. Ein faszinierender Anblick. Wie wunderbar, dass es diese mächtigen Greifvögel noch auf unserer Erde gibt. Der kanadische Fischadler schraubt sich höher und höher in den Himmel hinauf und entschwindet unseren Blicken.

Bob lässt sich durch unser Desinteresse nicht vom Angeln abhalten und greift selbst nach der Rute. Dort, wo der Bergbach in den See mündet, wirft er die Leine aus, beködert mit einer künstlichen Fliege. Wir können es nicht fassen, nur drei Mal hat er die Angel geworfen, da zappelt ein Fisch am Haken – eine Seeforelle, mindestens einen Meter lang. Sie hatte ihr Revier hier, wo der Bach organisches Material in den kalten, nährstoffarmen See einbringt.

Oh, wie schade, denke ich, dass ein so großer Fisch sein Leben einbüßen musste. Wie viele Jahre er wohl im See gelebt hat, um zu so stattlicher Größe heranzuwachsen? Aber wie erschrecke ich, als Bob die Forelle aufschneidet und ihr Leib mit orangefarbenem Rogen, den Fischeiern, gefüllt ist. Es war also ein Weibchen. Eine neue Generation Seeforellen hätte heranwachsen können. Später erfahren wir von der Reitergruppe, die nach uns am Rainbow Lake geangelt hat, dass John, der diese Gruppe führte, dafür sorgte, dass nur kleine Forellen gefangen wurden, größere mussten wieder freigelassen werden.

Bob schlägt vor, die Forelle erst am Abend zu essen und nach einem schnellen Mittagsimbiss mit dem Kanu über den See zu paddeln und am anderen Ufer zu einem Wasserfall zu wandern.

Begeistert stimmen wir zu und freuen uns, mehr von der Gegend zu sehen. Vielleicht können wir unterwegs auch das ein oder andere Tier beobachten. Zwar würde ich gern Fotos vom Paddeln machen und von der Mitte des Sees aus unser Camp fotografieren, vorsichtshalber verpacke ich den Apparat aber lieber in einem wasserdichten Sack.

Zu dritt im Kanu ist es ziemlich eng. Ich hocke in der Mitte bei den Rucksäcken und vermeide jede Bewegung in dem wackeligen Boot. Helmut sitzt vorn mit einem Paddel, Bob will hinten paddeln und steuern. Kaum haben wir uns vom Ufer abgestoßen, da passiert es blitzschnell. Noch bevor wir in Fahrt kommen, kippt das Kanu um, und wir drei fallen kopfüber ins Wasser. Ich kann gerade noch meinen Rucksack mit den Fotosachen packen und strample nach oben. Der See ist unweit des Ufers bereits so tief, dass ich keinen Boden unter den Füßen habe. Unangenehm, wie das kalte Wasser, nachdem es Anorak, Hose, Pullover und Unterwäsche durchtränkt hat, bis zu meiner Haut vordringt. Prustend und hustend streben wir dem rettenden Ufer zu. Am glitschigen erhöhten Rand rutsche ich ab und plumpse zurück ins kalte Nass. Der Rucksack mit der schweren Fotoausrüstung, den ich umklammere, drückt mich unter Wasser. Da reicht mir Helmut schon die Hand und zieht mich samt Rucksack heraus. Wie begossene Pudel tropfen wir drei um die Wette, eigentlich ein Bild zum Lachen. Was sind wir doch für Anfänger, kippen um, noch bevor wir richtig »in

See gestochen« sind. Uns jedoch ist nicht zum Lachen zumute. Alles ist pitschnass, und ich bin besorgt, ob die Verpackung meiner Kamera dem unfreiwilligen Bad standgehalten hat. Wir flüchten uns in unsere Hütten, schüren das Feuer und drapieren Kleidung und Schuhe zum Trocknen rund um den Ofen.

Ich habe schon manche Kanu- und Kajaktour gemacht und kann mir nicht erklären, warum wir umgekippt sind. Beim Abendessen berichtet Bob, er habe das Boot gründlich untersucht, aber die Ursache nicht finden können. Vielleicht sei es mit drei Personen plus Gepäck einfach zu schwer beladen gewesen.

AM NAMELESS PASS

Den Pfad durch den Wald am Berghang kenne ich bereits von meinem morgendlichen Erkundungsgang. Mit dem 18 Kilo schweren Rucksack fühlt er sich völlig anders an. Wo ich mich ohne Gepäck leichtfüßig bewegt habe, schnaufe ich jetzt, muss immer wieder zum Atemholen stehen bleiben. Mir wird heiß. Trotz der kalten Luft ziehe ich Anorak und Pullover aus und keuche im dünnen Shirt bergauf. In der ersten halben Stunde zweifle ich, ob ich die mehrstündige Wanderung zum Sheep Camp schaffen werde.

Es ist nicht das erste Mal, dass ich eine Last trage, die für meine mittlere Körpergröße eigentlich zu schwer ist. Es war immer dann nötig gewesen, wenn ich mit Bergfreunden Lebensmittel auf eine unbewirtschaftete Hütte oder die Kletterausrüstung zum Einstieg einer Felskletterei geschleppt habe. Zum Wandern jedoch nahm ich stets nur das Notwendigste mit. Diesmal haben wir Lebensmittel für zwölf Tage dabei, denn in der Wildnis bekommen wir nirgendwo Nachschub.

Helmuts Rucksack ist noch schwerer, der von Bob schlägt aber jeden Rekord. Er ist so schwer, dass ich ihn nicht einmal anheben kann. Er meint, es seien 45 Kilo. Noch nie habe ich jemanden kennengelernt, der weite Strecken laufen und dabei so viel tragen kann.

»Was hast du nur alles dabei?«, frage ich völlig perplex.

Er zählt auf: »Axt und Säge – wie sollten wir sonst unterwegs Feuer machen? Eine Plane, unter die wir zu dritt passen, und Schnüre zum Spannen, wenn wir ein Notquartier brauchen.«

Schon seine Medizintasche wiegt so schwer wie meine Fotoausrüstung, die natürlich auch bei ihm nicht fehlen darf. Und nicht zuletzt ein Gewehr. Eine Vorsichtsmaßnahme, denn als Guide ist er für das Leben der Gäste verantwortlich.

»Hast du schon mal auf einen Bären schießen müssen?«, fragt Helmut.

»Nein, zum Glück noch nicht.«

»Und der Bärenspray, kam der schon mal zum Einsatz?«

»Auch nicht. Trotzdem dürft ihr nie nachlässig werden! Tragt ihn immer am Gürtel! Einmal vergessen kann das das letzte Mal sein.«

Wie zur Bestätigung seiner Worte zeigt er uns einen Baumstamm, an dem ein Bär in zwei Metern Höhe seine Krallen gewetzt hat. Tiefe Rillen haben seine Tatzen in die Rinde gezogen. Zudem hat er seinen Pelz am Stamm gescheuert, wobei einige Fellhaare hängen geblieben sind.

»Das war ein Grizzly, kein Schwarzbär. Nur Braunbären markieren die Bäume auf diese Art«, erklärt uns Bob.

Nach einer Stunde hat mein Körper die Anstrengung akzeptiert, nun kann ich auch wieder die Umgebung wahrnehmen. Der steile Aufstieg mündet in eine Ebene, wahrscheinlich das Hochufer eines Flusses, der in der Ferne rauscht. Weidenzweige versperren die Sicht. Die übermannshohen Sträucher bilden ein undurchdringliches Gestrüpp, sind miteinander regelrecht verflochten. Ein Vorankommen wäre unmöglich, wenn nicht ein Pfad hindurchführen würde. Von Bob erfahren wir, dass John ihn mit seinen Pferden angelegt hat. Jedes Jahr kommt er bei seinen Touren hier vorbei, so bleibt der *trail* offen.

Heimtückisch liegen Wurzeln kreuz und quer, ragen wie Fußangeln empor. Ständig muss ich den Blick nach unten richten, um nicht hängen zu bleiben. Gleichzeitig müssen wir mit den Händen die Weidenzweige, die von rechts und links in den schmalen Pfad hineinragen, beiseitebiegen. Sie schnellen sofort wieder zurück, wenn man sie loslässt. Damit sie der Nachfolger nicht schmerzhaft ins Gesicht bekommt, müssen wir ein paar Meter Abstand voneinander halten und sehen einander nicht. Nur dem Geräusch nach weiß ich, dass Bob vor mir geht und Helmut mir folgt. Ab und zu höre ich einen Vogelruf oder ein Gezwitscher, ohne die Sänger erblicken zu können. Wie schaffen es nur die Pferde hier durch, überlege ich, wenn wir Menschen schon solche Schwierigkeiten haben? Mit ihren Hufen müssten sie sich doch in den vorstehenden Wurzeln verfangen und stürzen. Später, als wir nach einigen Tagen die Reitergruppe treffen, die ihre Tour in entgegengesetzter Richtung macht, erkenne ich, was für prächtige und geländegängige Tiere das sind.

Einmal versperrt uns ein Bach den Weg. Um unsere Wanderschuhe zu schützen, denn mit nassen Schuhen geht es sich schlecht, ziehen wir Sandalen an. Obwohl das Wasser kaum knietief ist, spüre ich überrascht, wie die starke Strömung mich mitreißen will. In Sandalen habe ich keinen festen Halt auf den glitschigen Steinen, fast wäre ich gestürzt. Mit dem schweren Gepäck balanciere ich mich mühsam aus. Froh, unversehrt am anderen Ufer anzukommen, schaue ich zurück und denke, wie harmlos doch dieser schmale Wasserlauf aussieht.

Endlich! Nach drei Stunden machen wir Rast an einem weidengebüschfreien Wiesenhang. Es ist das erste Mal, nachdem wir in diesen Sträucherdschungel eingetaucht sind, dass wir wieder freie Sicht haben. Auf der Wiese wachsen auch in Deutschland bekannte Blumen: Klappertopf, Astern und Weidenröschen, *fireweed* (Feuerkraut) genannt, weil es nach Waldbränden eine der ersten Pflanzen ist, die auf den so entstandenen Lichtungen gedeihen. Leuchtend tiefblaue Blüten, wie ein Helm geformt, erinnern mich an den Blauen Eisenhut, der bei uns in den Alpen wächst und eine der giftigsten, wenn nicht die giftigste Pflanze Europas ist und früher von Giftmischerinnen gern benutzt wurde, weil er absolut tödlich ist. Nur zwei Gramm der Wurzeln führen zum Tod, doch auch der Hautkontakt mit Blättern, Blüten oder Samen kann Lähmungen und Atemnot hervorrufen, was immer wieder geschieht, wenn unerfahrene Wanderer die prachtvolle Pflanze pflücken. Auf den Almmatten kann er sich ungehindert vermehren und färbt sie im Sommer kobaltblau.

Die kanadische Pflanze ist ebenso giftig wie unsere europäische, erfahre ich von Bob. In Kanada heißt sie *larkspur*, Lerchensporn, sie ist mit unserem Rittersporn verwandt und ebenso toxisch wie der Eisenhut. Immer wieder passiere es in Kanada, dass ganze Rinderherden tot auf der Weide liegen, wenn sie sich die saftige Giftpflanze einverleibt haben. Die Farmer haben inzwischen die Gefährlichkeit erkannt und hacken *larkspur* aus ihren Weiden heraus, erklärt mir Bob, aber hier im unbesiedelten Land darf er seine Blütenpracht entfalten.

Bevor wir weiterwandern, überlege ich laut, wie viele Kilometer wir bisher zurückgelegt haben. Wegen des schwierigen Weges schätze ich, dass es wohl nur fünf gewesen sein werden. Bob schüttelt lachend den Kopf: »Nein, da irrst du dich, es sind weniger als drei Kilometer.« Wir haben also nicht einmal einen Kilometer pro Stunde geschafft. Verdammt wenig.

»Falls die Strecke weiterhin so verwachsen ist, erreichen wir das anvisierte Ziel wohl eher nicht vor der Dunkelheit«, gibt Helmut zu bedenken.

»Dafür habe ich die Plane und Seile dabei«, beschwichtigt Bob. »Die können wir, wenn nötig, aufspannen. Dann mache ich ein Feuer für unser Abendessen, das wärmt uns auch in der Nacht.«

Bevor wir unsere Wanderung fortsetzen, erzählt er von einem Schweizer Pärchen, das er vor uns auf dem gleichen Weg geführt hat. »Die Schweizer waren komisch«, meint er lachend. »Stellt euch vor, sie hatten Wanderstöcke dabei, damit sind sie durch das Weidengestrüpp gestakst!«

»Unmöglich! Das geht doch gar nicht!«, ruft Helmut überrascht. »Sie mussten ja die Hände frei haben, um die Zweige beiseitezuschieben.«

»Ihnen sind die Ruten immerzu gegen den Kopf und ins Gesicht geschlagen, und sie haben mächtig geschimpft. Warum wir den Weg nicht *sauber* gemacht hätten! Sie meinten empört, ich solle die Zweige absägen. Keine Ahnung, wie sie sich das auf so einer langen Strecke vorstellten. Und dann wünschten sie sich auch noch Stege über die Bäche oder wenigstens Trittsteine.«

Ich wundere mich, warum sie nicht auf die Idee kamen, die Stöcke zusammenzuschieben und am Rucksack zu befestigen.

»Aber fit waren sie, die Schweizer, das muss ich sagen!«, gesteht Bob voller Anerkennung. »Statt sich auszuruhen, sind sie gleich am ersten Tag ringsum auf die Berge gestiegen, und so schnell, dass ich nicht mithalten konnte.«

»Und das will was heißen«, sagt Helmut, denn unser Guide hat einen flotten Schritt und gibt das Tempo vor, trotz seines schweren Rucksacks.

Nach weiteren zwei Stunden machen wir die nächste Rast, füllen heißes Wasser aus der Thermoskanne in unsere Becher mit getrockneter Nudelsuppe, die aufquillt und schmackhaft ist. Wegen der Anstrengung habe ich allerdings nur wenig Hunger und gebe Helmut die Hälfte meiner Suppe, stärke mich lieber mit Schokolade und ein paar Nussriegeln.

Nach weiteren drei Stunden und diversen abenteuerlichen Flussdurchquerungen erreichen wir bei Helligkeit doch noch das Sheep Camp, eine zeltförmig aufgespannte schwarze etwa vier Meter lange Plane, die über einem gitterförmigen, hölzernen dachartigen Gerüst befestigt ist. Das Camp liegt im Wald auf einer Anhöhe, weiter unten fließt ein Bach, der uns mit Wasser versorgt. Müde breiten wir nach dem Abendessen Matten und Schlafsäcke auf dem bloßen Waldboden unter der Plane aus und schlafen fest bis zum nächsten Morgen, hören nicht einmal den Regen, der in der Nacht auf die Plane platscht.

Bob erzählt allerdings, dass er wenig geschlafen habe. Mit dem Gewehr in der Hand sei er lange wach gelegen, weil er verdächtige Geräusche gehört habe, die von einem Bär hätten stammen können. Als wir uns in der Gegend nach Spuren umschauen, entdecken wir einen morschen Baum, der umgestürzt ist und den Lärm verursacht hat.

Helmut und ich packen Brotzeit, Trinkflaschen, Regen- und Kälteschutz in einen gemeinsamen Rucksack, den wir abwechselnd tragen, denn wir planen eine Tagestour zum Nameless Pass, dem »Namenlosen Pass«, um nach der Rückkehr noch einmal im Sheep Camp zu übernachten.

Durch lichten Wald geht es aufwärts. Die Bäume sind auch hier geheimnisvoll mit Bartflechten behangen und der Boden mit Moosen und Flechten bedeckt. In der vom Regen feuchten Erde – es hatte aufgehört zu regnen, als wir mit dem Frühstück fertig waren – entdecken wir Wolfsspuren. Die Abdrücke sind groß wie mein Handteller.

»Sicher ein Einzelgänger, ein besonders mächtiges Tier«, meint Bob bewundernd.

Wir lassen den Wald hinter uns und folgen einem tief eingeschnittenen Tal, in das sich ein Wildbach hinabstürzt. Auf den Bergwiesen, die wir nun hinaufsteigen, wächst neben Astern, Weidenröschen und dem blau behelmten Rittersporn auch eine mir unbekannte Pflanze mit rotem Schopf. Sie heißt *indian paintbrush*, Indianerpinsel, sagt unser Guide, der sich in der Natur gut auszukennen scheint. Später am Abend schaue ich in meinem Bestimmungsbuch nach, der Name stimmt. *Castilleja miniata* ist ein Halbschmarotzer, der zum Gedeihen die Wurzeln anderer Gewächse anzapft. Bei Pflanzen ist eine parasitische Lebensweise gar nicht so selten. Der Indianerpinsel blüht meist leuchtend rot, und das den ganzen Sommer über. Es gibt jedoch auch hellgelbe und rosa Blüten, allerdings seltener.

Bob, der wie immer vorangeht, bleibt abrupt stehen, dreht sich um, legt den Finger auf den Mund und bedeutet uns zu warten. Flüsternd teilt er uns mit, dass er Raufußhühner entdeckt habe, die hinter einen Busch geflüchtet, aber noch nicht aufgeflogen seien. Vorsichtig pirschen wir uns an. Tatsächlich, da hocken fünf Hennen und ein Hahn am Boden. Mit ihrem braun-beigefarbenen Gefieder sind sie gut getarnt. Wie ausgestopft verharren sie, wagen keine Bewegung, um sich nicht zu verraten, denn unsere Gegenwart ist ihnen nicht entgangen. Ihr Federkleid ähnelt dem unseres Haselhuhns, auch die Größe ist etwa gleich. Nach Abbildung und Beschreibung im Bestimmungsbuch, das ich als Ornithologin stets dabeihabe, denn später kann man sich nicht mehr so genau an das Aussehen erinnern, müsste es sich um *ruffed grouse* handeln, also um das

Kragenhuhn. Ganz sicher bin ich mir nicht. Es kommen auch andere Arten in Betracht, denn die Hennen sind bei den Raufußhühnern, zu denen auch Auerhahn, Birkhuhn und Schneehuhn zählen, sehr ähnlich gefärbt.

Wenn er balzt, entfächert der Kragenhahn seine Schwanzfedern und plustert am Hals einen kragenartigen Wulst auf, lautet die Beschreibung im Buch. Die Balzzeit ist lange vorbei, doch hätte eine Andeutung vom Kragen sichtbar sein müssen. Vielleicht ist aber der Vogel, den ich als Hahn ausmache, nur eine etwas kräftiger gefärbte Henne mit rostrotem Brustgefieder. Es ist eben nicht leicht, selbst mit Bestimmungsbuch, eine noch nicht bekannte Art richtig einzuordnen.

Mit vielerlei Arten besiedelt die Familie der Raufußhühner die nördlichen Gefilde zahlreicher Länder, mit Vorliebe Heidelandschaften, Moore, Tundren und Gebirgsmatten. Meist halten sich die Vögel am Boden auf, obwohl einige Arten auch gern auf Bäumen nächtigen, wenn vorhanden.

Sicher bin ich mir wenige Höhenmeter später, als wir wieder Hühnervögel sichten. Diesmal handelt es sich um das mir bekannte Alpenschneehuhn, das nicht nur in den Alpen vorkommt, sondern auch in Grönland und Kanada. Die Schneehühner haben uns noch nicht bemerkt. Eifrig picken sie am Boden nach Grassamen und Grünzeug. Ein Hahn hält auf einem Felsblock Wache. Jetzt hat er uns spitzgekriegt und warnt seine Hennen mit schnarrenden Tönen – *rrraa, rraar*! Die Hennen reagieren augenblicklich und rennen aufgeregt einen steinigen Hang hinauf, wo sie mit ihrem halb weißen, halb braunen Gefieder wunderbar getarnt sind. Ich bin überrascht, dass sich die Vögel bereits Mitte August für den Winter rüsten. Die Gründe sind das harte Klima so weit im Norden und die Höhenlage. Sie ersetzen ihr Sommergefieder nicht auf einmal, sondern wechseln die Federn nach und nach, sodass sie einige Wochen lang gefleckt herumlaufen, bevor sie nur noch weiße Federn haben.

Die Alpenschneehühner und auch die sehr ähnlichen Moorschneehühner haben in der kalten Jahreszeit ein schneeweißes Gefieder, nur über den Augen ist ein roter Fleck, die »Rose«. Die beiden Schneehuhnarten sind die einzigen Vögel weltweit, die im Winter ein weißes Federkleid tragen, das sich von ihrer Sommerfärbung unterscheidet, vergleichbar mit einigen Säugetieren, zum Beispiel Hermelin, Schneehase und Polarfuchs, die im Winter ebenfalls weiß sind und im Sommer ein braunes Fell haben. Die weiße Färbung dient den Vögeln und den genannten Säugetieren zur Tarnung im Schnee, aber auch zur Regulierung des Wärmehaushalts.

Wir steigen höher und gelangen in die alpine Zone. Sträucher und Büsche gibt es nicht mehr, nur winzige Polsterpflanzen, die sich an den Boden ducken, und mit Flechten geschmückte Steine. Eine ganze Weile schon hören wir seltsame Pfiffe, hell und schrill – *hiiä, hjie, hiii*. Vielleicht die Rufe eines Weißkopfseeadlers? Vergeblich blicke ich zum Himmel hinauf.

Bob schüttelt den Kopf. Es sind die Warnrufe der *marmots,* der Murmeltiere, die längst unser Eindringen in ihr Revier bemerkt haben. Ich bin erstaunt, denn die Laute klingen völlig anders als bei unserem Alpenmurmeltier. Mit dem Fernglas suchen wir den Felshang ab. Es dauert nicht lange, da entdecken wir auf einem Stein, glatt wie eine Tischplatte, zwei Tiere. Wegen ihres hellgrauen Pelzes, der den Rücken wie ein Sattel ziert, hat man ihnen den Namen *Marmota caligata,* Eisgraues Murmeltier, gegeben. Wie unsere Alpenmurmeltiere halten sie Winterschlaf, leben sozial in Gruppen, haben überhaupt eine fast identische Lebensweise. Die beiden Schreihälse ereifern sich noch eine Weile, schlagen aufgebracht ihre buschigen Schwänze auf und nieder und verschwinden dann, erbost über die Störung, in der Höhle unter ihrem Stein.

Insgesamt gibt es 15 verschiedene Murmeltierarten in den Kältesteppen und Gebirgen Nordamerikas und Eurasiens. Entwickelt haben sich die Tiere vor Millionen Jahren in Amerika, über Landbrücken sind sie in mehreren Wellen nach Asien und Europa eingewandert und haben sich dort zu eigenständigen Arten entwickelt. Während der Eiszeit waren Murmeltiere weitverbreitet, denn sie sind bestens an extremes Kälteklima angepasst. Nachdem die Kaltzeit vorbei war und die Gletscher immer mehr abtauten, wurde es den Murmeltieren in den nun warmen und bewaldeten Tälern zu heiß, denn sie haben kaum Schweißdrüsen und können ihre Körper auch nicht, wie ein Hund, durch Hecheln abkühlen. Die Wärme trieb die Murmeltiere, zum Beispiel in den Alpen, immer höher die Berge hinauf, dorthin, wo es noch kalt genug war. In tiefer gelegenen Gebieten wie in den Steppen der Mongolei, wo es auch im Sommer kühl bleibt, sind sie ebenfalls weitverbreitet. Durch Veränderungen wie die sich schon abzeichnende Klimaerwärmung wird der Lebensraum der Murmeltiere weltweit verkleinert und damit ihr Überleben gefährdet.

Je höher wir in die Bergwelt hinaufsteigen, umso trostloser wird die Gegend. Nur noch Felsen, vom Wind gepeitscht. Ich schütze mich mit Wollmütze, darunter ein Stirnband, darüber die Anorakkapuze. Trotz Lebensfeindlichkeit, eisiger Kälte und Sturm gefallen mir solche kargen Landschaften, wo Naturelemente herrschen und der Mensch eigentlich nichts zu suchen hat, wo er nicht auf Dauer leben kann, sondern nur vorübergehend Gast ist. Irgendetwas in meinem Inneren wird von dieser Ausgesetztheit, dieser Einsamkeit berührt.

Auf dem Nameless Pass rasten wir in einer geschützten Mulde und stärken uns mit dem, was wir im Rucksack mitgebracht haben. Ein Streifenhörnchen, die gleiche Art wie unten am Ufer des Rainbow Lake, saust mausflink umher. Was hat es sich nur für einen schwierigen Lebensraum gewählt, in dem es sich abmühen muss, zwischen Fels und Stein genügend Nahrung zu finden.

Bob sucht mit dem Fernglas die Felswände ab. »Sie sind nicht da.« Seine Stimme klingt enttäuscht. Als Ersatz für eine Livetierbeobachtung zeigt er uns im Display seiner Kamera eine beeindruckende Aufnahme von leuchtend weißen Klettertieren in steiler Felswand. Es sind Schneeziegen. Sie haben auch im Sommer ein weißes Fell und sind dadurch auf weite Entfernungen sichtbar. Schneeziegen können sich das leisten, denn durch ihre atemberaubenden Kletterkünste entkommen sie meist ihren Feinden wie Puma, Luchs, Schwarzbär, Vielfraß. Nur vor dem Adler, der aus der Luft angreift, müssen sie sich in Acht nehmen.

Nicht nur ihr weißes Fell macht sie unverwechselbar. Sie sehen auch sonst kurios aus mit dem Kinnbart, der sowohl Weibchen als auch die Böcke ziert, dem mähnenartigen Haarschopf am Rücken, den stämmigen Beinen, die dick bepelzt sind, als würden sie Hosen tragen, und den pechschwarzen Hörnern bei beiden Geschlechtern, die mit dem weißen Fell kontrastieren. Schwarz sind auch die Hufe und die Schnauze. Irgendwie wirken sie urtümlich, wie aus einer anderen Welt, und tatsächlich gibt es keine lebenden nahen Verwandten mehr. Schneeziegen sind die letzten ihrer Gattung und auf gar keinen Fall, wie der Name eigentlich vermuten lässt, mit Ziegen verwandt.

Nachdem uns Bob das Foto von den schneeweißen Klettertieren gezeigt hat, überrascht er uns mit der Mitteilung, dass Goldgräber in diesem Felsgewirr ihre *claims* abgesteckt hätten. Seltsam, wie kommt jemand auf die Idee, ausgerechnet hier nach Gold zu suchen? Bei dem felsigen Untergrund ist Graben unmöglich. Wahrscheinlich müsste man sprengen, dort, wo man eine Goldader vermutet, aber wie das feststellen?

Zum Beweis für seine Behauptung, dass hier Goldsucher zugange waren, zeigt Bob uns zwei Holzlatten mit festgetackerten roten Metallplatten, auf denen der Name des Eigentümers und das Jahr 2003 eingeprägt sind. Es sind die üblichen Pfähle, mit denen man ein rechtmäßig erworbenes Gebiet, also einen *claim,* zu seinem Besitz erklärt. Komisch, das Jahr 2003 ist noch nicht so lange her, aber nirgendwo Spuren einer Goldsuche. Ob man gar nicht erst begonnen hat?

Die Zeiten des Goldrauschs, der Tausende Menschen nach Kanada lockte, sind vorbei. Im Jahr 1858 begann man am Fraser River nach Gold zu schürfen. Durch Zufall wurde der Fundort entdeckt, weil James Douglas, der Gouverneur von Vancouver Island, die am Fraser Canyon gewonnenen Erze zur Münzprägung nach San Francisco lieferte. Als der Goldgehalt in den Mineralien bekannt wurde, löste dies den ersten Ansturm von Glückssuchern aus. Sie brachten Krankheitserreger, vor allem Pocken, ins Land, gegen die die Ureinwohner keine Antikörper besaßen. Innerhalb eines Jahres war die Hälfte der einheimischen Bevölkerung dahingerafft.

Drei Jahre später fanden Trapper im Flusssand des Cariboo River Goldkörner, was zum nächsten Goldrausch führte. Der folgenreichste und bis heute bekannteste ist mit dem Namen Klondike verbunden, ein 160 Kilometer langer Nebenfluss des Yukon. Im Jahr 1896 strömten die *stampeder,* wie die Goldsüchtigen genannt wurden, zur legendären Goldgräberstadt Dawson. Mehr als hunderttausend waren es damals, heute leben noch 1200 Menschen dort.

Nur wenigen brachte der Reichtum Glück, zu ihnen zählt die fiktive Figur Dagobert Duck, der am Klondike seine erste

Million gewann. Die Schöpfer der Comicfigur haben Dagobert Duck ein Nugget in Größe eines Straußeneis finden lassen. In der realen Welt dagegen wurde kaum einer der Goldsucher reich, stattdessen verloren viele ihr Leben. Niemand hat die Toten gezählt, die sich schon beim Anmarsch durch die Rocky Mountains durch Kälte und Hunger häuften und in den Bergen von Steinschlag und Lawinen verschüttet wurden. Am Chilkoot Pass wurden an einem einzigen Tag 63 Mann von einer Lawine getötet. Nicht wenige büßten ihren mühevoll errungenen Schatz beim Glücksspiel und durch zu viel Alkohol ein oder wurden von skrupellosen Kumpanen ermordet.

Am Chilkoot Pass wurden 1500 Stufen ins Eis geschlagen, um von der Pazifikküste über die Coast Mountains zu den Goldfeldern am Klondike River zu gelangen. Eindrucksvolle Fotos und sogar Filmaufnahmen dokumentieren, welche Strapazen die Goldsucher zu bewältigen hatten. Eine andere Strecke, die länger war, aber weniger hoch, führte über den White Pass. Wegen der zahlreichen Pferde, die dort ihr Leben verloren, über 3000 Packpferde sollen es gewesen sein, erhielt er den Namen Dead Horse Pass.

Wer sich gar nicht erst auf die Goldsuche eingelassen hatte und dennoch ein unermessliches Vermögen gewann, war Frederick Trump, der Großvater von Donald Trump, des gegenwärtigen Präsidenten der USA. Frederick war ein Einwanderer aus der Pfalz. Sein gewinnbringendes Geschäftsmodell bestand darin, überteuerte Waren an Goldsucher zu verkaufen. In seinem Hotel *Arctic* in der Goldgräberstadt Dawson und später in seinem zweiten Hotel in White Horse verloren die Leute ihr mühsam geschürftes Gold beim Glücksspiel; zudem sorgte Trump dafür, dass immer reichlich Alkohol und Mädchen vorhanden waren. Schließlich schlossen die Behörden Trumps *Arctic Hotel* wegen der unmoralischen und lasterhaften Geschäfte. Der Geschäftsmann zog ungestraft weiter und hatte so den Grundstein für das Trump'sche Vermögen gelegt.

Der Goldreichtum im Gebiet am Klondike war und ist enorm. Bisher wurden 570 Tonnen Gold gewonnen, was einem Volumen von 30 Kubikmetern entspricht. Mit modernen Maschinen und umweltschädigenden Verfahren werden noch immer jährlich 60 000 Unzen aus dem Gestein herausgelöst, die 100 Millionen Dollar wert sein sollen. Die Holzpfähle, die hier am Nameless Pass die *claims* abstecken, zeigen, dass die Faszination vom schnellen Reichtum weiterhin existiert. Auf unserer Wanderung werden wir noch andere Hinweise auf die nie versiegende Gier der Menschen entdecken.

ZUM CAMP AM LONESOME RIVER

Morgendlicher Nebel füllt das Tal, und die Sonne vergoldet die Bergspitzen. Seit einer knappen Woche sind wir unterwegs und haben es gestern nach anstrengender Wanderung nicht bis zum Camp geschafft und in einem provisorischen Lager im Wald übernachtet. Ein traumhafter Tag beginnt, nachdem es zuletzt heftig geregnet hatte. Die Bachläufe, die wir überwinden müssen, führen Hochwasser, und die Strömung ist reißend. Jedes Mal ein Aufatmen, wenn wir heil am anderen Ufer ankommen. Trotz Anstrengung und Mühsal genieße ich die spektakuläre Natur. Ein Wasserfall stürzt die Felsen hinab, glitzert, angestrahlt von der Sonne, wie flüssiges Silber. Der Pfad führt am Hochufer eines lang gestreckten Sees entlang, der eingebettet zwischen Bergen liegt. Die schlanken, hochgewachsenen Nadelbäume geben ab und zu den Blick auf die spiegelnde Seefläche frei. Von oben, selbst mit Fernglas, kann ich keine Wasservögel oder anderes Getier entdecken. Doch beobachten wir wieder Raufußhühner, diesmal nicht am Boden, sondern auf den Bäumen. Stoisch, ohne sich zu rühren, hocken sie auf dicken Ästen und sind durch ihr braunes Gefieder kaum von der Umgebung zu unterscheiden. Dafür macht ein Eichhörnchen durch Keckern auf sich aufmerksam. Es fühlt sich von uns beim Zapfensammeln gestört, ist blitzschnell einen Baumstamm hinaufgeflitzt, hockt nun auf einem Ast und schimpft. Es sieht unserem europäischen Eichhorn sehr ähnlich, ist vielleicht etwas zierlicher und hat ein beigefarbenes Fell mit rötlichem Schimmer. Weitere Tiere verbergen sich wahrscheinlich tiefer im Wald. Ihre Abdrücke auf dem Pfad beweisen, dass sie auf ihm entlanggelaufen sind. Wir sehen die Fährten von Elch, Karibu, Wolf und Bär. Sie machen uns deutlich – der Wald gehört den Tieren, und wir sind nur Gäste.

Das Tal weitet sich. Tief unten erstreckt sich eine Sumpflandschaft mit hohem Schilf. Zwischen den Halmen blitzt hin und wieder Wasser auf. Es wäre eine ideale Gegend für Elche, die gern in solch weitflächigen Feuchtgebieten grasen. Wir nehmen die Ferngläser zu Hilfe, aber nichts!

Zu unserer Überraschung kreuzt eine Kröte behäbig den Pfad. Das schöne handtellergroße Tier ähnelt den bei uns heimischen Wechselkröten. Bob, der seit zehn Jahren in diesem Gebiet unterwegs ist, hat nie zuvor eine Kröte oder andere Amphibien gesehen. Für ein Foto und zum Größenvergleich nehme ich das Tier kurz in die Hand, dann lassen wir es ziehen. Da es hier oben auf dem Hochufer kein Wasser gibt, muss die Kröte im Frühjahr zur Eiablage den weiten Weg hinunter ins Tal zurücklegen, denn die Kaulquappen können sich nur dort im Feuchtgebiet entwickeln.

Die letzte gefährliche Flussüberquerung erwartet uns am Lonesome River, der sich tief zwischen steilen Felswänden eingeschnitten hat und wild im Canyon dahinstrudelt. Nachdem wir glücklich die starke Strömung im eiskalten Wasser bewältigt haben, steigen wir am anderen Hochufer hinauf und marschieren durch einen lichten Wald. Endlich ist der Pfad eben und leicht zu gehen. Die Hochfläche ist wie glatt gehobelt, vielleicht durch die Gletscher der Eiszeit. Immer wieder kommen wir an kreisrunden, trichterförmigen Einsenkungen vorbei, etwa drei Meter im Durchmesser und zwei bis drei Meter tief. Sie wurden von Goldsuchern gegraben, weiß Bob. Ich kann es kaum glauben, als ich den felsigen Untergrund sehe. Welche Mühsal, mit Spitzhacken solche Löcher auszuheben, und überhaupt, wie sind sie mit ihrer Ausrüstung und der Verpflegung bis hierher in das unwegsame Gebiet gelangt? Wahrscheinlich mit Pferden, meint unser Guide, und im Winter mit Schlitten auf den zugefrorenen Flüssen. Wie aber wussten sie, an welcher Stelle es sich lohnt zu suchen? Die Hochfläche ist eben. Überall sieht sie gleich aus, es gibt keine auffallenden Geländeformationen, und nirgendwo tritt Gestein offen zutage. Keiner von uns dreien kennt die Antwort. Wir wissen nur, dass bestimmte Mineralien Goldadern anzeigen. Die Goldsucher müssen sich also geologische Kenntnisse angeeignet haben.

Wenige Kilometer später kommen wir am ehemaligen Goldgräbercamp vorbei. Es stammt aus den Jahren um 1890, berichtet uns Bob. Von den Hütten ist nicht mehr viel übrig, ein paar Balken hier, dort ein eingestürztes Dach, auch eine einsame Tür ohne Haus und jede Menge Unrat. Rostige Töpfe, Pfannen, Kessel, Schaufeln und Hacken, sogar ein Bulldozer wurde übers Eis der Flüsse transportiert und steht nun für unendliche Zeiten zwischen den Bäumen. Die Goldsucher haben ihre Geräte einfach im Wald gelassen, wo sie seit fast 130 Jahren vor sich hinrosten. Dass das Zeug schon so lange hier liegt, sieht man ihm nicht an. Die Töpfe müsste man nur säubern und könnte sie weiter benutzen. Erschreckend, dass alles, was wir Menschen in dieser fragilen Natur zurücklassen, wo das Klima so kalt ist und deshalb die Zersetzung durch Mikroorganismen unendlich langsam vonstattengeht, über undenkbar lange Zeiträume erhalten bleibt und von unserer Respektlosigkeit gegenüber der Natur zeugt.

Von oben blicken wir hinunter zum Lonesome River, der in seinem Canyon aus rötlichen Felsen dahergeschossen kommt. Ein wilder Anblick! Der Lagerplatz ist nur wenige Hundert Meter vom Fluss entfernt und nach dem gleichen Prinzip gebaut wie das Sheep Camp. In der Plane hat sich Regenwasser gesammelt. Vorsichtig, damit das Wasser nicht unseren Schlafplatz durchnässt, stemmen wir uns von unten gegen die Wasserblase, wollen das Wasser nach außen abfließen lassen. Dabei reißt der gummierte Stoff. Bob hat sogleich Abhilfe parat. Aus seinem Monsterrucksack holt er eine dicke Rolle Handwerkerklebeband, die mindestens ein Kilo wiegt. Er trägt nicht nur alles zum Holzfällen und Feuermachen mit sich, sondern hat auch eine halbe Werkstatt dabei.

Inzwischen hat sich mein Körper an die Strapazen gewöhnt, und obwohl wir wieder, wie an den anderen Tagen, acht Stunden mit schwerem Gepäck unterwegs waren, habe ich am Abend noch genügend Kraft, die Umgebung zu erkunden. Unser Führer hat nichts dagegen, dass ich allein herumstreife, Hauptsache, ich habe den Bärenspray dabei.

Dicke Moospolster dämpfen meinen Schritt. Zart hellgrüne Flechten hängen von den Fichtenzweigen herab wie fein gewebte Schleier und schaffen eine geheimnisvolle Stimmung. Neben der weißen korallenartig geformten Rentierflechte macht eine andere, an sich unscheinbare Flechte durch ihre roten Fruchtkörper auf sich aufmerksam. Es ist die Rotfrüchtige Säulenflechte. Die weißlich bepelzten, kaum zwei Zentimeter hohen Stiele sind oben mit einem feuerroten Köpfchen geschmückt, als würde dort eine rote Koralle sitzen. Flechten sind faszinierend, weil sie nicht ein einziges Lebewesen sind, sondern zwei, die zum gegenseitigen Vorteil untrennbar miteinander verbunden sind, also eine Symbiose bilden. Es sind immer eine Alge und ein Pilz. Je nachdem, welche Algenart und welcher Pilz sich zusammentun, entsteht eine andere Flechtenart. Die Alge ist, wie die meisten Pflanzen, zur Fotosynthese fähig und sorgt so für die Ernährung, der Pilz bietet der Alge in seinen Zellen Schutz vor Austrocknung, Verletzung, Kälte und anderen Umweltunbilden. Er ist gewissermaßen das Haus, in dem die Alge sich wohlfühlen kann. Beide zusammen können an Orten überleben, wo es jeder einzeln für sich nicht vermöchte. Deshalb sind es im eisigen Klima und im Hochgebirge gerade Flechten, die dem extremen Wetter trotzen.

Mit Fernglas und Fotoapparat streife ich bis zum Dunkelwerden umher. Zuerst führt mich meine Neugier zum Canyon. Mit dem Fernglas suche ich die Felsen nach Greifvögeln ab, ebenso die Flussufer nach Wasservögeln. Auch Biber, Waschbär, Vielfraß, Wapiti, Karibu könnten hier leben.

Besser als beim Herumlaufen kann man Tiere entdecken, wenn man sich irgendwo hinsetzt und wartet. Schon mit zwölf Jahren hat mich mein Vater auf die Jagd mitgenommen. Damals habe ich gelernt, stundenlang so gut wie bewegungslos auf einem Hochsitz auszuharren. Fast immer konnten wir Tiere beobachten, die wir beim Pirschen nicht zu Gesicht bekommen hätten. Diesmal wird meine Geduld nicht belohnt. Alles bleibt ruhig. Die Tierwelt in diesen nördlichen Bergen ist nicht nur artenarm, sondern die wenigen Individuen können sich über einen weiten Raum verteilen. Zudem sind die Zugvögel jetzt Ende August bereits auf dem Weg gen Süden.

Unaufhaltsam senkt sich die Dämmerung über das Land. Das war für mich stets der spannendste Moment, wenn ich mit meinem Vater auf einem Hochsitz saß. Die zuvor lauten Geräusche des Tages versiegten mit abnehmendem Licht, zugleich waren einzelne Töne besser hörbar. Da vernahm ich dann plötzlich sehr deutlich das Rascheln einer Maus im Laub des Waldbodens unter dem Hochsitz. Der Vogelchor verlor einen Solisten nach dem anderen, bis zuletzt nur noch die Amsel ihr Lied erklingen ließ. Schließlich verstummte auch sie, und Ruhe senkte sich über den Wald. Es war aber eine erwartungsvolle Ruhe, denn gleich würde das Wild aus der Dickung heraus auf die Lichtung treten. Wenn mein Vater und ich spät in der Dunkelheit nach Hause gingen, strich nicht selten eine Eule mit ihrem lautlosen Flug über unsere Köpfe hinweg. So lernte ich schon als Kind, dass neben unserer zivilisierten Welt eine große Vielfalt an anderen Lebewesen existiert.

Während ich jetzt hier in Kanada am Lonesome Canyon noch immer auf Tiere warte, denke ich daran, wie anstrengend der heutige Tag wieder gewesen ist. Ich erinnere mich an die Weidenbüsche, die mir unentwegt gegen Schienbeine und Arme geschlagen sind, an die Wurzeln, die gleich Fallen den Pfad überspannt haben, an die Feuchtwiesen, wo man beim Balancieren über Binsenbüschel höllisch aufpassen musste, nicht abzurutschen und knietief im Morast zu versinken. Immer wieder steile Anstiege zu den Hochufern hinauf und rutschige Abhänge hinunter in die Täler, und alles mit schwerem Gepäck auf dem Rücken. Warum macht man das? Warum nimmt jemand wie ich diese Entbehrungen auf sich, noch dazu in einem rauen Land, wo es im August schon herbstlich kalt ist? Mir ist klar, dass es schwer sein wird, dies den Freunden zu Hause zu erklären. Vor allem denjenigen, die selber keine solchen Erlebnisse kennen und nie erfahren haben, wie beglückend es sein kann, körperliche Herausforderungen zu bestehen. Es ist jedoch für mich weniger dieser sportliche Aspekt, der mich zu solchen Touren motiviert, als das Naturerlebnis. Es ist die beglückende Weite, die wilde, harte Natur. Sich in ihr bewegen zu dürfen, in ihr zu sein, das gibt meiner Seele die Nahrung, die sie braucht, nach der sie hungert.

Auf dem gleichen Pfad will ich nicht zum Lager zurückgehen. Ich traue mir zu, die Richtung quer durch den Wald zu finden, allzu weit habe ich mich ja nicht entfernt. Es muss ein Wildwechsel sein, der mich zu einer winzigen Wiese führt, vielleicht vor langer Zeit dadurch entstanden, dass bei einem Sturm ein mächtiger Baum seinen Halt verloren hat. Die kleine Oase zwischen den hohen Nadelbäumen überrascht mich mit einer bunten Blumenpracht, die trotz Dämmerung noch intensiv leuchtet. Was da alles wild durcheinanderwächst und dennoch eine farbliche Harmonie bildet! Das Weidenröschen mit seinem intensiven Rotviolett ragt brennend aus dem Grün heraus. Der kobaltblaue Rittersporn streckt seine Blüten kraftvoll dem Himmel entgegen. Dunkelblaue Lupinen stimmen in die Farbensinfonie mit ein, untermalt von gelben und orangefarbenen Blütenkelchen. Späte Schmetterlinge nutzen das letzte Abendlicht und gaukeln von Blume zu Blume, wilde Bienen suchen nach Nektar, stärken sich für die Nacht. Ich verweile am Rand der kleinen Lichtung im Schatten der Bäume und erfreue mich an dem lebendigen Bild um mich herum. Es sind kostbare Momente, in denen ich mich inmitten der Natur geborgen fühle.

Dann tauche ich wieder in den Wald ein mit seinen hohen Bäumen, die eine Stimmung wie in einer Kathedrale vermitteln. Weich versinken meine Füße in dicken Moospolstern, Flechten streifen mein Gesicht wie sanfte Geisterfinger, überall Wurzeln und umgestürzte Bäume. Dunkelheit umgibt mich wie eine schützende Hülle. Nachts im Wald habe ich mich noch nie gefürchtet, dennoch taste ich mich vorsichtig voran und strenge meine Augen an, um nicht von einem Tier überrascht zu werden, nicht über Wurzeln zu stolpern oder gegen einen Baumstamm zu rennen.

Die Natur ist weder freundlich noch feindlich. Sie ist einfach, wie sie ist. Nur wir Menschen erliegen immer wieder der Versuchung, der Natur eine Bedeutung beizumessen, sie sentimental zu erhöhen oder sie blind zu fürchten, sie zu zähmen und uns nutzbar zu machen.

Die Nacht breitet ihre Dunkelheit über das Land. Schwarz ragen die Baumwipfel in den Sternenhimmel. Während ich mir meinen Weg durch den Urwald bahne, fällt mir auf, wie still es ist, als hielte der Wald den Atem an. Nichts scheint sich in dieser Einsamkeit zu bewegen, außer mir.

TREFFEN MIT DER REITERGRUPPE AM BEAR LAKE

Am Morgen erwache ich stets als Erste, entzünde das Feuer und setze den Kessel mit dem Teewasser auf. Anschließend mache ich einen Rundgang um unser Lager. Begrüßt werde ich von den *gray jays,* den Meisen- oder Grauhähern, mit Gezwitscher, das an das Wiehern von Pferden erinnert. Ungefähr so groß wie Eichelhäher, mit denen sie auch entfernt verwandt sind, tragen sie nicht deren bunte Farben, sondern eine Variation in Grau. Brust und Bauch sind hellgrau, Rücken und Flügel düster dunkelgrau, die Stirn leuchtet reinweiß. Das unauffällige Äußere machen sie wett durch ihr lebhaftes Wesen. Bereits gestern Abend am Lagerfeuer kam das Paar von den Wipfeln der Bäume herabgesegelt, näherte sich uns furchtlos, hüpfte umher auf der Suche nach etwas Essbarem. Männchen und Weibchen dieser Vögel unterscheiden sich äußerlich nicht. Dass sie ein Paar sind, weiß ich nur deshalb, weil im Bestimmungsbuch steht, dass diese Rabenvögel monogam zusammenleben und ansonsten wenig gesellig sind. Vielleicht haben sie erwartet, dass sie von mir Leckerbissen bekommen, denn nach dem Begrüßungsgewieher flattern sie davon. Mein Rundgang führt mich einmal mehr zum Lonesome Canyon. Über dem weiß schäumenden Wasser leuchtet der Himmel hellrosa. Die Sonne ist noch nicht über den Horizont gestiegen, aber sie sendet bereits Leben spendendes Licht auf die Erde. Diese Momente, wenn die Nacht noch nicht vorbei ist und der Tag gerade beginnt, liebe ich sehr. Deshalb stehe ich gern so früh auf, um diese kostbare Zeit nicht zu verpassen.

Nach dem Frühstück aus Haferflocken, angerührt mit Quellwasser, schultern wir die Rucksäcke. Die Tour wird, wie an den Tagen zuvor, wieder anstrengend sein mit steilen Auf- und Abstiegen, Durchwaten von Flüssen und sumpfigen Feuchtwiesen. Einmal will Bob uns ersparen, einen Fluss durchqueren zu müssen. Er meint, nach wenigen Hundert Metern würde der Pfad wieder auf die jetzige Seite wechseln, deshalb sollten wir gleich am rechten Ufer bleiben.

Es war ein Fehler. Das wild verwachsene Dickicht lässt uns nicht durch. Bob versucht es trotzdem, wir hinterher. Zuerst habe ich nichts dagegen, denke mir, da erlebe ich wenigstens einmal, wie es ist, ohne Pfad unterwegs zu sein, und kann so die Wildnis kennenlernen, wie sie wirklich ist. Jedoch wenn ich selbst zu entscheiden hätte und mich ohne Weg durchkämpfen müsste, dann würde ich mich zum Hochufer durchschlagen und im Wald weitergehen und nicht dort, wo das dickste Dickicht wächst. Am Flussufer ist es aussichtslos, sich als Mensch fortzubewegen. In einer halben Stunde kommen wir vielleicht 50 Meter weit. Erlen und Weiden sind ineinander verflochten, Stämme übereinandergeworfen, unter ihnen sumpfiges, torfschwarzes Wasser, immer wieder sinke ich ein. Was für ein Unfug, denke ich, selbst mit Machete wäre es hier nicht zu schaffen. Da haben wir nun schon so viele Wasserläufe durchquert, warum nicht noch einen weiteren? Meine Motivation sinkt gegen null. Bin ich von etwas überzeugt, habe ich Ausdauer und halte zäh durch. Leuchtet mir jedoch eine Entscheidung nicht ein, verlässt mich die Kraft, dann neige ich dazu aufzugeben. Wenn ich meinen inneren Motor, meinen Willen, nicht einschalten kann, versage ich. Und in diesem Gesträuch, wo Wurzeln, Zweige, Äste ein unentwirrbares Hindernis bilden und der schwere Rucksack immer wieder an Widerhaken hängen bleibt, fühle ich mich hilflos und am Ende meiner Kraft. Ich bin nahe dran, einfach auf einer Wurzel hocken zu bleiben, mich nicht mehr von der Stelle zu rühren. An der für mich unerträglichen Situation kann ich nichts ändern, denn bei dieser Tour trägt der Guide die Verantwortung und trifft die Entscheidungen. Ich muss wohl dennoch meinem Ärger auf Deutsch Luft gemacht haben, denn endlich sieht Bob, der vielleicht ein paar Wörter unserer Sprache versteht, die Unmöglichkeit ein, diese pflanzliche Barrikade überwinden zu wollen, vor allem nicht mit einer Klientin, die kurz vor einem Wutausbruch steht. Wir kämpfen uns zum Pfad zurück und überqueren den Fluss, wie wir es gleich hätten tun sollen.

Kurz darauf gelangen wir in ein weites Tal, wo der Bear River eine Kette von Seen speist. Das Weidengebüsch tritt zurück. Im schütteren Gras und auf dem kiesigen Boden ist der Pfad nicht mehr so gut sichtbar, sodass wir zunächst in die falsche Richtung laufen und auf einer Landzunge stranden, die sich in den ersten der Seen erstreckt. Nachdem wir den Irrtum bemerken, keuchen wir einen Hang hinauf. Oben werden wir für die Anstrengung mit einem traumhaften Blick belohnt. Das Tal, in das sich die Seen schmiegen, wird begrenzt von felsigen Berggipfeln. Zwischen den Wolken blitzt ab und zu die Sonne hervor, dann leuchtet das Wasser himmelblau.

Beschwingt von dem wunderbaren Anblick marschieren wir mit neuer Energie weiter. Am späten Nachmittag erreichen wir unser Ziel. Das Camp am Ufer des oberen Bear Lake ist das kleinste von allen, in denen wir bisher übernachtet haben. Die Plane schützt nur einen Bereich von etwa drei mal drei Metern. Wir richten uns wohnlich ein, breiten Matten und Schlafsäcke aus, schüren das Feuer, an dem wir die durchnässten Wanderschuhe zu trocknen versuchen.

Auf einmal ertönt Gewieher, diesmal sind es nicht die grauen Meisenhäher, sondern Johns Pferde, die sich mit den Gästen dem Camp nähern. Ich freue mich darüber, mich mit Gabi und Andreas und mit der Schweizerin Cornelia austauschen zu können, auch darauf, John und seinen Helfer Detlev näher kennenzulernen und ihren Erlebnissen zu lauschen. Ungünstig nur, dass wir gerade beim kleinsten Camp aufeinandertreffen, es wird eng werden in der Nacht. Ich frage mich, wie acht Menschen auf dem Boden unter der Plane Platz finden sollen. Zunächst jedoch muss man sich um die Pferde kümmern, ihnen Gepäck, Sättel und Zaumzeug abnehmen. Anschließend dürfen sich die Tiere frei bewegen und sind nach wenigen Minuten nicht mehr zu sehen. Ich frage John, warum man nicht abwechselnd jede Nacht ein anderes Pferd anbindet, damit auch die anderen in der Nähe bleiben, wie wir es in der Mongolei getan haben.

»Unmöglich«, antwortet der ehemalige Trapper. »Sobald die Tiere Gefahr wittern, zum Beispiel einen Bären, ergreifen sie die Flucht, wobei das angebundene Pferd sich nicht retten kann und vor Angst verrückt wird. Lieber machen wir uns jeden Morgen auf die Suche. Die Hufspuren führen uns zu ihnen.«

Detlev ergänzt: »Manchmal suchen wir einen halben Tag, denn die Nahrung für die Pferde ist knapp. Sie entfernen sich oft weit, im näheren Umkreis würden sie nicht genug finden, um bei Kräften zu bleiben.«

Detlev lebt zwar seit einigen Jahren mit seiner kanadischen Frau in British Columbia, ist jedoch in Garmisch geboren und dort aufgewachsen, wie ich überrascht erfahre, denn mit seiner wilden schwarzen Haarmähne sieht er genauso aus, wie ich mir einen kanadischen Naturburschen vorstelle.

Gabi und Andreas sind voller Bewunderung für die Pferde, ihre Trittsicherheit, wie ausgeglichen und ruhig sie sind, selbst in schwierigem Gelände. Und wasserscheu seien sie überhaupt nicht, selbst wenn die Strömung reißend ist. Sie hätten sich voll und ganz auf die Tiere verlassen können.

»Es ist unglaublich schön«, schwärmt Gabi, »auf dem Rücken der Pferde durch die unberührte Natur, durch Flüsse, Wälder und Graslandschaften zu reiten. Da kann man die Gegend in Ruhe genießen und von oben alles besser wahrnehmen.«

»Ich muss aber zugeben, für mich als ungeübten Reiter ist es auch ziemlich anstrengend«, meint Andreas.

Mich interessiert, ob sie unterwegs Tiere beobachtet haben.

»Leider nein«, antwortet Gabi. »Außer ein paar frechen Hörnchen haben wir nichts gesehen, keinen Elch, keinen Bären.«

John und Detlev haben während unserer Unterhaltung die Vorratskisten geöffnet und machen sich ans Kochen. Wir drei haben uns bisher von den gefriergetrockneten Mahlzeiten ernährt, die mit heißem Wasser genießbar gemacht werden. Deshalb freuen wir uns, dass wir von den Bratkartoffeln, dem Eierkuchen, dem Bohneneintopf und sogar vom Pudding etwas abbekommen. Ich genieße die reichhaltige Nahrung, auch wenn ich das in der Wildnis nicht gewohnt bin. Nach der anstrengenden Tour bin ich rechtschaffen hungrig.

Als John mich fragt, ob ich einen Whiskey wolle, halte ich es für einen Witz und antworte scherzhaft: »Nein, lieber einen Cognac.« Haben wir auch, kontert er und schenkt mir einen solchen ein. Auch die Gläser der anderen Teilnehmer füllt er.

Plötzlich blickt John mich mit seinen tiefblauen Augen ernst an und fragt: »Nun, wie ist es, Carmen? Inzwischen hast du die Wildnis erlebt und dir einen Eindruck verschafft. Willst du immer noch allein in der *cabin* überwintern?«

»Mehr als zuvor!«, rufe ich spontan aus. »Und ich freue mich riesig darauf.«

John lächelt. Ihn amüsiert meine enthusiastische Äußerung.

Bald danach, müde vom Schlaftrunk, dem Reiten und Wandern, schlüpfen wir in unsere Schlafsäcke. Entgegen meiner Befürchtung reicht der Platz unter der Plane für alle.

Wie immer erwache ich am nächsten Morgen zeitig und schleiche mich an den am Boden liegenden Schlafenden vorbei ins Freie. Zuerst gehe ich zum wenige Meter entfernten Bear Lake, immer in der Hoffnung, Tiere zu entdecken. Nicht einmal die Pferde sind zu sehen. Später machen sich Detlev und Cornelia, die sich gut mit Pferden auskennt, auf die Suche nach den fünf Reit- und den zusätzlichen sechs Lasttieren. Erst nach Stunden werden sie mit der Herde zurückkehren, da sind Helmut, Bob und ich allerdings bereits unterwegs zu unserem nächsten Ziel.

Zunächst frühstücken wir gemeinsam. John kündigt uns getoastete Weißbrotscheiben an. Wie soll das gehen – Toast in der Wildnis? Er klebt die Brotscheiben einfach an die heiße eiserne Ummantelung des Kanonenofens, der zum Inventar des Camps gehört. Während oben auf der glühenden Platte Rühreier und Speck brutzeln, röstet das Brot an der seitlichen Ofenwand appetitlich goldbraun. Wie am Abend zuvor werden wir wieder eingeladen, kräftig zuzulangen, was wir gern annehmen. Eine willkommene Abwechslung zu den mit Wasser angefeuchteten Haferflocken, die wir sonst zum Frühstück essen. Mir fällt auf, wie fürsorglich John seine Gäste umsorgt und wie viel Freude es ihm macht, wenn er spürt, dass sie sich wohlfühlen und zufrieden sind. Er lächelt in sich hinein und genießt es, wenn Lachen, Scherze und Gespräche zwischen uns hin und her fliegen.

Eigentlich hatten wir geplant, am Bear Lake einen Ruhetag einzulegen, da aber die Reitergruppe die gleiche Entscheidung getroffen hat und das Camp auf Dauer für so viele Menschen doch etwas zu klein ist, beschließt unser Guide weiterzuziehen. Die Strecke zur Blockhütte am Thukada Lake sei zu weit, um sie an einem Tag zu schaffen, erklärt er, wir müssten unterwegs an geeigneter Stelle ein provisorisches Lager errichten.

Anscheinend hat er mit John wichtige Dinge zu besprechen, denn es dauert Stunden, bis es losgeht. Die beiden Männer reden und reden, es ist schon fast Mittag. Zuerst bin ich genervt, denn ich bin es gewohnt, so früh wie möglich aufzubrechen. Nur dann erreicht man sein Ziel bei Helligkeit, kann Kraft sparen, weil man sich nicht unnötig beeilen muss, und hat zudem Gelegenheit, unterwegs die Umwelt wahrzunehmen und Tiere zu beobachten. Doch mir ist auch klar, dass ich mich bei dieser Tour den Entscheidungen des Guides beugen muss und nicht selbst bestimmen kann, wie bei meinen eigenen Unternehmungen. Es fällt mir jedoch ziemlich schwer. Immer wieder muss ich mir auf die Zunge beißen, um nicht zum Aufbruch zu mahnen. Schließlich gewinne ich der Verzögerung doch noch eine gute Seite ab, denn sie gibt Helmut und mir die Muße, mit Gabi und Andreas ins Gespräch zu kommen. Die Freude an den Erlebnissen in der Wildnis verbindet uns mit den beiden, lässt ein Gefühl aufkommen, als würden wir uns lange schon kennen.

Endlich gibt Bob das Signal zum Aufbruch. Zunächst leuchtet noch die Sonne, bald türmen sich dunkle Wolken über den Felsgipfeln. Regenschwarz droht der Himmel, ein gewaltiger Anblick, erschreckend und dabei doch faszinierend. Die schweren Wolken mit ihrer feuchten Last drängen sich zusammen, stapeln sich übereinander, verschlingen sich gegenseitig und werden immer dicker und schwärzer. Schwer wälzen sich die Ungetüme ins Tal, öffnen sich und entladen ihre Regenlast über uns. Als Schutz tragen wir Überhosen und Regenponcho, die Rucksäcke sind in eine Plane gehüllt. Der Pfad weicht auf, wird matschig. Glitschige Steine und Wurzeln lassen uns stolpern. Auf dem nassen Untergrund rutschen die Schuhsohlen wie auf Seife, und das Gewicht der Rucksäcke zieht uns zu Boden, wenn wir die Balance verlieren. Wir schnaufen schwer bei den Anstiegen. Immer wieder geht es steil hinauf zum Hochufer, dann wieder hinunter zu den sich aneinanderreihenden Seen, die über ihre Ufer treten wegen der Regenflut der Wildbäche, die von den Bergen herabstürzen und sich in die Seen ergießen. Schon längst haben wir es aufgegeben, unsere Wanderschuhe gegen Sandalen auszutauschen, wenn wir durchs Wasser waten müssen. Die Schuhe sind sowieso nass, da macht es keinen Unterschied mehr.

Der heftig strömende Regen bildet einen blickdichten Vorhang, nur wenige Meter reicht die Sicht. Stunde um Stunde stapfen wir auf solch beschwerliche Weise dahin. Keine Möglichkeit, uns bei einer Rast zu erholen, da es unaufhörlich gießt und der Boden unter Wasser steht. Ab und zu lichtet sich die Wolkendecke, aber nur für Augenblicke, schon eilen von Norden Wolken mit neuer Regenfülle herbei. Die Wasserläufe, die wir zu überwinden haben, zähle ich nicht mehr, es mögen ein Dutzend oder mehr gewesen sein. Uns ist längst klar: Bei diesem Wetter können wir kein provisorisches Lager errichten. Der Boden ist quietschnass, unmöglich, darauf ein Feuer mit durchfeuchtetem Holz zu entzünden. Wir würden weder uns noch die Kleidung und Schuhe trocknen können, müssten eine schreckliche Nacht in Nässe und Kälte erleiden. Es ist besser, so lange zu gehen, bis wir das Blockhaus am Thukada Lake erreichen, eine Strecke, für die eigentlich zwei Wandertage veranschlagt sind, und wir sind erst gegen Mittag aufgebrochen.

Irgendwo unterwegs kommen wir an einer einsamen, zerfallenen Blockhütte vorbei. Das Dach fehlt, eine Wand ist zusammengebrochen, drei stehen noch, an der Vorderfront eine Tür, an der eine Metallplatte befestigt ist mit dem Namen des Erbauers und der Jahreszahl 1935. Darunter eine zweite Inschrift: »Zurückgekehrt 1970 mit meiner Frau«.

Immer wieder bin ich überrascht, wie in früheren Zeiten die Menschen so weit in die Wildnis vordringen konnten. In meiner Fantasie stelle ich mir den jungen Mann vor, wie er vor mehr als 80 Jahren in diese wilde Gegend kam, um Gold zu finden oder als Fallensteller sein Dasein zu fristen. Es wird ein einsames Leben gewesen sein, ein Ringen mit der harten Umwelt und ein Kampf ums Überleben. Was hat er seiner späteren Frau von diesem Abenteuer erzählt, verklärt durch den Abstand der Jahre? Jedenfalls ist sie neugierig geworden, sodass er nach 35 Jahren mit ihr zurückgekehrt ist, um ihr diesen Ort zu zeigen. Während wir weitergehen, lasse ich vor meinem inneren Auge Bilder vorbeiziehen. Da ich außer ihren Namen und den beiden Jahreszahlen nichts von den beiden Menschen weiß, hat meine Fantasie freies Spiel. Ich stelle mir ihr Leben vor, als würde ich einen Roman lesen oder einen historischen Abenteuerfilm sehen. Während meine Gedanken in vergangene Zeiten fliegen, vergesse ich mich selbst. Mein Körper handelt und bewegt sich automatisch, ohne dass ich es gewahr werde. Bis ich nach einer Weile wieder zurückfinde und die Anstrengung erneut spüre.

Mühsam kämpfen wir uns durch sumpfige Wiesen. Bei extremen Herausforderungen, wie bei dieser Tour, lernt man nicht nur sich selbst besser kennen, sondern auch den Partner. Ich kenne Geschichten von nicht wenigen Menschen, die zu

Hause eng verbunden waren, sich aber während einer Reise für immer zerstritten haben. Mit Helmut erlebe ich keine solch negative Überraschung. Es bestätigt sich, was ich vorher bereits wusste: Er wird stärker und ihm wachsen Kräfte zu, wenn es hart auf hart kommt. Je schwieriger es wird und je schwächer vielleicht die andere Person ist, umso mehr hält er aus und entwickelt Führungskraft.

Nachdem wir knietief durch ein Feuchtgebiet gewatet sind, wobei bei jedem Schritt schwarzes Sumpfwasser hervorquoll und ein gurgelndes Geräusch verursachte, gelangen wir in einen lichten Wald mit Bäumen, von denen nicht wenige durch die Schneelasten im Winter zerbrochen sind. Zersplitterte und aufgerissene Stämme beweisen, welche Kräfte in der kalten Jahreszeit wüten. Der Pfad ist auch im Wald so schmal, dass wir, wie an allen Tagen, einer hinter dem anderen gehen müssen. Bob marschiert stets voraus, gibt das Tempo vor, ich in der Mitte, hinter mir Helmut. Irgendwann gelange ich an einen Punkt, an dem ich die Müdigkeit nicht mehr spüre. Ein Automatismus stellt sich ein. Ich habe das Gefühl, endlos so dahingehen zu können, als wäre ich schwerelos. Auch meine Gedanken, die sonst ohne Unterlass in meinem Kopf herumschwirren, haben sich verabschiedet, sind irgendwohin verschwunden. So ähnlich geschieht es vielleicht den Mystikern, wenn sie durch Meditation ihren Körper verlassen.

Die Dunkelheit bricht herein. Wir gehen und gehen, und plötzlich wird zwischen den Bäumen eine Hütte sichtbar. Ich brauche einige Sekunden, um zu begreifen: Es ist »meine« Hütte, das Blockhaus, das Nicolas Vanier gebaut hat. Es ist, als ob zwei Bilder, das innere der Fantasie und das mit den Augen wahrgenommene, die zunächst jedes für sich existierten, sich aufeinander zubewegen, immer näher kommen, bis sie miteinander verschmelzen und zu einem werden. Ein intensives

Gefühl durchströmt mich. Alles hat so sein müssen und vermehrt das Glück des Ankommens. Ohne den kräftezehrenden Marsch bei ständigem Regen wäre wohl die Freude nicht so groß.

AM THUKADA LAKE

Die Hütte ist klein, besteht aus einem einzigen, etwa vier mal fünf Meter großen Raum mit einer Tür und drei Fenstern, eines links neben der Tür und je eines an den beiden Seitenwänden. Am linken Fenster steht ein Holztisch, um den drei Hocker gruppiert sind. An der hinteren Wand befindet sich ein Kanonenofen, den wir kräftig heizen mit Holzscheiten, die vor der Hütte aufgestapelt sind. Um den Ofen drapieren wir unsere durchnässten Schuhe und Socken. Rechts in der Ecke neben der Tür steht noch ein zweiter Ofen, den man nicht nur heizen, sondern auf dessen großer Eisenplatte man auch kochen kann. Zudem hat er innen ein geräumiges Backrohr, kann also auch als Backofen genutzt werden.

Auf einer Holzbank an der hinteren Hüttenwand richtet Bob sein Lager ein. Neben der Bank steht ein breites Holzgestell mit einer Schaumstoffauflage, auf der wir unsere Schlafsäcke ausbreiten. Nachdem wir in sie hineingekrochen sind, schlafen wir sofort ein.

Kaum bin ich am anderen Morgen erwacht, eile ich nach draußen und begrüße mit weit ausgebreiteten Armen den neuen Tag. Die Sonne blitzt über die Bergspitzen, bildet einen Strahlenkranz. Der wolkenlos blaue Himmel spiegelt sich im Thukada Lake, der umrahmt ist von dunkelgrünen Nadelbäumen, über denen die steilen Felsen mit den Schneegipfeln emporragen. Tief atme ich die kühle Luft ein. Dieser Morgen ist anders als die anderen zuvor auf dieser Wanderung. Mit jeder Faser meines Seins begreife ich: Das ist meine Welt, hier bin ich daheim.

Ein Pärchen Meisenhäher segelt schwungvoll von einem Baumwipfel herab. Sie blicken mich mit schief gehaltenen Köpfen an. Und dort, ein Eichhörnchen! Mit einem Zapfen im Maul klettert es am Baumstamm herab, sprintet über den Waldboden zu einer Wurzel, unter der es seine Beute versteckt. Ein Ruf hallt über den See, der blank wie ein Spiegel vor mir liegt. Ich freue mich, denn ich kenne diesen melodischen Gesang des Eistauchers, der unsichtbar für mich weit draußen schwimmt.

Das Blockhaus steht nahe am Ufer, kaum zwanzig Meter vom Wasser entfernt. Der längliche See hat zahlreiche Buchten und füllt ein schmales Tal. Das Ende des Sees kann ich wegen vorgelagerter Inselchen nicht erkennen, er mag zwölf Kilometer lang sein und etwa drei Kilometer breit. Ringsum ragen an die 3000 Meter hohe schneebedeckte Gipfel empor, die sich im See spiegeln. Hinter dem Haus beginnt der Wald mit dem Pfad, der uns gestern an unser Ziel geführt hat.

Ein dünner Rauchfaden schlängelt sich aus dem Schornstein, ein Zeichen, dass meine beiden Begleiter erwacht sind und den Ofen anheizen. Ich hole mein Waschzeug aus der Hütte und gehe die wenigen Schritte zum See, wo aus Steinen ein Steg ins Wasser hinausgebaut wurde. Von dieser Stelle, die tief genug ist, holen wir später auch unseren Wasservorrat. Ich lasse mir Zeit, putze gründlich die Zähne und erfrische mich mit dem kühlen Nass. Ich finde es gar nicht so kalt und nehme mir vor, am Nachmittag im Bergsee zu schwimmen. Keine besondere Herausforderung, da ich mich hinterher in der Hütte wieder aufwärmen kann.

Nach einem kräftigen Frühstück mit Rührei, das Bob aus Eipulver gemacht hat, Speck und braunen Bohnen freuen wir uns auf einen ruhigen Tag, an dem wir nicht mit schwerem Gepäck losziehen müssen. Es ist herrlich, an einem Ort zu bleiben, die Stimmung in sich aufzunehmen, die Seele ankommen zu lassen.

Gestern, als wir spät in der Nacht eintrafen, war ich zu müde, mir die Einrichtung der Blockhütte, die im Winter mein Zuhause sein wird, genau anzusehen. Nun schaue ich mich neugierig um und stelle fest, da war jemand am Werk, der etwas vom Tischlern versteht. Sauber und gekonnt sind die einzelnen Hölzer miteinander verzahnt, sodass schöne und stabile Möbel entstanden sind. Außen, über der Tür, ist ein Schild angebracht:

Thukada
D. + N. Vanier ad. M.
1994

Die Inschrift stammt von Nicolas Vanier, dem Erbauer des Blockhauses, der hier mit seiner Frau Diane und Tochter Montaine einen Sommer lang gelebt hat.

Vor dem Eingang befindet sich eine überdachte Terrasse mit einer Holzbank und einer an Seilen aufgehängten einfachen Schaukel, wie Kinder sie gern benutzen. An den beiden Außenwänden sind bis zum Dach Holzscheite aufgeschichtet. Zwischen Haus, See und Wald ist ein freier Platz mit einem Tisch, an dem mindestens sechs Personen auf zwei Bänken sitzen können. Daneben steht eine Holzkiste zum Räuchern von Fischen, ein hohes Gestell zum Abstellen der Schüsseln beim Geschirrabwaschen und eine weitere Schaukel, die in einem Holzgestell hin und her schwingt und auf der zwei Personen sitzen können. Auch bei diesen Möbeln bewundere ich die präzise Handwerksarbeit.

Auf der Schaukel sitzend beobachte ich stundenlang die wechselnden Lichtstimmungen am Himmel. Während ich so schaue, erregt ein schwarz-weißer Greifvogel meine Aufmerksamkeit. In Kreisen schraubt er sich höher und höher. Ein Blick durch das Fernglas bestätigt meine Vermutung: Es ist ein Weißkopfseeadler, der Wappenvogel Amerikas. Fast war er ausgestorben. Im Jahr 1960 gab es nur noch 400 Brutpaare auf dem gesamten nordamerikanischen Kontinent. Die Ursache für den Tod der Adler war der flächendeckende Einsatz des Pestizids DDT. Greifvögel befinden sich am Ende der Nahrungskette und waren besonders stark betroffen, denn in ihren Beutetieren hatte sich das Gift angereichert. Nachdem das Pestizid nicht mehr versprüht wurde, erholte sich die Natur allmählich, und auch die Seeadler sind inzwischen nicht mehr vom Aussterben bedroht. Fotos und Naturfilme täuschen jedoch eine zu hohe Anzahl vor, wenn sie zur Saison der Lachswanderung aufgenommen werden, denn dann versammeln sich die Adler dicht gedrängt an wenigen Orten. In der übrigen Zeit benötigen sie ein weites Territorium, um sich und ihre Brut ernähren zu können. Durch die Abholzung der Wälder wird ihr Lebensraum immer kleiner.

Der mächtige Vogel zieht weiter seine Kreise, dann lässt er sich tiefer sinken und landet schließlich auf einem Baumwipfel. Lange bleibt er bewegungslos hocken, weit entfernt von mir, sodass er nur als schwarz-weißer Punkt erkennbar ist.

Am nächsten Tag unternehmen wir zu dritt eine Bootstour. Ein Kanu liegt am Ufer, doch wir lassen es wegen der bösen Erfahrung, die wir beim Kentern auf dem Rainbow Lake machen mussten, besser unbeachtet und nehmen das Motorboot. Gemächlich tuckern wir bei strahlendem Sonnenschein über den lang gestreckten See und entdecken Buchten, die wir zuvor nicht einsehen konnten. Im kristallklaren Wasser spiegeln sich tannengrüne Berge, die sich weiter oben als felsgraue Gipfel auftürmen. Manche der Berge sind so hoch, dass sie von Gletschern bedeckt sind. In einer der hinteren Buchten sehen wir ein Eistaucherpaar. Bob stellt den Motor aus, neugierig nähern sich die Vögel. Sie sind etwa so groß wie Gänse, wirken aber viel schlanker und auch kleiner, weil ihr Körper tief im Wasser liegt. Nur der schachbrettartig schwarz-weiß gemusterte runde Rücken ragt heraus sowie der Hals mit dem ebenfalls schwarz-weiß gestreiften Halsband und der dunkelgrün schillernde Kopf mit den feurig karminroten Augen; mir fällt kein anderes Tier ein, das eine so ungewöhnliche Augenfarbe hat. Die beiden scheinen mit mir zu spielen, denn immer, wenn ich sie scharf im Fokus der Kamera habe, tauchen sie unter, um an völlig unerwarteter Stelle wieder an der Oberfläche zu erscheinen, einmal sogar zum Greifen nahe neben dem Boot. Die Eistaucher fixieren mich mit ihren roten Augen, und wohl selbst überrascht, dem seltsamen Gefährt auf ihrem See so nah gekommen zu sein, tauchen sie ab. Nicht lange, dann erscheinen sie neugierig wieder an der Wasseroberfläche. Manchmal ist der eine Vogel vor, der andere hinter unserem Boot, sodass es ihnen die Sicht aufeinander versperrt. Sofort stimmen sie ein klagendes Geschrei an: *Huuu, huuu, hohuuu!* An den Felsen ringsum hallt es gespenstisch wider.

Nach unserem Bootsausflug nehme ich wieder meinen Platz auf der Schaukel ein und beobachte den Sonnenuntergang. Die

Berge glühen rotgolden, und als das letzte Licht erlischt, steht ein sichelförmiger Halbmond am Himmel und krönt eine der Felsspitzen.

Am nächsten Morgen hüllt Nebel die Landschaft ein. Durch die watteweiche Schicht klingen melodisch und sehnsuchtsvoll die Rufe von Eistauchern. Es muss das Paar sein, das wir bei unserer Bootsfahrt gesehen haben, denn weitere Eistaucher hatten wir auf dem See nicht entdecken können. Für mehr Tauchervögel würde wahrscheinlich die Fischnahrung zu knapp werden, deshalb hat das Paar sein Territorium sicherlich vehement gegen Eindringlinge verteidigt.

Langsam steigt die Sonne im Osten empor, vergoldet den Nebel, dünnt ihn aus zu Schleiern, die zu tanzen beginnen. Die Rufe der Eistaucher klingen jetzt durchdringend und klagend. Schrille Triller statt melodischer Töne. Ich stehe nahe am Ufer, kann aber die Vögel an dieser Stelle wegen des hohen Schilfs nicht sehen. So lege ich den Fotoapparat zur Seite und greife zum Tonaufnahmegerät, um später bei meinen Vorträgen ihre Stimmen dem Publikum vorspielen zu können. Plötzlich ein Federgeflatter. Zwei riesige Vögel steigen in die Luft, attackieren sich. Es dauert ein paar Herzschläge, bis ich begreife: Es sind Weißkopfseeadler! Sie sind so nah, dass sie fast mein Gesichtsfeld ausfüllen. Zwei, drei Meter entfernt von mir schlagen sie mit den Flügeln aufeinander ein, stoßen zusammen, trudeln fast bis zum See hinab, fangen sich wieder, fliegen erneut aufeinander zu. Gefangen von dem Spektakel der Greifvögel mit ihren über zwei Metern Flügelspannweite, erkenne ich erst ziemlich spät, dass es um einen Fisch geht, den einer in seinen Fängen hält. Der andere versucht, ihm die Beute abzujagen, immer wieder, bis der Fisch ins Wasser fällt und keiner von beiden etwas davon hat.

Nun wird mir auch klar, warum die Eistaucher ihre Warnrufe ausgestoßen haben, denn die Adler jagen nicht nur Fische, sondern erbeuten auch den ein oder anderen Wasservogel. Diesmal sind die Eistaucher noch einmal heil davongekommen, da sich die Greifvögel auf den Fischfang und den Kampf miteinander konzentriert haben.

Sturm kommt auf, der See schlägt heftige Wellen. Schneeweiße Küstenseeschwalben reiten wild im Wind. Wenn ich Bilder von Feen zeichnen wollte, würde ich mir diese grazilen und eleganten Seeschwalben mit ihren schlanken Flügeln als Vorbild nehmen. Auf und nieder lassen sie sich von den Sturmböen tragen. Meisterhaft, wie nur wenige andere Vögel, beherrschen sie das Windsurfen.

Sie sind auf dem Durchzug, kommen von den arktischen Gebieten, wo sie gebrütet haben und wo die Sonne im Sommer nicht untergeht, es nachts nicht dunkel wird. Küstenseeschwalben sind Kinder der Sonne und des Lichts, darum sind sie auf dem Weg nach Süden, sie fliegen weit, immer weiter nach Süden bis Feuerland und noch weiter zur antarktischen Packeiszone. Dort, auf der Südhalbkugel, ist Sommer, während im Norden der Winter beginnt und die Tage kürzer und dunkler werden. Wenn dann das Klima wieder wechselt, kommen die Seeschwalben zurück. Jedes Jahr bewältigen sie die unglaubliche Entfernung von 90 000 Kilometern zur Südpolarregion und retour zur Nordpolarregion, und das ab ihrem ersten Jahr bis zum Ende ihres Lebens. Die Vögel können recht alt werden. Die älteste Küstenseeschwalbe, die durch Beringung festgestellt werden konnte, zählte 34 Jahre und war gerade dabei, erneut ihre Jungen aufzuziehen. Früher vermuteten Biologen, die Vögel würden auf direktem Weg über den Ozean fliegen, dann wären es *nur* 35 000 Kilometer hin und zurück. Mittels kleiner Sender hat man aber festgestellt, dass sie eine s-förmige Flugrichtung wählen und einen längeren Weg in Kauf nehmen, weil sie dabei Windströmungen geschickt nutzen können. Küstenseeschwalben gehören wohl zu den wenigen Tierarten, die immer im Licht leben und keinen Winter und keine Nacht kennen, für die immer Tag und immer Sommer ist. Ihre Jungen ziehen sie allerdings nur auf der Nordhalbkugel im kurzen arktischen Sommer groß.

Das Unwetter nimmt an Kraft zu. Die Schaumkronen funkeln gleißend auf den Fluten, die der Wind vor sich hertreibt. Am Ufer spritzt die Brandung steil empor, Wasserstaub fegt durch die Luft. Geifernd spritzt der aufgepeitschte See flockenden Schaum auf die Ufersteine. Noch kann ich den Wald sehen, der sich am anderen Ufer im weiten Bogen vom See die Hänge hinaufzieht, bald jedoch verdunkeln Wolken die Berge, schaffen eine Welt grau in grau. Auf einmal ertönt ein Donnerschlag, dann peitscht Regen herab und treibt mich in die Hütte, wo es warm ist und Bob dampfende Hefeklöße serviert. Inzwischen genieße ich es, in der Wildnis umsorgt zu werden. Und doch freue ich mich schon jetzt darauf, im Winter alles selbst machen und allein entscheiden zu können.

Der wütende Sturm ist nach wenigen Stunden vorbei. Die Sonne strahlt unbekümmert vom azurblauen Himmel, als sei nichts gewesen, und verwandelt den See in pures Silber.

Mich beglückt der Gedanke, dass ich in wenigen Monaten zurückkehren und das Blockhaus und die unerbittlich harte und zugleich wunderbare Natur, die ich jetzt schon erleben darf, für mich allein haben werde. Mir ist aber auch klar, dass es dann anders sein wird. Im Winter werde ich bei eisigem Wetter viele Stunden am Tag in der Hütte verbringen müssen und bei Schneestürmen vielleicht tagelang innen gefangen sein. Es wird nicht viel zu tun geben, außer mein Leben zu erhalten, indem ich die groben Holzblöcke in Scheite spalte und den Ofen heize, Wasser aus einem Loch im zugefrorenen See hole und das Eisloch offen halte, Essen koche und abwasche.

So wie jetzt bei dem heftigen Gewitter werde ich am Tisch sitzen, aus dem Fenster schauen, nach draußen lauschen, und wenn es das Winterwetter erlaubt, einen Rundgang um die Hütte wagen. Ich weiß schon jetzt, es wird hart, kalt und manchmal langweilig sein, und trotzdem freue ich mich auf diese einzigartige Erfahrung.

Seit drei Tagen sind wir im Blockhaus. Die warmen Tage wirken plötzlich herbstlich, und die Nächte werden kälter. Da der See so hoch in den Bergen liegt, endet der Sommer bereits in der ersten Septemberwoche. Der Mond verzaubert die Nacht mit silberhellem Licht, schmückt die Baumwipfel, sodass sie aufleuchten, als wären sie mit Platin überzogen. Nachts senkt sich Kälte über das Land, am Morgen bedeckt Raureif Gräser und Blätter. Der Tau ist zu Eis gefroren, die Kristalle blitzen und glitzern in der Sonne, die hinter den Bergen emporsteigt und ihren Bogen über den Himmel zieht, einen Bogen, der jetzt bereits flacher und enger geworden ist als noch vor zwei Wochen, als wir am Rainbow Lake eingeflogen sind. Birken, Weiden, Espen und Erlen haben herbstliche Farben angelegt und heben sich gelb, rot und orange gegen die vorherrschenden immergrünen Nadelbäume ab. Die Weidenröschen leuchten wie brennende Fackeln hinter gelblichen Gräsern. Zwischen Moosen versteckt, locken rote, blaue und schwarze Beeren zum Pflücken. Die Rufe der Eistaucher vermisse ich von einem Tag auf den anderen. Ihre wehmütigen Gesänge sind verstummt. Sie haben sich, wie die meisten Vögel, auf den Flug nach Süden gemacht. Die Meisenhäher bleiben, sie halten den Nahrungsmangel im Winter aus. Ich beobachte sie dabei, wie sie Vorräte anlegen. Sie zupfen Beeren von den Sträuchern und verstecken sie hinter Baumrinde und im Geäst. Ihr aufmunterndes Keckern empfängt mich jeden Morgen, wenn ich aus der Hütte hinaustrete.

Ich mag den Übergang der Jahreszeiten von einer zur anderen, wie jetzt vom Sommer zum Herbst. Gern würde ich bleiben und den Übergang vom Herbst zum Winter miterleben. Ich würde sehen wollen, wie das Land sich verändert, wie eines nach dem anderen verschwindet: nach den Zugvögeln die Eichhörnchen, die ihre Winterruhe beginnen, und die Bären, von denen ich bisher nur Spuren gesehen habe, später die bunten Blätter, die vom Wind weggetragen werden, zuletzt das Licht, wenn die Sonne kaum noch über dem Horizont erscheint und es selbst mitten am Tag dämmerdunkel bleibt, es immer kälter wird und das Wasser zu Eis gefriert. Wenn ich im Februar wiederkomme, wird zwar Winter sein mit klirrendem Frost, aber die Tage werden schon wieder länger und lichter werden.

Mit Helmut unternehme ich Wanderungen hinauf zu den Bergen, die den See umkränzen. Über der Waldgrenze beginnt eine lebensfeindliche Zone aus Stein und Geröll, in das sich nur wenige Pflanzen festkrallen. Schmelzwasser rinnt von den Gipfeln herab, der Wind heult und wirft sich uns in Böen entgegen. Es ist eine Eiszeitlandschaft, gebildet von den Moränen, die die Gletscher zu Tal geschoben haben. In der Höhe gibt es dann nur noch Geröllfelder und Felsen. Ich fühle mich von dieser steinernen Schönheit, der ungezügelten Wildheit und Einsamkeit ergriffen. Es ist, als würden Gegenden wie diese uralte Erinnerungen aus der Frühzeit der Menschheit in mir wachrufen, als sich Steinzeitmenschen und Neandertaler in einer übermächtigen Natur behaupten mussten.

Auf einem winzigen Felsvorsprung entdecken wir eine Schneeziege. Wie eine Sphinx verharrt sie bewegungslos und starrt zu uns herüber.

Beim Abstieg erfreuen uns am tiefer gelegenen Berghang einige Wildblumen. Silberwurz, das ich aus den Alpen weiß blühend kenne, hat hier gelbe Blüten. Je tiefer wir hinuntersteigen, umso herbstlich bunter wird die Vegetation. Die gelben Pappelblätter leuchten wie kleine Sonnen, Zitter- und Balsampappeln glänzen feuerfarben. Strahlend feiern sie den Herbst. Gräser wiegen sich im Wind, und Weidenbüsche mit frühem Herbstlaub bilden die Vorposten der Baumgrenze. Erst darunter wagen sich die Nadelbäume in die dann nur noch geringe Höhe. Als wir den See durch die Bäume glitzern sehen, hallt der geisterhafte Ruf von Eistauchern zu uns empor. Es sind Zugvögel weiter aus dem Norden, die kurz Rast auf dem See machen, bevor sie weiterfliegen.

Am letzten Tag sortiere ich meine Sachen, packe alles, was ich im Winter gebrauchen kann, in eine abschließbare Kiste. Das Motorboot und auch das Kanu bekommen einen sicheren Platz. Zuletzt befestigen wir Holzplatten an den Fenstern und verschließen die Tür. Dann wandern wir mit unseren Rucksäcken am Seeufer entlang zu einer Stelle, die tief genug ist zur Landung für das Wasserflugzeug. Nicht lange, da taucht es über den Bergen auf. Der Moment des Abschieds ist gekommen. Für mich ist es sonst immer schwer wegzugehen, weil dann das Abenteuer zu Ende ist. Etwas unwiederbringlich Schönes ist vorbei, und ich weiß, wahrscheinlich werde ich nie wieder zurückkehren. Ein wehmütiges Bedauern erfüllt mich jedes Mal. Doch diesmal ist es anders. Leicht nehme ich Abschied, denn er ist nicht für immer.

Im Flugzeug werden wir von unseren Freunden Gabi, Andreas und Cornelia begrüßt, die zuvor am Rainbow Lake abgeholt worden sind. Gemeinsam fliegen wir nach Smithers zurück.

Als das Flugzeug vom See abhebt, blicke ich aus dem Seitenfenster und sehe am Ufer, klein zwischen den Bäumen, das Blockhaus, und mein Herz jubelt – ich komme zurück!

TEIL 2

DER WEITE WEG ZUM THUKADA LAKE

IM SCHNEESTURM ÜBER DIE ROCKY MOUNTAINS

Die Monate November und Dezember waren in Deutschland ungewöhnlich warm und schneelos gewesen, doch eine Woche vor dem Abflug zu meinem Blockhausabenteuer begann der Winter mit tobendem Schneesturm. Bevor ich in München ins Flugzeug steigen konnte, musste es enteist werden; entsprechend verspätet landeten wir in Frankfurt, wo ich ins Flugzeug nach Vancouver umsteigen musste. Nur im Sommer kann man direkt von München in den Westen Kanadas fliegen.

Ich wurde immer aufgeregter, denn die Boarding-Zeit für meinen Flug nach Kanada war inzwischen längst überschritten. Trotzdem spurtete ich los, so schnell ich konnte, um den Anschluss vielleicht doch noch zu erwischen. Das Abflug-Gate lag am anderen Ende des Flughafens. Endlose Gänge und Laufbänder hetzte ich entlang, Treppen hinauf und hinab, weil mir die Fahrstühle zu langsam erschienen – eine sportliche Leistung mit meinem schweren Handgepäck, in dem sich ein langes Teleobjektiv, Foto- und Filmapparat befanden. Endlich hatte ich das Gate erreicht. Eine Menge Leute standen herum, für den nächsten Flug, wie ich annahm. Mit der Befürchtung, dass meine Maschine bereits gestartet sei, stürzte ich auf die Damen am Schalter zu, brachte außer Atem kein Wort heraus, zeigte meinen Boarding-Pass – und wurde durchgewunken. War die Maschine noch da? Also doch! Hat es sich wieder einmal gelohnt, nicht aufzugeben? In der Annahme, ich sei der letzte Passagier, taumelte ich an Bord und sah – alles leer. Das muss das falsche Flugzeug sein, schoss es mir durch den Kopf. Schon wollte ich wieder hinauseilen, da kam das Flugpersonal herein. »Nein, nein, Sie sind schon richtig. Wir fliegen nach Vancouver«, wurde ich beschwichtigt. Weil ich so aufgeregt herbeigestürzt war, hatte man mich als Erste in das ebenfalls wegen des Winterwetters verspätete Flugzeug gelassen, noch vor allen anderen Passagieren und sogar noch vor dem Piloten. Was für ein Vergnügen, ohne das übliche Gedränge und Geschiebe meinen Platz zu suchen und mich für den neunstündigen Flug einzurichten. Gegen Mittag am gleichen Tag, bedingt durch die Zeitverschiebung, landete ich in Vancouver, und am späten Nachmittag kam ich in Prince George an.

John, bei dem ich den Aufenthalt in der Blockhütte gebucht habe, hat dafür gesorgt, dass ich so lange bei seiner Tochter Sally wohnen kann, bis der Buschflieger mich zum Thukada Lake bringt. Sally ist in der Arbeit, und so soll mich ihr Mann Sam vom Flughafen abholen.

Prince George, mit fast 72 000 Einwohnern die größte Stadt im dünn besiedelten Norden von British Columbia, hat einen Flughafen, in dem man zu Fuß übers Flugfeld zur Ankunftshalle geht. Sam und ich sind uns noch nie begegnet, aber bei den wenigen Fluggästen wird es kein Problem sein, uns zu erkennen, denke ich. Und tatsächlich – als ich in die Halle trete, treffen meine Augen sofort auf die eines stämmigen

Kanadiers. Wir nicken uns zu, begrüßen uns kurz, stellen uns nebeneinander und warten auf meinen Rucksack, wobei ich feststellen kann, dass Sam zu den wortkargen Menschen gehört. Mir ist es recht, ich mache keinen Versuch zu einem Gespräch, denn inzwischen spüre ich die durchwachte Nacht, der wir davongeflogen sind.

In seinem Pick-up fahren wir am Fraser River entlang, benannt nach dem englischen Pelzhändler Simon Fraser. Während der Fahrt sehe ich kaum etwas von der Stadt, denn Sally und Sam bewohnen ein Holzhäuschen in einer Stadtrandsiedlung nahe am Fluss. Ich staune über die Schneemassen. Zwischen den Einfamilienhäusern stauen sich riesige Mauern aus angehäuftem Schnee bis zu den Dächern.

»So viel Schnee kenne ich nur aus meiner Kindheit«, sage ich zu Sam.

»Ja«, antwortet er.

»Schneit es hier immer so viel?«, frage ich.

»Mag sein«, sagt er.

Sally werde ich erst am nächsten Tag treffen. Sam wärmt einen vorbereiteten Eintopf mit Elchfleisch auf. Ich koste ein paar Löffel, habe jedoch keinen Appetit, bin nur müde und teile das Schlafgemach mit einem ausgestopften Wolf.

Am nächsten Morgen liegt ein Zettel auf dem Küchentisch: »Make yourself at home, feel free to use the kettle on the stove for tea or coffee, help yourself to any food or drink you need.« Ich soll mich wie zu Hause fühlen, also schaue ich mich erst mal um. Der Durchgang von der Küche zum Wohnzimmer ist offen, und ich betrachte die imposanten Tierpräparate. Eine schneeweiße Bergziege in voller Größe thront auf einem künstlichen Felsen, ihr gegenüber ein Dickhornschaf mit gewaltigen Schneckenhörnern, und an der Wand das Haupt eines Wapitihirsches. Die Tiere haben meine Gastgeber selbst gejagt, erfahre ich später. Sam hat zudem die Lizenz, Jagdgäste zu führen.

Mit Sally, einer dunkelhaarigen, schlanken, etwa 30-jährigen Frau, fahre ich am Nachmittag zum Supermarkt, um meine Lebensmittel einzukaufen, die vier Monate reichen sollen. Mit meiner vorbereiteten Liste finde ich schnell, was ich benötige. Während ich meinen Wagen fülle, kauft Sally ebenfalls ein. Wie ich später erfahre, sind die Produkte für ihren Vater John gedacht. Ihren und meinen Einkauf verpacken wir in acht großen Boxen.

Den Rest des Tages nutze ich, um am Fraser River entlangzuspazieren. Allerdings kann ich nicht vom geräumten Weg abweichen, ohne sofort bis zu den Knien im lockeren Schnee zu versinken. Der breite Fluss ist eisfrei, seine starke Strömung erlaubt kein Zufrieren. Der Fraser River entspringt in den Rocky Mountains, fließt hier mit dem Nechako River zusammen und mündet südlich von Vancouver in den Pazifik. Mit 1375 Kilometern ist er der längste Fluss der Provinz British Columbia.

Nachdem Simon Fraser im Auftrag der North West Company im Jahr 1808 einen Handelsposten gegründet hatte, aus dem sich später, als die Eisenbahnlinie die Gegend erreichte, die Ortschaft Prince George – benannt nach dem 1. Duke of Kent – entwickelte, erforschte und kartografierte er den Fluss fast auf seiner gesamten Länge. Einige Kilometer vor der Mündung mussten er und seine Begleiter jedoch wegen der Angriffe feindlich gesinnter Ureinwohner umkehren.

Es war ein anderer First-Nations-Stamm als derjenige, der in der Gegend von Prince George heimisch war. Die Ureinwohner, die hier siedelten, gehörten zum Stamm der Lheidli T'enneh. Als europäische Siedler im 19. Jahrhundert das Land in Besitz nahmen und sich ausbreiteten, wollten sie die Ureinwohner nicht in ihrer Nähe wissen. Sie fürchteten, sich bei ihnen mit Krankheiten anzustecken, dabei waren es die weißen Einwanderer, die gefährliche Krankheitserreger ins Land brachten. Wie ich auf einer Infotafel lese, wurden 75 Männer, 50 Frauen und 62 Kinder des indigenen Dorfes gezwungen, ihren Wohnort zu verlassen. In Erinnerung an sie und die Umsiedlung sind Texttafeln und Fotos in einem Pavillon angebracht, und der Park entlang des Flusses wurde nach ihnen benannt. In ihrer Sprache bedeutet der Stammesname »Menschen vom Zusammenfluss zweier Flüsse«. Laut der letzten Zählung gibt es noch etwa 400 Angehörige der Lheidli T'enneh, davon leben 100 im Reservat, die anderen verstreut im Land.

Als ich zurückgehe, beobachte ich am wolkenlos blauen Himmel einen Weißkopfseeadler. Er macht so gar keinen königlichen Eindruck. Der riesige Vogel mit seinen breiten Schwingen wird von einem einzelnen Raben attackiert. Der schwerfällige Adler kann sich gegen den agilen Rabenvogel nicht wehren. Immer wieder versucht er, in eine andere Richtung zu fliegen, bis er schließlich mit kräftigen Flügelschlägen seinem nervigen Verfolger entkommt.

Am nächsten Tag fahren mich meine Gastgeber mitsamt den acht Lebensmittelkisten zu Sallys Mutter Joan, die außerhalb von Prince George wohnt. Das sei praktisch, meint Sally, weil dort in der Nähe Andrews Flugplatz liege. Andrew ist der Pilot, der mich zu meiner Blockhütte bringen wird.

Von der Stadt habe ich mir kein Bild machen können, denn beim Einkauf gestern waren wir nicht bis zum Stadtzentrum gelangt, und auch auf der Fahrt zu Joan berühren wir nur den Stadtrand. Von Weitem hatte ich bei meinem gestrigen Spaziergang Industrieanlagen und hochragende Schornsteine gesehen. Neben dem Verwaltungszentrum hat sich in Prince George holzverarbeitende Industrie angesiedelt mit Sägewerken, Papierherstellung, Möbel- und Sperrholzfabriken.

Joan wohnt in einem von John eigenhändig erbauten Haus, das von Wald umgeben ist. Es steht auf einem Hügel mit Blick auf ein breites, unbebautes Tal. Mich beeindruckt der Wohnraum, der sich wie eine gotische Kathedrale nach oben wölbt. Dort, in etwa fünf Metern Höhe, ruht eine Schneeziege auf einem Felsblock. Ihr gegenüber ragt das Haupt eines Karibus mit ausladendem Geweih in den Raum hinein.

Von Joan, einer resoluten und sportlich wirkenden Frau, werde ich freundlich begrüßt. Sie sei die Kleinste in der Familie, sagt sie lachend und blickt zu ihrer Tochter auf, die sie um zwei Köpfe überragt. Erst jetzt erfahre ich von Joan, dass ich nicht zum Thukada Lake geflogen werde, sondern zum Blue Lake, wo mich John in seinem Hauptcamp erwarte, um mich mit seinem Schneemobil zur Blockhütte zu fahren. Ich schaue wohl ziemlich unglücklich drein, denn sie meint: »Du willst doch was erleben! Freu dich! Eine Fahrt mit dem Schneemobil ist ein tolles Abenteuer.«

Abenteuer, denke ich, können sehr verschieden sein. Ich hatte mich so auf das Abenteuer der Einsamkeit und Stille gefreut. Mit einem dröhnenden, Abgase verbreitenden Schneemobil will ich nicht konfrontiert werden. Zudem weiß ich, wie weit es vom Blue Lake zum Thukada Lake ist, wenn eine Fahrt bei dem hohen Schnee überhaupt möglich sein wird, denn Schneemobile benötigen eine festgefahrene Piste. Vor meiner Abreise hatte ich mit Helmut den Kinofilm »Wind River« gesehen, in dem Schneemobile eine wichtige Rolle spielten. Sie konnten mich überhaupt nicht begeistern, und ich weiß schon jetzt, dass ich dieses Vehikel nicht mag!

In unserem Vertrag steht ein völlig anderer Ablauf. Darin ist festgelegt, dass John mich im Blockhaus am Thukada Lake erwartet, vorher eine Spur mit dem Schneemobil gebahnt hat, um mir im Ernstfall von seinem Basiscamp am Blue Lake zu Hilfe zu kommen, und bereits Holz für meine Überwinterung gehackt und gestapelt hat. Er sollte mich dann ein, zwei Tage einweisen, überprüfen, ob ich allein zurechtkomme, und in sein Camp zurückfahren. Joan kann mir keine Erklärung geben, warum John sich nicht an unsere Abmachung hält. Schlimmer noch, sie bestätigt meine Befürchtung, dass noch nichts vorbereitet worden ist, kein Feuerholz geschlagen und keine Piste angelegt ist. Somit waren Helmut, Bob und ich die Letzten in der Hütte. Das Feuerholz wird nur für wenige Wochen reichen, das weiß ich. Ohne Motorsäge, nur mit einer Axt, kann ich die Arbeit nicht selbst bewältigen. Da John nichts vorbereitet hat, muss ich nun notgedrungen mit Andrew zum Blue Lake fliegen und mit John auf seinem Schneemobil zum Thukada Lake fahren, dort mit ihm Bäume fällen und das Feuerholz für meine Überwinterung herrichten. Das kostet mich mindestens eine Woche meiner sehnlichst erwarteten Einsamkeit in meinem Blockhaus.

Am nächsten Morgen frühstücke ich mit Joan, dann fährt sie zur Arbeit in ihre Schule. Ich warte ungeduldig auf den Piloten. Es ist ein sonniger Tag. Ich freue mich darauf, tolle Fotos beim Flug über die verschneiten Rocky Mountains machen zu können. Kurz vor Mittag kommt nicht Andrew, sondern seine Frau Stella.

»Wir müssen zum Flughafen nach Prince George fahren«, erklärt sie mir. »Unsere Piste ist zu kurz, um mit den schweren Lebensmittelboxen zu starten.«

Auf der einstündigen Fahrt unterhalten wir uns lebhaft, schnell werden wir vertraut miteinander. Stella ist freundlich, offen und mir zugewandt. Sie erzählt mir von ihrer Tochter Alice, die gerade die Highschool beendet hat, den zwei älteren Söhnen und von ihrer Farm und den Tieren.

Kaum sind wir am Flugplatz angekommen, hallt Motorengeräusch durch die Luft. Ein weißes Flugzeug schwebt am

Himmel, wird schnell größer, senkt sich herab und rollt über die Landebahn. Wir verstauen meine Lebensmittel und diejenigen, die für John gedacht sind. Seine Tochter hat aber alles miteinander verpackt, nur danach sortiert, welche Produkte Frost vertragen und welche nicht, und ich hoffe, dass ich meine später unterscheiden kann.

Ich freue mich darauf, gleich zu starten. Die Sonne scheint noch, doch erste Wolken ziehen auf. Eine böse Überraschung verzögert den Start. Es gibt keinen Treibstoff! Kaum zu glauben, ein Flughafen ohne Kerosin! Dabei liegt der Airport doch in der großen Stadt Prince George. Daheim hat Andrew ausreichend Reserven und ruft seinen ältesten Sohn an. Es wird fast zwei Stunden dauern, bis Chris mit den Kanistern kommt, inzwischen nimmt die Bewölkung zu.

Während der Wartezeit unterhalte ich mich angeregt mit Stella. Begeistert erzählt sie von ihrer Zeit in Äthiopien. Als ihre beiden Söhne Chris und Dan noch klein waren, war Andrew dort als Pilot für eine Hilfsorganisation tätig. Gerne wären sie länger geblieben, doch die politischen Verhältnisse verschärften sich, und sie mussten das Land verlassen. Danach waren sie in Madagaskar bei einem ähnlichen Projekt, bis dort eine Pestepidemie ausbrach. Da ergab es sich, dass sie die Farm von Andrews Eltern übernehmen konnten, wo dann ihre Tochter Alice geboren wurde und ihre drei Kinder aufwuchsen. Wie ich heraushöre, denkt Stella gern und mit etwas Wehmut an diese Zeit im Ausland zurück. Sie hat wohl wie ich eine abenteuerliche Ader. Wahrscheinlich verstehen wir uns deshalb auf Anhieb so gut.

Chris kommt endlich mit den Kanistern. Der strahlende Tag hat sich inzwischen deutlich verändert, am Himmel verdichten sich die Wolken. Noch reicht das Licht zum Fotografieren, und mir gelingen ungewöhnliche Bilder von Andrew, der auf den Tragflächen balanciert, um den Treibstoff einzufüllen. Das dauert eine Weile, und die Wolken werden dicker und dunkler, tief hängen sie jetzt herab. Ich bin mir sicher, eine Schlechtwetterfront rast heran, und rechne damit, dass Andrew den Flug verschieben wird.

»Ach nein«, sagt Stella. »Andrew wird fliegen. Er ist erfahren genug, um solche Wetterprobleme zu meistern. Glaub mir«, versichert sie, als sie meinen skeptischen Blick bemerkt.

Bevor Andrew den Motor anwirft, spricht er ein Gebet, bittet um guten Flug und eine glückliche Landung. Der Propeller rotiert, die Räder rasen über die Rollbahn. Schon heben wir ab, steigen immer höher. Zum Fotografieren taugt das Licht nicht mehr. Beim Blick nach unten sehe ich einen weiß-schwarzen »Flickenteppich«. Weiß vom Schnee sind die Rodungsflächen, und dort, wo Bäume wachsen, ist es dunkel.

Die Einpropellermaschine hat nur zwei Sitze und lässt mich das Fliegen hautnah miterleben, nicht zu vergleichen mit dem Flug im Sommer mit der größeren, mehrsitzigen Zweipropellermaschine. Zwar bin ich schon öfter in ähnlichen Kleinflugzeugen gesessen: in Peru, als ich über die Nazca-Linien flog, in Hawaii über feuerspuckenden Vulkanen oder auf den Kapverden, als es von Insel zu Insel ging, doch dieses Erlebnis mit Andrew wird alle bisherigen Erfahrungen übertreffen.

Das erste Mal überhaupt in der Luft war ich in einem Segelflugzeug mit meinem Vater, als ich zehn Jahre alt war. Damals wollte ich auch Fliegerin werden wie er, wahrscheinlich haben mich deshalb Berichte über die ersten Pilotinnen begeistert, die in den 1930er-Jahren in klapprigen Flugkisten mit offenem Cockpit, wo sie Kälte, Regen und Sturm ausgesetzt waren, auf Langstrecken Rekorde geflogen sind. Während ich mir die Leistungen der Flugpionierinnen ins Gedächtnis rufe, tauchen wir in heftiges Schneetreiben ein, werden vom Wind hin und her gebeutelt. Irgendwie passend sind dazu meine Gedanken an kühne Fliegerinnen wie Elly Beinhorn, die im Alleinflug 1931 nach Afrika flog und das Jahr darauf eine Weltumrundung wagte. Oder an Amelia Earhart, die allein den Atlantik überquerte, nur fünf Jahre nach Charles Lindbergh, der einen riesigen Medienrummel entfachte. Ihn kennt man noch heute, wer aber weiß, wer Marga von Etzdorf war, die in ihrer offenen Junker-Maschine 1931 solo von Deutschland nach Japan flog, oder Amy Johnson, die ein Jahr früher die Strecke von England nach Australien bewältigte?

Ich blicke aus dem Flugzeugfenster wie in eine Waschküche. Das Gebirge, im Schneetreiben als dunkler Schatten kaum erkennbar, rückt immer näher. Bestimmt muss Andrew umkehren, ohne Sicht können wir uns da nicht hineinwagen. Während ich das denke, sind wir schon mitten in den Bergen. So nah fliegen wir über einen Pass, dass ich trotz der schlechten Sicht die felsigen Berghänge erkenne. Angst verspüre ich keine, zu sehr bin ich vom Fluggeschehen in Bann geschlagen. Immer wieder werden wir von Windböen erfasst, hin und her geschleudert, dann wieder sackt die Maschine mehrere Meter nach unten, wie in einem Wolkenkratzerfahrstuhl.

Ich hatte mir einen Flug bei Sonne und blauem Himmel gewünscht, jetzt bin ich froh, dass es anders gekommen ist, erlebe ich doch nun den Kampf der kleinen Maschine mit dem Unwetter. Und mit Andrew einen Piloten, der Ruhe ausstrahlt, mir Sicherheit vermittelt und sein Handwerk meisterhaft beherrscht. Im Sturm zu fliegen ist ein einmaliges Erlebnis für mich.

Den ersten Sattel haben wir geschafft, doch die Gebirgskette steigt höher hinauf und wird von einer Wetterwand versperrt. Hagel prasselt gegen die Flugzeugkanzel. Andrew muss umdrehen, fliegt eine Schleife, schaut zurück, entdeckt einen

Durchschlupf zwischen den dunklen Wolken, will es noch einmal versuchen.

Schnee peitscht gegen die Sichtscheibe. Aussichtslos, denke ich. Über den Kopfhörer vernehme ich, dass Andrew der gleichen Meinung ist. Nachdem er einige Kilometer zurückgeflogen ist, meint er jedoch, die Wolken seien lichter geworden.

»Da ist ein heller Fleck«, behauptet er. »Versuchen wir es noch mal?«

»Okay«, antworte ich. »Aber erkennen kann ich nichts, alles ist schwarz.«

Lachend sagt er: »Es ist dunkel, weil die Nacht beginnt. Wir sind seit fünf Stunden in der Luft, normalerweise hätten wir die Strecke in drei Stunden geschafft.«

Wie von Geisterhand bewegt, öffnet sich die Unwetterfront, und wir schlüpfen hindurch. Felsen ragen nicht nur unter uns empor, auch neben uns türmen sie sich auf. Eingerahmt von Bergen erkenne ich in der Dunkelheit eine helle Schneefläche.

»Da ist er, der Blue Lake«, sagt Andrew. Wir sinken tiefer. Ich sehe eine schwarze Gestalt, die sich auf der hellen Fläche bewegt. Sie ist kleiner als ein Elch und größer als ein Wolf.

»Was für ein Tier ist das?«, frage ich.

Im Kopfhörer höre ich Andrew lachen. »Kein Tier, das ist John!«

Jetzt erkenne ich die menschliche Gestalt, die eine Taschenlampe aufleuchten lässt.

Erst als wir gelandet sind, fällt mir ein, dass mir beim Fliegen fast immer schlecht wird. Diesmal habe ich kein Unwohlsein gespürt, obwohl das Flugzeug vom Sturm wild hin und her geschaukelt wurde. Vom Erlebnis war ich dermaßen in Anspruch genommen, dass ich meinen Körper völlig vergessen habe.

WÖLFE AM BLUE LAKE

John hat für uns gekocht. Zum Abendessen gibt es Bratkartoffeln mit Karotten und Steak vom Elch.

Erwartungsvoll frage ich John, ob er die Strecke zum Thukada Lake gebahnt hat, denn ich möchte am liebsten schon am nächsten Tag zu meiner Blockhütte fahren und mein Alleinsein genießen. Er schüttelt den Kopf. Nein, er komme nur langsam voran, antwortet er ausweichend. Oje, denke ich, wenn er es mit dem Schneemobil bisher nicht geschafft hat, wie lange wird es bei dem hohen Neuschnee wohl dauern? Seinem Tonfall entnehme ich, dass er nicht sonderlich bemüht zu sein scheint, mir meine Überwinterung bald zu ermöglichen.

Nach einem kräftigen Frühstück am nächsten Morgen mit gebratenem Schinkenspeck und Pancakes verabschiedet sich Andrew und fliegt davon. Nun bin ich mit John allein und auf ihn angewiesen, um meinen Kanadatraum zu verwirklichen. Meinen Fragen weicht er aus, wird sogar ärgerlich und vermittelt mir, dass er dies als Druck empfindet. Er bestimmt, was hier gemacht wird. Gerne würde ich ihn an den Vertrag erinnern, dass ich am Thukada Lake landen und die Piste bei meiner Ankunft fertig sein sollte, auch das Feuerholz sollte zur Verfügung stehen. Doch ich beiße die Zähne zusammen, um meinen Unmut nicht hervorbrechen zu lassen. Meine Vorwürfe würden nichts ändern, es ist, wie es ist. Ich schlucke meinen Ärger hinunter und hoffe, ihn durch Freundlichkeit zu motivieren, seinen Teil des Vertrags doch noch zu erfüllen.

Am Blue Lake befindet sich Johns Hauptcamp. Es ist eine Oase der Zivilisation inmitten unbewohnter Natur. Der ehemalige Trapper hat sich fast alle Annehmlichkeiten, die wir sonst in unserem Leben haben, hierhergeholt und installiert. Es gibt einen Telefon- und Internetanschluss sowie Lagerräume, Gefriertruhen, einen Generator zur Stromerzeugung, einen Herd mit Gasflasche. Es ist nicht die Wildnis, die mir vorschwebt. Statt an der Piste zu arbeiten, telefoniert John ausgiebig mit Jagdgästen und fällt Bäume, damit es für die Sommergäste Feuerholz gibt. Ist es möglich, dass er glaubt, ich würde meinen Plan aufgeben und mit ihm hier den Winter verbringen wollen? Dabei hatte ich ihm doch genau beschrieben, was ich will. Ihn zu fragen, was seine Absicht sei, unterlasse ich, halte lieber die Angelegenheit in der Schwebe, denn wenn er ausspricht, dass er mich nicht zum Thukada Lake bringen will, ist es endgültig, und ich habe verloren. So aber kann ich versuchen, ihn doch noch zur Einsicht zu bewegen.

Als wir im Sommer mit dem Wasserflugzeug kurz hier gelandet waren, schien mir das Ufer am Blue Lake dicht bebaut zu sein, auch weil zahlreiche Gäste herumstanden. In Wirklichkeit sind es nur vier Holzhäuschen, die am zugefrorenen See aneinandergereiht sind. Meine Hütte, die John mir zugewiesen hat, ist klein. Außer dem Ofen, einem Bettgestell mit Schaumgummimatratze und einem Sessel gibt es keine weiteren Möbel. Mir fehlt ein Tisch, an dem ich sitzen und schreiben könnte. Macht nichts, denke ich, ich werde sowieso nur kurz bleiben.

John lässt mich über sein Vorhaben völlig im Unklaren. Ich vermute, er ist kein Mensch, der konkrete Pläne macht. Er wartet einfach ab, wie ich mich verhalte, wie das Wetter sich entwickelt und was sich sonst noch ergibt. Er handelt situationsgemäß, und ich werde den Verdacht nicht los, dass er mich testet. Vielleicht glaubt er auch, ich sei mit dem Aufenthalt hier zufrieden und würde es angenehm finden, in der Dunkelheit elektrisches Licht zu haben und einen Gasherd zum Kochen.

Mir scheinen die Stunden so lang zu sein wie Tage, und dieser erste Tag dehnt sich länger als sonst eine ganze Woche. Damit ich John nicht mit meiner Ungeduld nerve, schnalle ich meine Langlaufskier an und folge der bereits einige Kilometer mit dem Schneemobil gelegten Spur, die durch das breite Tal führt, in dem der Blue Lake liegt. Er ist umgeben von Wäldern und Bergen. Aus dem See fließt der gleichnamige Fluss, also der Blue Lake River, der sich das Tal entlangschlängelt. Abseits der verfestigten Piste ist der Schnee so locker, dass ich selbst mit Skiern tief einsinke.

Aus dem schneeweißen Himmel rieseln flauschige Flocken herab, als gebe es nicht schon genug Schnee. Die Sonne, die morgens leuchtend über den Bergen aufgegangen war, ist nur noch als fahler Schatten hinter den Wolken erkennbar. In der Ebene komme ich gut voran, doch dann beginnt der Aufstieg in die Berge. Die Langlaufskier sind dafür ungeeignet. Für diese bergige Gegend würde ich Tourenskier mit Fellen benötigen.

Im frisch gefallenen Schnee entdecke ich Spuren und staune. Sie sind groß wie mein Handteller – und stammen von Wölfen! Ohne Zweifel, sie sind mit keiner anderen Tierfährte zu verwechseln, allenfalls mit der von Hunden, die es hier aber nicht gibt. Da die Pfotenabdrücke vom Schnee noch nicht zugeweht sind, müssen die Wölfe kurz vor mir da gewesen sein. Ich schaue umher, ob ich nicht ihre dunklen Gestalten zwischen den Bäumen und Sträuchern entdecken kann. Angst habe ich keine. Im Gegenteil, ich freue mich. Hier, wo es meiner Meinung nach keine ursprüngliche Wildnis gibt, weil die breiten Wanderwege im Sommer mit Jeeps befahren werden, hätte ich Wölfe nicht vermutet. Ich finde es spannend, dass mir die Spuren ihre Anwesenheit verraten. Ich folge ihnen, solange die Wölfe die Piste entlanggelaufen sind, dann führt die Fährte durch den Tiefschnee in den Wald hinein. Die Wolfsspuren trösten mich etwas über meine Enttäuschung hinweg, hier in Johns Camp festzusitzen. Ich erzähle ihm freudig von meiner Entdeckung. Er lächelt wissend und sagt, ja, die Wölfe sind hier überall.

Die folgenden Tage laufen nach einem gewissen Muster ab. In der Nacht schimmert der Mond als weiße Scheibe am nachtschwarzen Himmel, mal versinkt er im Wolkenmeer, dann wieder strahlt er im vollen Silberschein. Alles ist still, grenzenloses Schweigen. Fasziniert stehe ich draußen, bis mich die Kälte erfasst und zurück in die Hütte treibt.

Tagsüber heize ich kräftig ein, doch nachts sinkt die Temperatur rapide in der schlecht isolierten Hütte. Die Wände bestehen aus Sperrholzplatten, an Fenstern und Tür sind Spalten, durch die der Frost eindringt. Wenn ich morgens aufwache, zeigt das Thermometer im Raum minus 20 Grad Celsius. Es dauert jedoch kaum eine Stunde, bis der von mir mit Holzscheiten bestückte Ofen die Raumtemperatur auf Plusgrade erwärmt hat. Kanonenöfen heißen diese genialen Konstruktionen. Sie bestehen aus einem etwa 80 Zentimeter hohen gusseisernen Zylinder. Vorn gibt es eine drehbare Scheibe, mit der die Luftzufuhr eingestellt wird. Ein Ofenrohr befördert den Rauch nach draußen. Im Rohr befindet sich eine Klappe, mit der die Abluft gedrosselt werden kann. Der zylinderförmige

Ofen hat oben einen Deckel, den ich öffnen und so den Ofen mit Holz befüllen kann, dann prasselt das Feuer, bis das rot glühende Metall Hitze ausstrahlt und Funken sprühen, weshalb schon so manche Trapperhütte abgebrannt ist und mit ihr die schlafenden Bewohner. Nie darf man den Feuer spuckenden Ofen unbeaufsichtigt lassen, deshalb kann ich nachts das Feuer nicht brennen lassen.

Mein Blick aus der Hütte reicht über den zugefrorenen See hinüber zum Wald, der sich halb den Berg hinaufzieht. Über den Bäumen thronen die Schneegipfel, die morgens von der Sonne rosa behaucht und danach vergoldet werden.

Wenn sich morgens der Rauch aus dem Schornstein von Johns Hütte kräuselt, weiß ich, dass er wach ist und den Ofen anheizt. Ich warte noch eine Weile, bis ich hinübergehe, denn jeden Morgen bereitet er in seiner Hütte, die um einiges größer ist als meine und eine Kücheneinrichtung besitzt, das Frühstück für uns beide zu. Ich habe angeboten, die Zubereitung auch mal zu übernehmen oder wenigstens zu helfen, doch er wehrte ab, nein, das sei seine Aufgabe. Immerhin hat er eingewilligt, dass ich abwasche, allerdings nicht ohne mir genaue Anweisungen zu geben und zu überprüfen, ob ich alles richtig mache. Nachdem wir gemeinsam gefrühstückt haben, hat John mitunter Lust, mir Begebenheiten aus seinem Leben zu erzählen, meist jedoch geht er nach draußen und hat irgendetwas zu reparieren und instand zu setzen. Das Mittag- und Abendessen läuft ähnlich ab, er kocht, und ich wasche ab. Nachmittags ruft er mich, wenn er Lust hat, zu einem Kaffee zu sich hinüber. Die gemeinsamen Mahlzeiten verlaufen entspannt. John plaudert, und ich höre ihm zu, so erfahre ich mehr über sein Wesen. Anfangs habe ich versucht, ihm auch von meinem Leben zu berichten, doch es gelingt mir nicht wirklich, ihn dafür zu interessieren.

Am Morgen des zweiten Tags zeigt das Thermometer minus 48 Grad Celsius. Bewegt man sich bei dermaßen tiefen Temperaturen schnell und atmet dabei tief ein, stirbt man sofort. Denn die eingeatmete eiskalte Luft gefriert in der Lunge und lässt die Lungenbläschen platzen. Eine Rettung ist nicht möglich. Innerhalb weniger Minuten spuckt man Blut und ist tot.

Was in Kanada wahrscheinlich jedes Kind weiß, habe ich erst durch den Film »Wind River« erfahren. Eine Woche vor meiner Abreise war dieser Film eine dramatische und authentische Einstimmung auf mein kanadisches Abenteuer. In einer der ersten Szenen sah man ein Mädchen, das tot im Schnee liegt. Sie war vor ihrem Vergewaltiger geflüchtet und an den geplatzten Lungenbläschen gestorben. Ausgerechnet an dem Abend, als Helmut und ich 80 Kilometer weit fahren mussten, weil der Film nicht in unserer Nähe gezeigt wurde, begann in Bayern der Winter. Als wir aus dem Kino kamen, setzte sich das im Film dargestellte Wettergeschehen in der Realität fort, und wir hatten Mühe, den Heimweg zu schaffen. Es tobte ein Sturm, der Schnee wirbelte wild, die Straßen waren tief verschneit, ohne dass Schneepflüge Zeit zur Räumung gehabt hätten.

Als ich John die Handlung des Films »Wind River« schildere, blicken seine Augen das erste Mal hell und klar und voller Aufmerksamkeit. Ich freue mich, endlich habe ich etwas gefunden, womit ich ihn erreichen kann. Doch meine Freude währt nicht lange, denn die junge Polizistin, die den Mord aufklären sollte, war eine FBI-Beamtin. Oje, hätte ich seine Reaktion erahnt, hätte ich diesen Fakt unerwähnt gelassen, denn John ruft empört: »Der Film spielt ja gar nicht in Kanada!« Von da an will er nichts mehr darüber hören.

Trotz der Warnung durch den Film vor eisigen Temperaturen schnalle ich jeden Vormittag und meist auch an den Nachmittagen die Skier an, wobei ich darauf achte, nicht außer Atem zu geraten und nur durch die Nase zu atmen, damit die Luft Zeit hat, sich zu erwärmen. Zusätzlich schütze ich mich mit einem wollenen Mundschutz. Damit ich mir im Gesicht keine Erfrierungen zuziehe, habe ich einen Handspiegel dabei und prüfe immer wieder, ob meine Nasenspitze noch rosig ist und auch meine Wangen und die Stirn keine weißen Flecken zeigen.

Während der extremen Kälte kann John nicht mit dem Schneemobil fahren, sagt er. Zu gefährlich, denn wenn er einen Unfall baue, würde er erfrieren. Aber schon bei weniger eisigen Temperaturen erfriert man, deswegen finde ich es sowieso riskant, allein mit diesem Vehikel in unbesiedeltem Gebiet unterwegs zu sein, wo einem niemand zu Hilfe kommen kann. John wischt meine besorgten Argumente beiseite. Er mache das schon seit Jahren so, teilt er mir auf seine lakonische Art mit.

Während ich meine Spuren über den See ziehe, stelle ich mir vor, wie unter der viele Meter dicken Schnee- und Eisschicht im dunklen Wasser die Fische umherschwimmen, gejagt von einem Otter. Gesehen habe ich bisher nur seine unverwechselbare Fährte mit den Schwimmhäuten zwischen den Zehen. Auch die Katzentatzen eines Luchs habe ich entdeckt. Im Unterschied zu Wölfen zieht der Luchs seine Krallen beim Laufen ein, so, wie auch unsere Hauskatzen es tun.

Im Schnee kann ich lesen wie in einem Buch. Das »Alphabet« der Tierspuren allerdings muss man erlernen wie bei jeder anderen Schrift. Angefangen, im großen Buch der Natur zu lesen und ihre Zeichen zu deuten, habe ich bereits als Jugendliche in den heimischen Wäldern. Jedes Detail ist wichtig und bedeutet etwas. Der Wechsel des Ganges, ob schnell oder langsam, jedes Innehalten erzählt etwas über das Tier. Vor allem beweisen mir die Spuren, wer alles rund um den See lebt. Da sind außer Otter, Luchs und Wolf auch Maus, Wiesel, Marder,

Hase, Fuchs, Vielfraß. Sosehr ich jedoch umherschaue, mich schleichend bewege – die Tiere selbst zeigen sich nicht. Leer und leblos erscheint die Schneelandschaft. Dabei fällt mir auf, wie still es ist. Nur das knirschende Geräusch meiner Skier ist zu hören. Ab und an halte ich deswegen an und lausche. Kein Geräusch. Vollkommene Stille. Eine Lautlosigkeit, die mich umfängt und mich einschließt. Wie ein unhörbares Sirren webt die Stille einen Kokon um mich.

Ich blicke um mich, sehe die vereisten Gipfel, die dunklen Nadelbäume, den weißen See. Alles schweigt und spricht doch irgendwie zu mir. Die Berge sagen: Wir sind unerreichbar. Die Bäume bekunden: Seit ungezählten Wintern beugen wir uns ächzend unter der Schneelast. Berge und Bäume richten ihre Stimmen warnend gegen mich: Du bist nur Gast. Wenn du hierbleiben willst, dann füg dich ein.

Am dritten Tag sind die Schneewolken vorerst verschwunden, haben ihre Last ausgeschüttet. Über mir dehnt sich das unbefleckte Blau. Die Sonne geht morgens am Gewölbe des Himmels auf, zieht ihre Bahn von Ost nach West, verbreitet einen fast unerträglichen Glanz auf dem Eis und lässt den Schnee in unzähligen Schattierungen schimmern.

An diesem Morgen steigt John aufs Schneemobil, ohne seine Absicht vorher mit mir besprochen zu haben. Er will die Piste bis zum Rainbow Lake legen, den ich vom Sommer her kenne. Ich solle mir keine Sorgen machen, wenn er ein paar Tage wegbleibe, sagt er noch, während der Motor schon läuft. Er habe alles dabei, um unter freiem Himmel zu übernachten, auch wenn es nachts immer noch minus 40 Grad kalt ist. Er wisse, wie man sich im Winter draußen einen Unterschlupf baut. Da hat er recht, davon bin ich überzeugt. Seit seiner Jugend ist er in der Wildnis unterwegs. Nur das Fahren mit dem Schneemobil finde ich bedenklich. Wenn er damit einen Unfall hat und das Bewusstsein verliert, wird er nicht überleben. Zwar fuhr er auch in vergangenen Wintern mit dem Vehikel von Camp zu Camp, um das Holz für die Sommergäste zu schlagen, diesmal arbeitet er jedoch für mich, und ich wäre schuld, wenn etwas passiert. Doch er will nicht, dass ich ihn begleite und helfe, das könne er nur allein bewerkstelligen, behauptet er.

Seine Abwesenheit ist mir recht, so kann ich wenigstens eine Zeit lang das Alleinsein genießen. Das Zusammensein mit John ist schwierig für mich, was nicht nur an ihm liegt, sondern auch daran, dass da überhaupt ein Mensch ist. Meine Idee ist ja, allein in einem Blockhaus zu überwintern. Die Sehnsucht nach meiner Hütte und der Einsamkeit wächst von Tag zu Tag. Es macht mich mürbe, dass ich nichts entscheiden, nichts tun kann, um schneller dorthin zu gelangen. Ob überhaupt und wann, hängt von John und seinem Schneemobil ab. Wenn er krank wird, ihm etwas passiert oder das Gefährt kaputtgeht, dann ist meine Idee gestorben. Es gibt niemanden, der für John einspringen und mir helfen könnte. Würde ich ihm aber Vorwürfe machen, sich nicht an den Vertrag zu halten, würde er, so wie ich ihn einschätze und inzwischen kennengelernt habe, sofort verärgert sagen: »Okay, game over!«

Game over scheint ein Lieblingsbegriff von ihm zu sein. Bei Anekdoten, die von Problemen mit seinen Jagdgästen handelten, verwendete er ihn oft. An Abenden, wenn wir nach dem Essen noch beisammensaßen, berichtete er mir, vielleicht mit der Absicht, mich zu warnen, von seiner Tätigkeit als Guide für ausländische Jagdgäste, hochstehende Persönlichkeiten, wie er betonte. Wenn die sich seinen Anordnungen nicht fügten, hatte er die Jagd abgebrochen und die Leute mit den Worten *game over* – das Spiel ist aus – heimgeschickt. Als Guide trage er die Verantwortung und dürfe solche rigorosen Entscheidungen treffen, sagte er. Das Bewusstsein, von ihm ganz und gar abhängig zu sein, beengt mich, schnürt mir die Luft ab, zumal ich sonst ein selbstbestimmtes und unabhängiges Leben führe und mich nie jemanden unterordnen musste. Abhängig zu sein kenne ich nur aus der Kindheit. Deshalb ist es für mich ein befreiendes Gefühl, als John mit dem Schneemobil davonbraust. Die Aussicht, ein paar Tage allein zu sein, beflügelt mich.

Über mir tiefblauer Himmel, ringsum glitzernder Schnee, grandiose, wahrscheinlich noch nie bestiegene Berge, eine Natur, die eine Zeit lang mir gehört, wo ich mich als Teil der Umwelt fühlen kann. Meinen Ausflug an diesem dritten Tag genieße ich mehr als die beiden vorangegangenen. Mit meinen Skiern gleite ich über den See. Die Kälte hat dem zuvor weichen Schnee eine harte Kruste verliehen, sodass ich nicht mehr einsinke. Es ist berauschend, dahinzufliegen in einer Landschaft, die unberührt und wild wirkt. Das Bewusstsein, allein zu sein, verstärkt diese Wirkung. Ich fühle mich auserwählt, nur wenige Menschen haben die Möglichkeit zu so einem Erlebnis. Die Abendsonne taucht die Berge in warmes Licht. Als ich nach Stunden zum Camp zurückkehre, überrascht mich der Anblick der Hütten. Sie wirken störend wie ein Fremdkörper. In die Wildnis passt kein Menschenwerk. Zwar sind die Häuschen bescheiden, fast unscheinbar, und doch sind sie fremde Elemente, die nicht in diese Natur gehören. Andererseits bin ich zugleich heilfroh, sie zu sehen, weil sie mir Zuflucht bieten. Ohne sie könnte ich in der Winterkälte nicht überleben. Es ist wunderbar, die Skier abzuschnallen, die Tür zu öffnen, den Ofen anzuheizen, der wie ein lebendes Wesen entflammt und mir seine Wärme schenkt. Ein Gefühl heimlichen Geborgenseins breitet sich in mir aus.

Nachdem ich mein Abendessen zubereitet und gegessen habe, bewundere ich den Sonnenuntergang. Die Sonne versinkt in einem Farbenrausch, und als es Nacht geworden ist, trete ich noch einmal vor die Tür, halte nach dem Vollmond Ausschau. Sein pralles Rund hat schon eine Delle, als hätte jemand ein Stück abgebissen.

Da höre ich es. Von irgendwoher, weit entfernt, kommt ein Ton, der mein Herz für einen Schlag aussetzen lässt. Wie ein Windhauch, weich und doch klar, durchdringt er die Nacht, schwingt sich höher hinauf, sehnsuchtsvoll und wehmütig. Ich weiß sofort, wer da singt. Es ist ein Wolf. In der Mongolei hörte ich oft den Gesang, den das Rudel anstimmt, bevor es zur Jagd aufbricht. Diesmal scheint es nur einer zu sein, ein einsamer Wolf. In seinem Rufen liegt eine tiefe Traurigkeit, als wäre er von seiner Gefährtin getrennt und rufe voller Verzweiflung nach ihr. Er verstummt, doch kurz darauf beginnt er wieder. Die Laute erfüllen die Luft, zuerst leise, fast schüchtern, dann werden sie voller, finden ihre Melodie und steigen hoch hinauf zum Mond und verlöschen. Immer wieder erhebt er die Stimme, verstummt und beginnt von Neuem, wieder und wieder. Ergriffen lausche ich und wünsche ihm, dass ihn eine Partnerin erhört und er aus seiner Einsamkeit erlöst wird. Seine Klage rührt mein Herz, ein wildes Tier, das mir vermittelt, ähnlich wie ein Mensch zu empfinden. Kein Wunder, dass es gerade Wölfe waren, die in der Frühzeit zu unseren Gefährten wurden und uns schließlich, domestiziert, so nah kamen wie kein anderes Tier.

BEOBACHTUNGEN AM RAINBOW LAKE

Fantastisch! Ein traumhafter Tag. Die Piste vom Blue Lake zum Zwischencamp am Rainbow Lake ist fertiggestellt, und wir sind übergesiedelt. Wie jeden Morgen bin ich mit den Langlaufskiern unterwegs. Der Himmel ist klar, es scheint, als könne man in die Tiefe des Weltalls blicken. Kein Wölkchen stört das reine Blau, in das die Zacken der Schneegipfel hineinstechen. Reines Blau, reines Weiß – man könnte meinen, es sei das Bild eines Acrylkünstlers. So prachtvoll es aussieht, ich weiß, dieses harte Blau und das kristalline Weiß sind Kennzeichen einer erbarmungslosen Welt, einer Welt, in der alle Lebewesen um ihr Überleben kämpfen, die Pflanzen ebenso wie die Tiere. Für sie ist die Kälte nicht die größte Herausforderung, sondern der Nahrungsmangel. Deswegen verlassen Zugvögel den froststarrenden Norden. Manche Säugetiere halten Winterruhe, wie es die Bären tun, alle anderen müssen sich unermüdlich auf Futtersuche begeben, wie mir zahlreiche Spuren beweisen. Die Raufußhühner haben mit ihren Zehenabdrücken ein filigranes Muster in den Schnee gezeichnet. Auf der Suche nach Sträuchern sind sie umhergetrippelt, haben an den harten, tiefgefrorenen Knospen geknabbert, damit diese ihnen etwas Lebensenergie liefern. Mit der gleichen kargen Diät müssen die Schneeschuhhasen zurechtkommen, die tatsächlich so heißen wegen ihrer bürstenförmig behaarten Fußsohlen. Diese verhindern das Einsinken im Schnee, damit die Hasen eine Chance haben, ihren hungrigen Feinden zu entkommen. Und die sind zahlreich. Zu ihnen gehören Füchse, Wölfe, Luchse, Marder, Wiesel, Vielfraße und Weißkopfseeadler. Auch deren Leben ist bedroht, wenn sie keine Beute machen. Die Jagd im tiefen Schnee kostet Kraft; bleiben sie lange erfolglos, sind sie bald zu schwach, um weiter zu jagen. Der Winter im hohen Norden ist für alle Tiere eine Gratwanderung, die über Leben und Tod entscheidet.

Seit unserer Wildniswanderung während des Sommers kenne ich das Camp am Rainbow Lake. Als ich damals in der Hütte schlief, war ich der Meinung, zur Überwinterung sei sie nicht geeignet, da sie mit ihren Sperrholzplatten nicht genügend isoliert, dennoch muss ich sie nun trotz Winterkälte bewohnen.

Die damals grüne Landschaft ist weiß verkleidet. Wie verloren stehen die zwei Hüttchen am zugefrorenen See, werden fast vom Wald verschluckt, der sich den Berg hinaufzieht. Der Bach, der in den Rainbow Lake mündet und an dem ich mich im Sommer morgens gewaschen habe und wo Bob die große Seeforelle geangelt hatte, ist von Eis bedeckt, unter dem das Wasser in den See fließt. Beim Anblick der vertrauten Umgebung spüre ich ein freudiges Gefühl, und meine düstere Stimmung hellt sich auf. Ich war verzweifelt, denn beinahe wäre mein kanadisches Abenteuer zu Ende gewesen.

Am Morgen des fünften Tages, als wir endlich vom Blue Lake zum Rainbow Lake übersiedeln wollten, entlud sich die Spannung zwischen mir und John in einem zerstörerischen Streit. Bis dahin hatte ich versucht, mir meine Enttäuschung über die schier endlos scheinende Verzögerung nicht anmerken zu lassen, obwohl ich es äußerst anmaßend fand, dass er den Plan für meine Überwinterung selbstherrlich geändert hatte. Eine Erklärung dafür hat er mir nie gegeben.

Vielleicht hatte er an den Tagen zuvor meinen stetig wachsenden Unmut gespürt und wollte ein Exempel statuieren? Vielleicht wollte er testen, wie lange ich Gleichmut bewahre? Vielleicht wollte er klarstellen, dass nur gemacht wird, was er will?

Ich hatte tags zuvor gepackt, die Hütte gesäubert, war seit dem frühen Morgen startbereit. John jedoch telefonierte wie wild, als wäre an den anderen Tagen nicht genügend Zeit dafür gewesen. Nicht etwa ein paar Minuten oder eine halbe Stunde, nein, ununterbrochen, als müssten wir nicht viele Kilometer in der tief verschneiten Landschaft zurücklegen. Es stimmt, in den anderen Camps hat er keinen Telefon- und Internetanschluss, aber warum musste er ausgerechnet am Abreisetag ausufernde Gespräche führen? Ich weiß nicht, ob er seine Macht demonstrieren wollte oder was sonst der Grund war. Möglich, dass keine Absicht dahintersteckte, sondern er es einfach locker angehen lassen wollte.

Als er keine Anstalten machte, sein Geplauder zu unterbrechen, hielt ich es nicht mehr aus. »Ich geh mit den Skiern schon mal voraus«, platzte ich mitten in sein Telefonat. Wütend blitzte er mich an. »She's panicking«, brüllte er und schmiss den Hörer in die Halterung. Dann hielt er mir lautstark eine Strafpredigt. Ich hätte niemals vermutet, dass er, der sonst leise und bedachtsam sprach und sich die Wörter einzeln zurechtlegte, dermaßen losdonnern könnte. Er verlangte, dass ich mich entschuldige, was ich notgedrungen tat, obwohl ich mich keineswegs schuldig fühlte. Worauf er mich umarmte, als wäre alles wieder gut.

Die Auseinandersetzung hat bei mir natürlich Spuren hinterlassen, zumal das eigentliche Problem bestehen bleibt. Meinem Blockhaus am Thukada Lake bin ich zwar ein paar Kilometer näher gekommen, dennoch bleibt mein Traumziel unerreichbar fern. Damit sich die Spannungen nicht wieder entladen, werde ich bei unseren gemeinsamen Mahlzeiten immer wortkarger und beschränke mich meist aufs Zuhören.

Einige sonnenblaue Tage vergehen, ohne dass John weiter an der Piste arbeitet. Dann ist die frostklirrende Zeit erst einmal vorbei. Es wird wärmer, und Schneewolken ziehen auf. Ausgerechnet als es schneit, schwingt sich John auf sein Schneemobil, kommt jedoch wegen der Schneeverwehungen nicht weit und ist nach einer Stunde schon wieder zurück.

Ich bemühe mich um Entspannung und motiviere ihn, aus seinem reichen Erfahrungsschatz zu erzählen. Er ist in einem Vorort von Prince George aufgewachsen. Als Junge hat er seine Freizeit mit seinem Cousin im Wald verbracht, hat Unterstände gebaut und Lagerfeuer gemacht. Mit 15 Jahren begann er bei einem Outfitter als Pferdejunge. Da er durch seine Größe – seine Vorfahren kamen aus Skandinavien – und sein Können älter wirkte, bekam er von seinem Boss bald verantwortungsvolle Aufgaben zugeteilt und konnte bereits mit 17 Jahren Jagdgäste führen. So hat er gelernt, sich frühzeitig gegenüber viel älteren und oft starken Persönlichkeiten Respekt zu verschaffen. Später hat er sein eigenes Outfitter-Unternehmen gegründet.

Mir gefällt, wie er seine *cabins* in Ordnung hält. Jedes Ding hat seinen Platz und wird nach der Benutzung zurückgelegt, alles wird sauber gehalten. Ist irgendetwas kaputt, repariert er es sofort. Ich lasse ihn machen, auch wenn er kocht, äußere ich keine Wünsche mehr. Zum Frühstück macht er oft Spiegeleier, die er von beiden Seiten brät. Als ich ihn einmal bat, meines nicht umzudrehen, weil es mir flüssig besser schmeckt, erzählte er mir gleich eine Anekdote: Ein Guide fragte seine Gäste, wie sie die Eier mochten. Jeder wollte sie anders. Daraufhin hatte er jede Menge zu tun. Musste Rühreier, Spiegeleier, Omelette, weich und hart gekochte Eier machen und wurde kaum fertig mit der Frühstückszubereitung.

»Seitdem fragen wir nicht mehr«, erklärte John. »Wer sie nicht so will, wie wir sie machen, lässt es eben bleiben.«

Das waren deutliche Worte, ich bin also ein x-beliebiger zahlender Gast. Er sieht in mir keinen gleichberechtigten Partner. Dabei habe ich in der Wildnis mindestens so viel Erfahrung wie er, noch dazu in den verschiedensten Gegenden der Erde. Es beeindruckt ihn allerdings nicht, wenn ich von meinen Abenteuern berichte, denn für ihn gilt nur die kanadische Wildnis.

Es war unklug von mir, meinen Ärger wegen seines Telefonierens so deutlich zu zeigen. Dann wären wir eben einen Tag später losgefahren, auf einen Tag mehr oder weniger kommt es jetzt auch nicht mehr an. Es hat keinen Zweck, etwas erzwingen zu wollen, was nicht in meiner Macht steht. Meine zukünftige Strategie heißt deshalb: mich noch mehr zurückhalten, die Dinge so hinnehmen, wie sie kommen. Seit Anbeginn war das zwar notgedrungen mein Verhalten gewesen, doch John hatte mir angemerkt, dass ich innerlich vor Wut kochte und mein Ärger von einem Tag auf den anderen wuchs. Diese negativen Emotionen muss ich nun mit Willenskraft unterdrücken, damit er mir hilft, zum Thukada Lake zu gelangen. Da ich allein bin, eine Ausländerin und noch dazu eine Frau, also für sein Verständnis mit drei Handicaps belastet, kann ich mich gegen John nicht durchsetzen.

Meine neue innere Haltung zeigt Wirkung. Unser Zusammensein ist nun entspannter. John öffnet sich, erzählt noch mehr Anekdoten aus seinem Leben in der Wildnis. Es schränkt mich allerdings emotional ein, wenn ich mich so weit zurücknehmen muss. Die Freude an meinem Hiersein ist erst einmal weg, und oft habe ich das Gefühl, neben mir zu stehen, und empfinde mich wie eine leere Hülle.

Dennoch schlägt mich die Schönheit der Landschaft in ihren Bann. Sei doch froh, ermahne ich mich, schließlich bist du bereits inmitten der Wildnis, umgeben von einem Kranz fantastischer Bergriesen, verschneiten Wäldern und wilden Tieren. Was willst du mehr? Bei meiner morgendlichen Skitour entdecke ich eine Spur. Sie führt diagonal über den See, ist tief in den Schnee gepflügt. Sie kann nur von einem Elch stammen, wie mir die Trittsiegel verraten. Sich fortzubewegen muss ihn immense Kraft gekostet haben, denn bei jedem Schritt ist er bis zum Bauch eingesunken, wie ich anhand der Fährte erkenne. Die Strecke hat der Elch nicht geradlinig bewältigt, sondern in Windungen, mal eine Rechtskurve, dann wieder eine Kurve nach links. Fast alle Tiere machen das so, wenn sie über eine freie Fläche von A nach B wollen. Dieses Verhalten ist angeboren und schützt sie davor, von Feinden hinterrücks überfallen zu werden. Schaut man immer geradeaus, sieht man nicht, ob von den Seiten oder gar von hinten eine Gefahr naht. Auch uns Menschen ist diese Vorsichtsmaßnahme eigen. Geradewegs über einen leeren Platz zu gehen ist unangenehm. Ohne es zu merken, bewegen wir uns in einer Schlängellinie. Früher, als die Menschen nur zu Fuß gingen, verliefen die Wege zwischen den Siedlungen stets kurvig. Motorisiert bevorzugen wir allerdings pfeilgerade Strecken. Eine Ausnahme sind Motorradfahrer, die Serpentinen lieben.

Morgens treibt mich die Sonne, die durchs Hüttenfenster blinkt, aus dem Bett. Auf der Veranda warten schon die Meisenhäher auf ihr Futter. Sie sind dafür bekannt, dass sie sich bei jeder Hütte einfinden, sobald diese bewohnt wird. Durch ihr zutrauliches Verhalten animieren sie die meisten Menschen, sie zu füttern. Obwohl ihrem Gefieder bunte Farben fehlen, wirken sie mit ihren langen Schwanzfedern und der hellgrauen Stirn attraktiv und edel. Es sind immer die gleichen drei Vögel, die mich besuchen, vermutlich ein Paar und ihr Junges vom Vorjahr. Sie erscheinen gemeinsam am Futterplatz, gönnen sich jedoch gegenseitig nicht den kleinsten Happen. Es darf nur einer fressen, die beiden anderen werden verjagt und warten in der Nähe, bis sie an der Reihe sind.

Die drei sehen täuschend ähnlich aus, erst durch intensive Beobachtung entdecke ich winzige Unterschiede. Der Vogel, der am größten und kräftigsten ist und den ich als Männchen anspreche, hat einen dunkler gefärbten Nacken, das Weibchen hat eine hell leuchtende Stirn und ist schlanker. Das Junge ist am kleinsten und weniger wohlgenährt, seine Stirn ist hellgrau und der Nacken mittelgrau. Gravierender als diese äußeren Merkmale sind die Unterschiede im Verhalten. Weibchen und Jungvogel flüchten vom Futterplatz, sobald das Männchen im Anflug ist, und warten in der Nähe. Aber nicht zu nah, sonst verjagt sie der männliche Partner mit Scheinangriffen. Das Weibchen duldet sein Junges gelegentlich beim Futter, wenn es sich duckt und die Körner am äußersten Rand aufpickt, doch meist frisst jeder Vogel für sich allein. Sie sind zwar eine Familie, doch in der harten Winterzeit hängt das Überleben jedes Einzelnen davon ab, ob er genügend Nahrung bekommt. Andererseits ist es nützlich, im Familienverband zusammenzubleiben. So warnen sie sich vor Gefahr und machen sich auf neu entdeckte Nahrungsquellen aufmerksam. Unermüdlich durchstreifen sie ihr Revier und beobachten auf den Baumkronen hockend scharfäugig, was unten vor sich geht und was die anderen Familienmitglieder machen. Erspäht ein Vogel irgendwo Futter, sind die anderen beiden gleich zur Stelle. Als John einmal einen riesigen Suppenknochen, an dem noch Fleischfetzen hängen, für die Häher rauslegt, ist dieser groß genug, dass alle drei gleichzeitig fressen können.

Wie John mir erzählt, machen Meisenhäher die Jäger durch aufgeregtes Gezwitscher auf Wild aufmerksam, selbst wenn es sich einige Kilometer entfernt befindet. Die Vögel fliegen dann voraus und führen die Menschen genau zu dem Ort, wo sich Elch oder Karibu verstecken. Vom Jagderfolg ist ihnen ein Anteil sicher. Nicht jeder Kanadier weiß aber um diese Zusammenarbeit zwischen Mensch und Vogel. Einer von Johns Jagdgästen hat sogar auf die Meisenhäher geschossen, weil er sich von ihren lauten Rufen belästigt fühlte.

BESUCH VON FUCHS, ELCH, OTTER UND EINEM WOLFSRUDEL

Die Schneewolken haben sich geleert und sind weitergezogen. Wieder folgt ein Sonnentag auf den anderen. Prachtvoll ist der Blick beim Aufstehen auf die von der Morgensonne vergoldeten Schneegipfel. Der Frost hat den Pulverschnee in Kristallsterne verwandelt, die wie Juwelen glitzern. Die Landschaft ist von unwirklicher Schönheit. Der Schnee nimmt den schroffen Bergen die Härte, als hätte sie jemand mit einer flauschigen Schicht überzogen. Es ist still und friedlich. Die frisch verschneite Gegend hat etwas Unberührtes, als wäre die Welt gerade erst erschaffen worden. Dazu die Sonne, der tiefblaue Himmel. Wie ich so um mich schaue, stellt sich bei mir ein Hochgefühl ein.

Wärmer ist es nicht, die Tage aber dauern länger, und die Sonneneinstrahlung ist stärker geworden. In den nördlichen Breiten nimmt die Tageslänge schneller zu als bei uns in Deutschland, das konnte ich bereits bei meiner Islandreise feststellen. Im Herbst dagegen werden die Tage rasanter kürzer als bei uns zum gleichen Zeitpunkt. Das liegt an der Neigung der Erdachse.

Zwei Wochen sind vergangen, seitdem mich Andrew zum Blue Lake geflogen hat, zwei lange Wochen, die ich eigentlich in meinem Blockhaus verbringen wollte. Die Sehnsucht nach meinem unerreichbaren Domizil wird immer stärker. Zwischen hier, dem Camp am Rainbow Lake, und dem Thukada Lake gibt es keine weiteren Hütten, nur im Sommer Lagerplätze mit Zeltplanen, die im Winter abgebaut sind. Mit dem Schneemobil müssten wir es also an einem einzigen Tag bis zu meinem Blockhaus schaffen, wenn wir nicht in der Winterkälte unter freiem Himmel übernachten wollen. Nur bei vorbereiteter und gefestigter Piste, damit John mit hoher Geschwindigkeit dahindonnern kann, können wir die Strecke an einem Tag bewältigen. Wegen der hohen Schneelage kommt er nur langsam mit der Arbeit voran. Schon befahrene Strecken muss er, wenn es viel geschneit hat, immer wieder neu befestigen.

Eines Tages informiert mich John, das Schneemobil mache es nicht mehr lange, die Benzinpumpe müsse ausgewechselt werden. Oje, das habe ich befürchtet, denn das Fahrzeug stieß zuletzt schwarze Wolken aus und hustete wie ein starker Raucher. Er wolle ins Wintercamp der Bergarbeiter fahren, mehr als 90 Kilometer entfernt, und dort die Reparatur versuchen. In drei, vier Tagen sei er wieder da. Vielleicht müsse er auch ein Ersatzteil einfliegen lassen. Mir ist das sehr recht, so kann ich, auch wenn ich nicht in meinem Traumblockhaus bin, die Einsamkeit vorkosten.

Mit den Langlaufskiern ziehe ich meinen Kreis über den See, der etwa acht Kilometer lang und 800 Meter breit ist, und entdecke weit entfernt von den beiden Hütten Luchsspuren. Der Luchs hat weich gepolsterte Sohlen, so sinkt er nicht allzu tief ein und kann sich kräftesparend an die Beute anpirschen.

»Luchse sind wunderbare Wesen«, hatte mir John neulich erklärt und einen poetischen Vergleich benutzt: *Quiet as the winter, hidden as the new moon* – lautlos wie der Winter, unsichtbar wie der Neumond. Und er prophezeite mir: »Es wird dir schwerlich gelingen, einen Luchs zu beobachten.« Ich freue mich, dass ich das scheue Tier zwar nicht gesehen, es mir aber seine Anwesenheit verraten hat.

Der Elch, der vor Tagen seine Spur über den See gezogen hatte, ist zurückgekehrt, dicht neben seiner alten Fährte. Zunächst wundere ich mich, warum er nicht die bereits ausgetretene benutzt hat. Als ich mir diese genauer anschaue, erkenne ich, dass sie verharscht ist. Die Verkrustungen und die harten Eiskanten würden die empfindliche Haut an den Beinen verletzen.

Durch den Wald hallt lautes Klopfen, da hämmert jemand gegen einen Baum. Zielstrebig folge ich dem Geräusch – und da ist er, der kleine Zimmermann mit quittegelbem Scheitel. Virtuos schlägt er einen Wirbel. Neben den Meisenhähern und einem vorbeifliegenden Raben, der krächzend auf sich aufmerksam machte, ist der Specht erst die dritte Vogelart, die ich am Rainbow Lake zu Gesicht bekomme.

Bei einer meiner morgendlichen Skitouren springen mir am nördlichen Seeufer nahe am Waldrand schwarze Flecken ins Auge, dort, wo eben alles noch rein weiß war. Sofort hocke ich mich nieder und hole das Fernglas, das ich immer bei mir trage, aus dem Rucksack. Tatsächlich – ich habe richtig vermutet. Es sind Wölfe, das Glas zeigt es deutlich. Wölfe, und das am helllichten Tag! Es ist neun Uhr am Vormittag. Sie müssen gerade eben erst, als ich zur anderen Seite blickte, aus dem Wald heraus auf die freie Schneefläche des Sees getrabt sein. Ihr Anblick elektrisiert mich. Ich halte den Atem an, damit ich mit dem Fernglas nicht wackle und sie gut beobachten kann. Der Wind steht günstig für mich. Durch den Rucksack getarnt und in der Hocke habe ich die Chance, dass sie mich nicht so bald wahrnehmen. Ich hoffe, dass sie näher kommen, damit ich sie besser beobachten kann. Es sind sechs Tiere mit schwarzem Fell, die sogenannten Timber- oder Waldwölfe. Was für ein faszinierendes Erlebnis. Es ist, als würde der Wald allmählich seine Geheimnisse preisgeben.

Einer der Wölfe hält Wache, ein stattliches, kräftiges Tier. Die anderen, es mögen Weibchen und Jungwölfe sein, haben sich im Schnee ausgestreckt und lassen sich den Pelz von der Sonne wärmen. Vielleicht ruhen sie sich aus von der anstrengenden nächtlichen Jagd. Ihre Beute besteht im Winter fast ausschließlich aus Elchen, hatte mir John berichtet. Angriffe von Wölfen auf Menschen sind in Kanada nicht bekannt.

Nach kaum einer halben Stunde gibt der alte Wolf das Signal zum Aufbruch. Seine Gefolgschaft erhebt und formiert sich, einer trabt hinter dem anderen, und dort, wo sie aus dem Wald getreten sind, kehren sie lautlos in ihn zurück, werden von der Wildnis verschluckt. Ein warmes Gefühl durchpulst mich. Zwar leisten mir die drei Meisenhäher nette Gesellschaft – doch wilde Raubtiere in der Nähe zu wissen, und gleich sechs an der Zahl, macht mich glücklich. Mein Bestreben ist ja, die Natur und ihre Geschöpfe erleben zu dürfen. Und dass sie sich mir während Johns Abwesenheit zeigen, empfinde ich als passende Zugabe, als Ausgleich und Belohnung für meinen Ärger mit ihm.

Konflikte mit Wildtieren, auch mit gefährlichen Raubtieren, sind seltener, als man befürchtet. Erst wenn wilde Tiere den Menschen als Futterquelle entdeckt haben, weil er zum Beispiel Essensvorräte in der Nähe seines Lagerplatzes oder der Hütte aufbewahrt und Nahrungsreste, geleerte Konservendosen und anderen Müll zurücklässt, geraten wir in ihr Beuteschema.

Sehr früh am nächsten Morgen, die Sonne ist noch hinter den Bergen verborgen und ich komme gerade vom Toilettenhäuschen zurück, sehe ich auf der weißen Schneefläche weit entfernt, am Waldrand, einen rötlichen Fleck. Mit bloßem Auge kann ich nicht erkennen, was es ist. Die Entfernung ist zu weit. Ein Vielfraß? Ein Adler? Der Farbe nach wohl eher ein Luchs? Geduckt eile ich so unauffällig wie möglich zur Hütte und schaue durchs Fernglas. Es ist ein Fuchs! Einer mit prächtigem Fell, so wie unsere Rotfüchse. Bewegungslos hockt er am gegenüberliegenden Seeufer in der Sonne. Schließlich scheint er einen Entschluss gefasst zu haben und setzt sich in Bewegung. Er folgt der Spur, die John mit seinem Schneemobil festgefahren hat. Mit meiner Foto- sowie der Filmkamera gelingen mir eindrucksvolle Aufnahmen, denn das Tier schnürt geradewegs auf die beiden Hütten zu. Da ich seit Tagen allein bin, herrscht Ruhe, kein Maschinenlärm stört die Stille, kein Generator läuft, keine Holzfällaktionen. Der Fuchs muss annehmen, das Camp sei menschenleer und er könne ungefährdet nachschauen, ob die Bewohner etwas Fressbares zurückgelassen haben. Ich hocke im Freien vor der Hüttentür, rühre mich nicht, atme flach, so zieht der Fuchs zum Greifen nah in zwei Metern Entfernung an mir vorüber. Wundervoll glänzt sein rötliches Winterfell in der Sonne. Der Körper ist straff und wohlgenährt. Trotz Winterkälte und hohem Schnee gelingt es ihm offensichtlich, Beute zu machen. Eine erwünschte Zugabe wäre ein Leckerbissen von den Menschen. John achtet jedoch darauf, keine Lebensmittel und Essensreste draußen aufzubewahren oder wegzuwerfen. Eine Vorsichtsmaßnahme vor allem im Sommer, wenn durch den Geruch Grizzlys und Schwarzbären angelockt werden könnten.

In meiner Jugend bin ich durch die Wälder meiner Heimat gestreift, wobei ich häufig Füchse beobachten konnte. Von der äußeren Erscheinung her kann ich unseren europäischen nicht von der kanadischen Unterart unterscheiden. Optisch sehen sie gleich aus, nur Fachleute könnten Unterschiede, vielleicht anhand der Zahnformel oder anderer anatomischer Merkmale, feststellen. Der kanadische Rotfuchs ist eine der insgesamt 45 Unterarten, die über Nordamerika, Europa, Afrika und Asien verbreitet sind. Sogar in Japan gibt es eine Unterart, auch in Australien, seitdem man dort Füchse ausgesetzt hat. Somit ist der Rotfuchs das weltweit am meisten verbreitete Raubtier. In Kanada und den USA leben zwei weitere eigene Arten, der Grau- und der Kitfuchs.

Der Tag hält noch mehr Überraschungen für mich bereit. Als ich beim Frühstück sitze, kommt ein Elch vorbei. Es mag der gleiche sein, der bereits zwei Fährten über den See gezogen hat. Er benutzt auch diesmal nicht seine eigene Spur, auch nicht die vom Schneemobil, sondern kämpft sich durch den Schnee. In Wurfweite passiert er meine Position, dabei kann ich deutlich sehen, dass er trotz seiner langen Beine bis zum Bauch einbricht. Ich weiß nicht, wie hoch der Schnee liegt. John meint, es könnten zwei, drei Meter sein oder mehr, allerdings sinkt man nicht bis zum Grund, weil die unteren Schichten sich durch das Gewicht der darüberliegenden verfestigen.

Bevor John am Abend des vierten Tages zurückkehrt, gelingt mir eine weitere Tierbeobachtung. Dort, wo Bäche in den See münden, ist die Eisdecke dünner oder sogar aufgebrochen. Zufällig blicke ich auf eine dieser Öffnungen, als sich das dunkle Wasser plötzlich bewegt und teilt. Eine schwarze Gestalt taucht auf, robbt auf das Eis mit einem Fisch im Maul. Ein Otter! Manierlich hält er die Beute in seinen Pfoten und knabbert am Fisch, verspeist ihn vom Kopf her bis zur Schwanzflosse. Danach wärmt er sich noch eine Weile in der Sonne. Schließlich gleitet das fast einen Meter große Tier mit einem leisen Platschen ins Wasser und verschwindet unter der Eisdecke. Bis zu fünf Minuten können Otter tauchen. Vergeblich warte ich, ob er zum Luftschnappen wieder an der Oberfläche erscheint. Er lässt sich nicht mehr blicken, hat offensichtlich die Wahl zwischen mehreren Luftlöchern im See.

Der Fischotter *Lontra canadensis* ist mit unserem europäischen verwandt, lebt aber ausschließlich auf dem nordamerikanischen Kontinent und gehört wie alle Otterarten zur Familie der Marder.

Tief sind die Wolken herabgesunken, so tief, dass die Berge nicht mehr sichtbar sind. Die Sonnentage sind erst einmal vorbei. Die Wolken öffnen sich und geben ihre Schneelast frei. Vom grauen Himmel segeln Flocken herab, dick und weich. Sie sehen aus wie Flaumfedern von Gänsen. Es schneit von morgens bis abends, dennoch mache ich meine Runden mit den Skiern. Da ich nur wenige Meter weit sehen kann, achte ich darauf, die Spur nicht zu verlassen.

John, der vom Wintercamp der Minenarbeiter zurückgekehrt ist, kann bei diesem heftigen Schneefall nicht an der Piste arbeiten. Die bereits gespurte Strecke muss wahrscheinlich neu gemacht werden, befürchte ich. John beschäftigt sich mit Lesen. Ich bin überrascht. Noch nie bin ich einem Menschen begegnet, der den vollen langen Tag lesen kann. Ich dachte, ich sei die Einzige. Wenn ich es einrichten kann, lege ich ein Buch nicht eher weg, bis ich zur letzten Seite gelangt bin, und würde dann am liebsten gleich das nächste beginnen. Ich könnte tagelang lesen; Lesen ist ein belebendes Elixier für mich. Und noch immer bringe ich es fertig, so wie damals als Jugendliche, die ganze Nacht durchzuschmökern. Nur gönne ich mir selten einen Lesemarathon, und in der Wildnis will ich mich nicht durch Bücher in andere Welten katapultieren und habe absichtlich keinen Roman in deutscher Sprache dabei. Außer dem Vogelbestimmungsbuch und Wörterbüchern für Spanisch und Englisch habe ich ein Buch in spanischer Sprache mitgenommen von einem Autor, den ich in Ecuador kennengelernt habe und dessen Buch seit Jahren in meinem Bücherschrank stand, zudem ein englisches Buch über Lillian Alling, eine ungewöhnliche Frau. Diese zwei Bücher will ich erst in meiner Blockhütte aufschlagen und unbekannte Begriffe aufschreiben und mithilfe von Wörterbüchern lernen, um meinen Wortschatz in den beiden Sprachen zu vergrößern.

Natürlich frage ich mich, was für spannende Werke es sind, die John nicht nur tagsüber, sondern sogar am Abend und morgens mit der Stirnlampe liest. Er freut sich über mein Interesse und borgt sie mir freigiebig. Diese Bücher habe er auch für mich mitgebracht, betont er, denn sie zeigen, wie das Leben in British Columbia vor über 80 Jahren gewesen sei. Es waren Abenteuer suchende Männer aus südlichen Gegenden Kanadas und aus Amerika, die um 1930 herum begannen, den wilden Norden urbar zu machen und Rinder zu züchten. Es war ein mutiger Aufbruch ins Unbekannte, Ungewisse, Unerforschte und Unberührte. Vor allem die zu den Rocky Mountains gehörenden Chilcotin Mountains, 500 Kilometer nördlich von Vancouver, waren noch unerschlossen, ohne Straßen, ein weißer Fleck auf der Landkarte. Faszinierend, dass es vor gar nicht so langer Zeit noch unkartografierte Gegenden auf der Erde gab, und ich kann gut verstehen, wie verlockend es war, diesem »Ruf der Wildnis« zu folgen. Zunächst ohne Maschinen, nur mit Äxten und Handsägen, bahnten sie Pfade, fällten Bäume, errichteten Zäune und Blockhäuser, ähnlich wie das am Thukada Lake, ohne Strom, ohne Wasseranschluss, abgeschieden, ohne Telefon und Post, weit entfernt von Straßen und Siedlungen. Brauchten die Menschen ärztliche Hilfe, mussten sie tagelang reiten oder einen Pferdewagen, im Winter einen Schlitten benutzen. Sie kamen aus zivilisierten Gegenden, viele aus wohlhabenden Familien, und suchten die Herausforderung. Sie wollten sich mit eigenen Händen, ohne Hilfe von außen, eine Existenz aufbauen.

Die Bücher wurden von diesen Pionieren selbst geschrieben. Einen tiefen Einblick in das entbehrungsreiche, dabei spannende und freie Leben hat mir das Buch einer der Töchter der Neusiedler geliefert, die in dieser Ursprünglichkeit aufwuchs. Frauen teilten das harte Leben ihrer Väter, Brüder und Ehemänner, steuerten ihren Teil zum Gelingen bei. Fast alle ertrugen tapfer die Einsamkeit, den Mangel an Austausch mit anderen Frauen. Die Farmen mussten weiträumig sein, um genügend Grasland für Rinder und Heu für den halbjährigen Winter zu haben, und so lebten die nächsten Nachbarn oft 50, manchmal sogar bis zu 80 Kilometer entfernt. Trotz der großen Distanzen ritten sie, war Hilfe vonnöten, einen oder mehrere Tage, um sich gegenseitig zu unterstützen. Gerade die Heuernte erforderte so viele Hände wie möglich, und so zogen die Rancher mit ihren Familien von Farm zu Farm zur Gemeinschaftsarbeit. Eine willkommene Gelegenheit für die Farmersfrauen, sich mit ihren Geschlechtsgenossinnen zu unterhalten, Kochrezepte wurden getauscht und Setzlinge von Zimmerpflanzen.

Zwar war es ein wildes Land, aber nicht menschenleer. Seit über 12 000 Jahren, wie neue archäologische Funde beweisen, war es die Heimat von über die Beringstraße eingewanderten Menschen, heute als First Nations bezeichnet. Sie hatten hoch im Norden ein karges Auskommen, führten einen erbitterten Überlebenskampf. Im Sommer zogen sie jagend und fischend umher, im Winter bauten sie einfache Schutzhütten und waren auf die im Sommer getrockneten und konservierten Nahrungsmittel angewiesen. Waren die Sammel- und Jagderfolge kärglich, brachen Hungersnöte aus, sodass die Bevölkerungszahl jahrtausendelang niedrig blieb. Einen Einblick, wie das Leben der Einheimischen gewesen sein muss, gab mir das Buch der Indigenen Velma Wallis, das ich als Vorbereitung für mein Kanadaabenteuer gelesen hatte. Sie schildert spannend, dramatisch und bildhaft, wie ihre Vorfahren während einer Hungersnot ums Überleben kämpften, als die Karibuherden ausblieben und zu wenige Lachse gefangen worden waren.

Als die Siedler um 1934 in das Gebiet der Chilcotin Mountains kamen, konnten sich einige Ureinwohner bereits auf Englisch verständlich machen, manche hatten Gewehre, die sie gegen Pelze eingetauscht hatten. Das Leben der Einheimischen verbesserte sich durch die weißen Farmer gravierend, da sie als Cowboys für die Rancher arbeiten und beim Zäune- und Blockhausbau helfen konnten. Sie bekamen dafür Naturalien und Vieh, aber auch Geld. In den Berichten der Siedler werden die Angehörigen der First Nations als ausgesprochen arbeitsam, verlässlich und zugleich unabhängig beschrieben. Im Winter fingen sie immer noch Pelztiere, hatten ihre eigenen Gebiete, wo sie Fallen aufstellten, im Sommer angelten sie nach wie vor Lachse, die sie für den Winter trockneten und räucherten. Durch die Arbeit bei den Farmern besaßen sie inzwischen Pferde, Rinder, Milchkühe und Hühner. Sie bauten Gemüse an und lebten nun ganzjährig in einfachen Blockhütten. Als geschickte Handwerker und mutige Cowboys waren sie gern gesehen und nahmen gleichberechtigt an den Festen teil; so jedenfalls wird es in den Büchern der frühen Farmer geschildert.

Dann, in den 1950er-Jahren, beschloss die Regierung Kanadas, die Angehörigen der First Nations für das von Weißen in Besitz genommene Land mit einem monatlichen Geldscheck zu entschädigen. Einige wollten diese Gabe des »Großen weißen Mannes« nicht annehmen, sie waren stolz darauf, ihre

Familien aus eigener Kraft zu ernähren. Doch als die ersten Zahlungen eintrafen, so beschreiben es die Autoren, die das Vorher und Nachher miterlebt hatten, dauerte es weniger als ein Jahr, da besaßen die Ureinwohner nichts mehr, rein gar nichts, keine Rinder, keine Pferde. Sie gingen nicht mehr auf die Jagd, stellten keine Fallen, verdingten sich nicht auf den Farmen. Wozu sich anstrengen, wenn man von Vater Staat unterstützt wird. Ohne Arbeit breitete sich Langeweile aus, und so entdeckten die Menschen das Glücksspiel und den Alkohol, den sie zuvor nur bei Festen konsumiert hatten. Da reichte der monatliche Scheck bald nicht mehr, das Vieh wurde nach und nach verkauft und alles, was sich zu Geld machen ließ. Frauen und Kinder hungerten und verarmten, konnten ihre Männer aber nicht dazu bringen, die Misere zu beenden. Bald verfielen auch Frauen dem Alkohol, und selbst Kinder betäubten sich mit dem Fusel. Dies sind jedoch Beobachtungen, die subjektiv sind und sich nur auf das Gebiet der Chilcotin Mountains beziehen; in vielen Gegenden Kanadas und den USA herrschten andere Bedingungen.

Noch immer gibt es die Schecks, und nur wenige Ureinwohner entkommen der Falle der staatlichen Fürsorge. Beim Lesen dieses dramatischen und tragischen Niedergangs der indigenen Lebensweise fiel mir ein, dass in immer mehr Ländern Europas das bedingungslose Grundeinkommen diskutiert wird. Was passieren kann, zeigt das Beispiel der First-Nations-Angehörigen in den Chilcotin Mountains. Gibt es Geld fürs Nichtstun, werden nur wenige etwas mit dem Überfluss an Zeit anfangen können. Positive Ergebnisse bei Testläufen täuschen. Die Versuchspersonen wissen sich im Blickpunkt der Medien, sie wollen das Experiment bestehen, also haben sie eine Aufgabe und ein Ziel, dann funktioniert es. Sich von selbst Aufgaben und Ziele zu setzen, das vermögen nicht viele Menschen.

UNTERSCHIED ZWISCHEN GRIZZLY UND SCHWARZBÄR

Es hat einige blaue Sonnentage gegeben, nun sind die Berge wieder hinter Schneewolken verborgen. Durch den Dunst schimmert die Wintersonne wie ein weißes Ei. Die Temperatur steigt am Tag über null. Es taut und tropft. Dabei ist der Februar sonst ein frostklirrender Wintermonat. Das trübgraue Tauwetter erlaubt keine Arbeit an der Piste. Ich sorge mich, ob es überhaupt möglich sein wird, zu meinem Blockhaus zu gelangen.

Lakonisch meint John: »Macht nichts, bleiben wir eben hier.«

Das Wort *wir* stört mich an seiner Aussage am meisten. Glaubt er etwa, ich würde meinen Plan, allein zu überwintern, widerspruchslos aufgeben? Wenn es nicht »mein« Blockhaus sein kann, würde ich mich mit der Alternative am Rainbow Lake anfreunden, aber nur, wenn er zu seinem Hauptcamp zurückkehrt. Vorerst vermeide ich die Auseinandersetzung, hoffe auf Frosttage und auf die Weiterführung der Piste, um doch noch meinen Traum zu verwirklichen.

Wir sitzen beim Frühstück in der Küchenhütte, als draußen ein ungewöhnlicher Lärm entsteht, den ich überhaupt nicht einordnen kann. Das Geräusch ist dumpf und zugleich dröhnend, als würde eine mächtige, weiche Masse am Boden aufschlagen. Wir stürzen hinaus. Ein seltsamer Anblick erwartet uns. Die Hütte, in der ich übernachte, ist vom Schnee verschüttet. Die zwei Meter dicke Auflage hat durch das Tauwetter ihre Stabilität verloren und ist vom Dach herabgerutscht. Ich hatte vorher gemeint, ob es nicht ratsam sei, das Dach vom Gewicht zu befreien. Doch John hatte geantwortet: »Nicht nötig. Das Dach ist stabil genug.«

In meiner *cabin* ist es jetzt stockdunkel. Der Schnee verdeckt die Fenster an beiden Seiten, und es besteht Gefahr, dass sie durch den Druck der Schneemassen zerbersten. Mit vereinten Kräften schaufeln wir den verdichteten Schnee beiseite.

Nach Sonnenuntergang leuchtet der Himmel an diesem Abend in seltsamem Licht, keine warmen Farben, sondern fast transparent, als wäre er aus hellblauem Glas. Keine Wolke trübt diese Reinheit. Trotz der beginnenden Nacht bleibt dieses eigenartige Himmelslicht lange erhalten, verstärkt sich noch, mischt sich zu einem grünblauen Ton. Ich frage John, ob dies ein Zeichen für einen Blizzard sei?

»Nein, ein Blizzard kommt ohne Vorwarnung«, antwortet er, »ohne dass man etwas ahnt. Plötzlich türmen sich Wolken auf, brechen hinter den Bergen hervor, rasen über das Land. Das alles passiert in wenigen Minuten. Dann rette sich wer kann!«

In der Nacht kommt kein Blizzard, aber Kälte fällt auf die Erde. Der nächste Tag begrüßt mich frostig, beste Voraussetzungen, die Piste weiter voranzutreiben – so hoffe ich. Doch bevor John die Arbeit mit dem Schneemobil fortsetzt, muss Brennholz für die Sommergäste geschlagen werden. Ich frage mich, warum er das nicht erledigt, wenn er mich nach Thukada gebracht hat und hierher zurückgekehrt ist, füge mich jedoch in das Unvermeidliche. Seine Anordnung hat er in einem Ton verkündet, der bei Widerspruch Ärger erwarten lässt. Der Streit vor der Abfahrt vom Blue Lake ist mir in schlimmer Erinnerung. So biete ich ihm an, beim Holzmachen zu helfen. Er schaut skeptisch, wahrscheinlich weil er mir keine Holzfällerqualitäten zutraut, obwohl ich ihm erzählt habe, dass ich im Wald meines Freundes mit ihm und unter seiner Anleitung zahlreiche Bäume gefällt und Holz gespalten habe.

An das Schneemobil hängt John lange, flache Plastikschlitten. Ich hocke auf dem Sattel hinter ihm, wie ein Beifahrer auf dem Motorrad. Doch anders als ein Motorradfahrer bleibt John nicht sitzen. Mal springt er auf das rechte Trittbrett, dann über den Sattel hinweg auf das linke, um die Maschine bei ihrer rasanten Fahrt durch den Wald in den Kurven herumzureißen. Ich staune über sein artistisches Können. Wie schafft er es nur, gleichzeitig mit beiden Beinen über den Sattel zu springen?

Es sind keine Waldwege, die wir entlangdonnern, sondern Zwischenräume von Baum zu Baum. So nah rattern wir an den Stämmen vorbei, dass ich um meine Kniescheiben fürchte. Irgendwie gelingt es ihm, bei der Raserei Ausschau nach abgestorbenen Bäumen zu halten. Sie dürfen keine Nadeln mehr haben, müssen ganz und gar trocken sein.

John hat im dichten Wald einen toten Baum erspäht und hält an. Als ich vom Sattel steige, sinke ich hüfttief ein und krabbele mühselig aus dem Schneeloch heraus. John mit seinen Beinen, fast doppelt so lang wie meine, hat es besser. Nach und nach verfestigen wir mit unseren Tritten den Schnee um den zu fällenden Baum herum. Mit der Motorsäge ist der trockene Stamm schnell durchsägt. Prasselnd stürzt er zu Boden, reißt Äste und Zweige von Nachbarbäumen mit sich. Schneestaub wirbelt auf.

Auch wenn der Baum schon seit Langem nicht mehr gelebt hat, ist es für mich immer wieder ein bewegender Moment, wenn ein Baum gefällt wird. Ein quasi symbolischer Akt. Der Augenblick, in dem etwas unwiderruflich zu Ende geht.

Während der Baumfällaktion mit John steht mir die Waldarbeit mit Helmut deutlich vor Augen. Auch er sucht Bäume aus, die entweder abgestorben oder doch am Ende ihres Lebens sind, erkennbar daran, dass sie kaum noch Nadeln haben und die Rinde abzuplatzen beginnt. Die Fichten in seinem Wald sind kräftiger, vor allem höher und haben einen dickeren Stamm als die schlanken kanadischen Nadelbäume. Wenn eine mächtige Fichte sich neigt, ist mir jedes Mal, als würde ein Moment der Stille eintreten. Als würden alle und alles ringsum ehrfürchtig den Atem anhalten, weil das Schicksal des Baums nun besiegelt ist und ein langes Leben sein Ende gefunden hat. Der Baum biegt sich unaufhaltsam der Erde entgegen, weiter und weiter wie in Zeitlupe. Im Fallen streift er Zweige und Äste der Nachbarn. Wildes Rauschen lässt die Luft erzittern. Die Erde bebt, ein dumpfer Ton beim Aufschlag, der vibrierend nachklingt. Der Baum liegt am Boden, ein gefällter Riese. Immer beschleicht mich ein wehmütiges Empfinden. Es gibt so viele Bäume, aber dieser eine einzigartige Baum wird nie wieder sein.

Für manche Menschen ist ein Baum nur ein Lieferant von Holz. Doch Bäume sind Lebewesen, älter als jedes Tier, älter als der Mensch, der sie fällt. Gekeimt aus einem winzigen Samen, jahrzehntelang gewachsen, oft sogar über Jahrhunderte, haben sie allen Unbilden, allen Wetterlagen standgehalten, um dann unter wenigen Schlägen zu stürzen.

Ich bewundere Bäume, fühle mich ihnen nah. Beenden Bäume ihr Leben, dann fällt mir unwillkürlich das Lied von Reinhard Mey ein: »Wie ein Baum, den man fällt«, und dann summe ich leise die Melodie vor mich hin.

Die Motorsäge von John reißt mich aus meinen Erinnerungen. Er zerteilt den Stamm in Rollen von 40 Zentimetern Länge. Mit kräftigen Schlägen spaltet er sie dann in handliche Scheite. Als ich mich ebenfalls Holz spaltend betätige, schaut er kritisch, ob ich das überhaupt kann. Ich habe Übung beim Holzhacken und weiß, worauf es ankommt. Man muss prüfen, wie das Holz gewachsen ist. In der Mitte oder ein wenig seitlich versetzt ist der Kern, eine etwas dunkler gefärbte Stelle. Er ist der Punkt, wo der Baum sein Wachstum begonnen hat, dorthin muss man mit der Axt zielen, damit das Holz aufplatzt. Allerdings habe ich weniger Kraft als John. So fällt mir die Aufgabe zu, die Holzscheite auf die Schlitten zu laden, die Rollen zum Spaltplatz zu tragen und die abgeschlagenen Äste beiseitezuräumen. Dabei entdecke ich, dass alle Zweige über und über von einer schwarzen Flechte ummantelt sind, wie ein Trauerflor. Diese Schwarzflechte hängt auch an noch lebenden Bäumen, aber nur an deren unteren, schon abgestorbenen Ästen, als würde sie ein Zeichen setzen, dass dieser Baum dem Tod geweiht ist.

Bei der Rückfahrt mit den voll beladenen Holzschlitten hält John auf einem waldfreien Hügel an. Schweigend betrachtet er die unberührte Landschaft. Am Ausdruck seiner Augen erkenne ich, wie tief diese Wildnis sein Herz berührt, wie er sich eins mit diesem Land fühlt. In dieser Hinsicht sind wir seelenverwandt, nur schade, dass er dies nicht erkennen will. Nachdem er lange nachdenklich geschwiegen hat, weist er auf das vor uns aufragende Gebirge und sagt: »Auf die meisten dieser Gipfel hat noch nie ein Mensch seinen Fuß gesetzt. Das ist gut so!« Bedächtig fügt er hinzu: »Mit einem Schneemobil war auch noch niemand außer mir hier. Eigentlich passt die Maschine nicht in diese Unberührtheit, und es tröstet mich, dass mit dem Tauen des Schnees meine Spur verschwunden sein wird, als hätte es sie nie gegeben. So ist es auch mit den Pfaden, die von den Goldsuchern in den Wald geschlagen wurden, nur dauert es bei denen länger, bis sie nicht mehr sichtbar sind. Noch nach 100 Jahren erkenne ich vom Flugzeug aus, wo alte Wege waren. Sie sind wie Narben im Wald.«

Seine Worte beweisen mir wieder einmal seine Naturverbundenheit. Auch wie er seine Hütten gebaut hat, seine Camps instand hält und seine Gäste führt, nie mehr als fünf auf einmal und höchstens vier Sommertouren im Jahr, zeigt mir, dass er bemüht ist, die Wildnis möglichst wenig zu verändern. Als die Kinder noch klein waren, hat seine Familie in den Sommermonaten mit ihm das Leben in der Natur geteilt. Dabei ließ er Sohn und Tochter eigene Erfahrungen sammeln. Tochter Sally konnte sich bereits mit fünf Jahren im Wald orientieren, wie er mir erzählte. Er zeigte ihr, wie man die Himmelsrichtung bestimmt, und lehrte sie, sich regelmäßig umzuschauen, um sich den Rückweg einzuprägen.

Später am Abend berichtet er mir von seinen Begegnungen mit Grizzlys und Schwarzbären. Angst sei ein schlechter Ratgeber, vor allem müsse ich Panik vermeiden, beschwört er mich. Durch Panik entstehen die schlimmsten Fehler. Den Bären begegne er mit Respekt, das sei die einzig richtige Haltung gegenüber diesen gefährlichen Tieren. Wo der Respekt fehle, könne es für den Menschen tödlich ausgehen.

»Sogenannte Bärenexperten wollen nicht wahrhaben, dass es unberechenbare Raubtiere sind«, behauptet John. »Sie glauben, sie könnten sich mit ihnen anfreunden. Da war dieser Amerikaner, er fühlte sich als ›Bärenversteher‹, lebte zusammen mit Grizzlys. Er dachte, sie wären seine Freunde, doch da hatte er sich geirrt. Sie töteten ihn und fraßen ihn auf.«

»Ich glaube, er hieß Timothy Treadwell«, werfe ich ein.

»Mag sein«, sagt John etwas ungehalten. Er mag es nicht, wenn ich seine Erzählungen unterbreche.

Timothy und seiner Freundin Amy, die beide Opfer von Bären wurden, hat Werner Herzog mit dem Dokumentarfilm »Grizzly Man« ein Denkmal gesetzt. Jahrelang hatte der Naturbegeisterte unter Bären gelebt, war ihnen so nah gekommen wie wohl noch nie ein Mensch.

John erzählt mir, warum die Bärenfreunde diesen schrecklichen Tod fanden: »Der Pilot konnte Timothy und Amy nicht zum vereinbarten Termin abholen. Es war bereits Oktober, eine Zeit, in der Bären besonders aggressiv nach Nahrung suchen. Bevor sie in die Winterruhe gehen, müssen sie sich eine dicke Fettschicht anfressen, um die kalte Jahreszeit und den Mangel im Frühjahr zu überleben. Der Bär hatte sich an die beiden gewöhnt, die in seinem Revier zelteten. Die meisten Wildtiere fürchten uns Menschen instinktiv, doch der Bär hatte keine Angst mehr vor ihnen, und als er Nahrung brauchte, wurden die beiden zu seiner Beute.«

»John, hast du schon einmal eine gefährliche Bärenbegegnung gehabt?«, frage ich.

Er antwortet wie so oft nicht direkt, sondern doziert lieber: »Bären verhalten sich manchmal unberechenbar, das stimmt. Angriffe von Bären geschehen jedoch so gut wie immer durch Fehler der Menschen. Es gibt drei Situationen, die du vermeiden musst: Nähere dich nie einer Bärin mit Jungen. Kommst du zwischen sie und die Bärenkinder, greift sie sofort an, ohne Vorwarnung. Glaube ja nicht, dass Bären langsam und schwerfällig sind. Sie bewegen sich mit explosionsartiger Geschwindigkeit. Zweitens, halte dich von einem toten Tier fern, das ein Bär geschlagen haben könnte. Der Bär bleibt in der Nähe seiner Beute und bewacht sie. Er bricht aus seinem Versteck hervor und attackiert dich, weil er annehmen muss, du willst ihm seine Nahrung streitig machen. Die dritte Gefahr entsteht, wenn du den Bären überraschst, er dich also zu spät bemerkt und dir nicht mehr ausweichen kann. Dann wehrt er sich durch einen Angriff.«

»Stimmt es, dass man sich dann tot stellen soll?«

»Nur beim Grizzly. Er greift an, schlägt dich nieder, wirft sich über dich, beißt in deinen Körper, verletzt dich schwer, tötet dich aber nicht sofort. Grizzlys haben die Eigenschaft, ihre Attacken zu unterbrechen, sich von ihrem Opfer abzuwenden, allerdings meist nur einen kurzen Moment. Sie kehren gleich wieder zurück, wieder und wieder. Die kurzen Unterbrechungen können lebensrettend sein, wenn du sie nutzt, dich auf den Bauch zu legen, du musst die Knie fest an den Körper ziehen und die Arme im Nacken verschränken. So gehen die Hiebe und Bisse nicht in die Weichteile, deine Arme und Beine werden nicht abgerissen und deine Wirbel im Nacken nicht zerstört. Manchmal gelingt es, schwer verletzt zu überleben. Beim Schwarzbär ist es ganz und gar nicht zu empfehlen, sich tot zu stellen. Er bleibt bei seinem Opfer und lässt nicht ab, solange er noch Leben spürt. Beim Schwarzbären musst du dich wehren mit allem, was du hast.«

»Bären können ja schneller rennen als ein Pferd, also hat es wohl keinen Zweck wegzulaufen. Sollte man auf einen Baum klettern?«

»Da müsste ein Baum in der Nähe sein, den du ruckzuck hinaufkommst. Bei Schwarzbären ist es sinnlos, sie sind recht geschickte Kletterer. Erwachsene Grizzlys sind zu schwer. Ihnen gelingt es allerdings manchmal, den Baum umzustoßen, oder sie beißen dir in die Beine und ziehen dich herunter. Richtet sich ein Grizzly auf den Hinterbeinen auf, ist er mit ausgestreckten Vordertatzen gut und gerne drei Meter groß. Da brauchst du einen hohen Baum, um in Sicherheit zu sein. Und du musst Geduld haben. Manchmal bewacht er den Baum nicht nur stundenlang, sondern auch mehrere Tage.«

»Es gibt ja viele Fotos und Filme, auf denen Mensch und Bär nahe beieinander sind, oft auch eine Bärin mit Jungen. Wie ist das möglich?«

»Alle diese Aufnahmen sind an einem bestimmten Ort in Alaska gemacht, wenn die Lachse zum Laichen die Flüsse hinaufziehen. Dann haben die Bären Nahrung im Überfluss und beachten die Menschen nicht. Doch das sind Ausnahmesituationen. Übrigens, der größte Feind für Bärenkinder ist der männliche Bär. Wittert er eine Bärin mit Jungen, versucht er, diese zu töten. Die Grizzly-Bärin führt ihre Kinder nämlich drei Jahre lang, erst danach kommt sie wieder in Hitze. Der Bär weiß instinktiv, wenn er die Jungen tötet, wird sie schneller wieder paarungsbereit. Die Bärin allerdings verteidigt ihren Nachwuchs. Sie zögert keine Sekunde. Mutig und unerschrocken stellt sie sich dem Kampf mit dem größeren und stärkeren Gegner. Nicht selten wird sie dabei schwer verletzt oder gar getötet.«

»Aber dann hat der Grizzly ja das Gegenteil erreicht!«

»Beide handeln, wie es ihnen ihr Instinkt eingibt. Die Bärin hat bereits viel in ihre meist zwei Jungen investiert. Sie werden im Winter geboren. Gerade dann, wenn es keine Nahrung gibt. Sie hungert, muss von ihrem Körperfett zehren und zusätzlich Milch für die Kleinen produzieren. Deshalb kämpft sie bis zum Letzten. Die Kinder sind ihr so wichtig wie ihr eigenes Leben.«

Ich staune, wie viel John über biologische Zusammenhänge weiß. Als Biologin kenne ich mich ebenfalls mit dem Verhalten von Tieren aus, deshalb interessieren mich mehr seine eigenen Erfahrungen. Bisher hat er allgemein gesprochen und nicht wirklich persönliche Erlebnisse eingeflochten. So frage ich direkt und absichtlich etwas provokativ: »John, hast du schon Bären erlegt?«

Start in ein neues Abenteuer. Mit dem Wasserflugzeug fliegen mein Freund und ich im Sommer in die Rocky Mountains.

Eine Hütte am See dient uns ein paar Tage zum Akklimatisieren, bevor wir mit unserer Wanderung beginnen.

Mein erster Tag in der Wildnis. Ich fühle mich gleich wie daheim.

Dick bepackt: Die Rucksäcke mit Essen für mehrere Tage lasten schwer auf unseren Schultern.

Bunte Blütenpracht am Wegesrand

Tierische Begegnungen: Streifenhörnchen, Raufußhuhn und Eisgraues Murmeltier

Auf der Jagd nach ungewöhnlichen Tieraufnahmen

Während unserer Erkundungstour übernachten wir in der Wildnis.

Großeinkauf in Prince George für meine viermonatige Überwinterung

Im Winter landet der Pilot mit seinem Flugzeug sicher auf dem zugefrorenen See bei Johns Camp.

Geduldsspiel: Bevor ich zu meinem Blockhaus gelange, muss ich in Johns Hauptcamp ausharren.

Essenszubereitung auf offenem Feuer will gelernt sein.

Lebensrettend: viel Holz vor der Hütte

Tief verschneite Wälder. So habe ich mir mein Kanadaabenteuer gewünscht.

Wichtige Arbeit am Morgen. Trotz schützender Abdeckung muss das Eisloch jeden Tag neu aufgehackt werden.

Noch in Johns Hauptcamp. Auf Langlaufskiern bin ich jeden Tag draußen und beobachte Tiere.

Ein Elch auf der täglichen Suche nach Nahrung

Zielstrebig schnürt der Fuchs zu meinem Blockhaus.

Mit einem Meisenhäher, Wölfen und einem
Marder als Besuchern wird mir nicht langweilig.

An den wechselnden Lichtstimmungen kann ich mich nicht sattsehen.

Großes Theater: Wenn die Sonne hinter den Bergen verschwindet, wird das Land vom Abendlicht verzaubert.

Ein einziger Raum, wenige Quadratmeter groß. Rechts neben meiner Jacke befindet sich der Eingang.

Mein Heim in der Wildnis: das von Abenteurer und Schriftsteller Nicolas Vanier erbaute Blockhaus

Blick zur rückwärtigen Wand mit meiner Schlafstätte, rechts angeschnitten im Bild

Suchbild mit Blockhütte rechts unten. Klein und zerbrechlich wirkt sie in der grandiosen Landschaft. Sie ermöglicht mir das Überleben.

Bei Winterkälte und Schneestürmen schmilzt der Holzvorrat schnell dahin.

Wie schön! Mein Hörnchen ist aus der Winterruhe erwacht und schaut durchs Fenster zu mir herein.

Das Eichhörnchen hat sich an mich gewöhnt und besucht mich regelmäßig.

Zu meinen täglichen Lieblingsbeschäftigungen zählt die Umrundung des Sees – am liebsten bei Sonnenschein.

Niedrig segelt der Weißkopfseeadler über mir. Ich höre, wie der Wind durch seine Schwingen rauscht.

Jeden Morgen fahre ich mit den Skiern am Fluss entlang, wo die Grauwasseramsel singt und die Weißkopfseeadler übernachten.

Ein letzter Blick aus dem Flugzeug. Am schmalen Ende des Sees liegt mein Blockhaus.

Die Landschaft, wie ich sie von meiner Blockhütte aus gesehen habe. Ein Anblick, der sich mir unvergesslich eingeprägt hat.

Frühlingsboten: Kronenwaldsänger, Dachsammer und *American robin*

»Ja, hab ich, sowohl Grizzlys als auch Schwarzbären, aber nicht oft. Meine Aufgabe als Guide ist es, Jäger zu führen und für ihre Sicherheit zu sorgen. Den letzten Bären habe ich geschossen – es war ein Schwarzbär –, als er in diese Hütte, in der wir jetzt sitzen, einbrechen wollte, während ich mit meinem Sohn und seinem Freund hier schlief. Er kratzte am Fenster und warf sich gegen die Tür, davon wachte ich auf, nahm das Gewehr und ging nach draußen. Er bemerkte mich und lief weg. Ich wusste, er würde wiederkommen. Hat ein Bär Nahrung gewittert, kommt er zurück, immer wieder. Am nächsten Abend beobachtete ich, wie er sich anschlich. Da tötete ich ihn. Ich musste es tun, er hätte uns in größte Gefahr gebracht.«

»Was hast du mit dem toten Tier gemacht?«

»Er sah nicht gut aus, war abgemagert, hatte ein schadhaftes Gebiss, sein Fell war struppig mit kahlen Stellen. Kann sein, dass er alt oder krank war. Ich habe ihn ins Boot geladen und zum gegenüberliegenden Ufer gebracht, als Nahrung für andere Tiere wie Wölfe, Füchse, Luchse, Vögel und Käfer. So hatte sein Tod noch einen Sinn.«

LÄHMENDES WARTEN

Seit sechs Tagen bin ich allein. John ist mit dem Schneemobil unterwegs zu »meiner« Blockhütte. Er hatte den Trail inzwischen so weit gespurt, dass er die Strecke an einem Tag schaffen könnte, meinte er. Deshalb rechnete ich damit, dass er nach zwei, spätestens drei Tagen zurück sein würde und wir dorthin übersiedeln könnten. Ich hatte gebeten, gleich mitfahren zu dürfen, doch am Trail fehle das letzte Stück, wie er sagte. Und das sei besonders schwierig, der Schnee liege dort hoch, und es sei gefährlich und steil, da könne er mich nicht gebrauchen. Schließlich willigte er ein, mich ein paar Kilometer mitzunehmen. Auf der festgefahrenen Piste könne ich dann zu Fuß zurückgehen.

Früh am Morgen fuhren wir los mit zwei angehängten Schlitten, beladen mit Schaufel, Äxten, Sägen, Schneeschuhen und Johns Ausrüstung und Verpflegung. Im Zickzack ging es mit Karacho durch den Wald, der sich am Rainbow River entlangzieht. Der Fluss war gefroren. Auf der glatten Eisfläche könnten wir leichter dahinsausen, gab ich zu bedenken. John runzelte die Stirn und antwortete, er habe die Spur extra nicht über den Fluss gelegt, denn das Eis würde bald aufbrechen.

Wieder musste ich an den Film »Wind River« denken. Die FBI-Agentin, die den Mord an dem Mädchen aufklären sollte, klammerte sich bei rasanter Fahrt ängstlich an einem einheimischen Jäger fest. Bei einem Halt bat sie ihn, doch etwas langsamer zu fahren. Die Antwort des Jägers hätte von John stammen können: »Langsamer geht nicht!«

Ich fragte mich, was die junge Frau wohl zu Johns Fahrweise gesagt hätte. Wieder sprang er vom Sattel, nach links und rechts, riss die Maschine haarscharf an Bäumen vorbei, jagte den Motor hochtourig die Berge hinauf und dann wieder steil hinunter. Es war die Strecke, die ich im Sommer mit Helmut und Bob gewandert war. Wegen des aufgewirbelten Schnees und aus Angst, an einem Baum zu zerschellen oder in die Tiefe zu stürzen, konnte ich kaum etwas erkennen. Ich bin gewiss nicht übermäßig ängstlich, aber die Fahrt mit dem Schneemobil war alles andere als ein Vergnügen.

Nach 20 Minuten Fahrt hielt John an und meinte, nun solle ich zurücklaufen, ich würde ungefähr zwei Stunden benötigen. Der Schnee war durch die Kufen des Schneemobils zusammengepresst, so sank ich bei jedem Schritt nicht tiefer ein als bis zu den Knien. Das Gehen in der weichen Masse strengte mächtig an, keinen Schritt weit durfte ich mich von der Spur entfernen. Als ich einmal nicht aufpasste, weil ich einen besseren Winkel für eine Fotoaufnahme suchte, gab der Schnee unter mir blitzschnell nach. Ich versank und steckte bis zum Bauch fest. Da ich so etwas nicht zum ersten Mal erlebte, ähnliche Erfahrungen hatte ich bereits bei meiner Ankunft am Blue Lake gemacht, erschrak ich nicht allzu sehr. Dennoch ist es immer wieder furchterregend, wenn der Boden unter einem nachgibt und man in die Tiefe rutscht. Es kostete mich einige Anstrengung, wieder herauszukommen. Wo sollte ich mich auch abstützen? Alles ringsum war weich und gab nach. Ich legte meinen Oberkörper flach auf den Schnee, krabbelte und strampelte vorwärts, bis ich meine untere Hälfte aus dem Loch herausgewunden hatte. Um nicht gleich wieder zu versinken, kroch ich auf allen vieren zur Spur, wo ich mich erst wieder aufrichten konnte. Von da an passte ich auf und genoss die Wanderung.

Die Landschaft hatte sich verändert und sah ganz anders aus als die, die sich mir im Sommer hier gezeigt hatte. Ich erinnerte mich daran, wo wir damals über die sumpfige Ebene geblickt hatten, die jetzt eine weiße Fläche war, erkannte die Stellen wieder, wo wir die Raufußhühner auf den Bäumen gesehen, das Eichhörnchen beobachtet und die Kröte entdeckt hatten.

Die Spur führte vom Berghang bald hinunter in die Ebene und später zwischen Wald und Fluss entlang. Ich sah, dass das Eis an den Rändern bereits aufgebrochen war. Das Tauwetter der letzten Tage zeigte Wirkung. In der Stille, die nur vom Geräusch meiner Schritte unterbrochen wurde, hörte ich plötzlich klirrende Vogelrufe, die wie *srieh, sirrr, sirrr* klangen, als würde gegen Glas geschlagen. Mit dem Fernglas suchte ich die Bäume und Sträucher ab, starengroße Vögel flogen dort umher. Ich hielt den Atem an, als ich sie erkannte: Seidenschwänze! Oh, meine Lieblinge! Ich kenne sie seit meiner Studienzeit in Greifswald. Sie, die Bewohner des hohen Nordens, suchen in harten Wintern Zuflucht in südlicheren Gefilden. Ist die Nahrung knapp und ihre Anzahl groß geworden, kommt es zu einer Masseninvasion nach Mitteleuropa. Sie bevölkern dann die Parkanlagen unserer Städte und vertilgen unglaubliche Mengen an Beeren, tagtäglich das Doppelte ihres Körpergewichts. Im Sommer dagegen fressen sie Insekten und bekämpfen so die Mückenplagen in ihrer nördlichen Heimat. Ihre Invasion in unsere Breiten hat nichts mit einem echten Vogelzug zu tun. Sie erscheinen nur alle paar Jahre. Ihre Heimat sind die Taigawälder Eurasiens von Finnland bis Kamtschatka und die Bergwälder in Nordamerika. Für mich waren sie damals wie Boten aus einer fernen Welt, einer unerreichbaren, nach der ich mich sehnte. Ausgerechnet in Kanada begegnete ich ihnen wieder. Wie ich mich freute! Viel Zeit ist seit meiner ersten Begegnung mit den schönen Tieren vergangen. Inzwischen habe ich vieles von dem erreicht, was ich mir als Jugendliche erträumte. Wenn ich mir das bewusst mache, bin ich jedes Mal von Neuem überrascht, dass es mir gelang, gegen alle Widerstände meinen Lebenstraum zu verwirklichen.

Die eurasische Unterart *Bombycilla garrulus* unterscheidet sich kaum erkennbar von der nordamerikanischen, deren Zweitname *cedrorum* lautet, Zedernseidenschwanz. Es sind ausgesprochen hübsche Vögel mit ihrem seidenweichen Gefieder, das am Kopf und Nacken zimtbraun ist, dazu die tiefschwarze Gesichtsmaske, die schwarz glänzende Kehle und eine spitze Scheitelhaube, die ihnen ein »heroisches Aussehen« verleiht, wie es im Bestimmungsbuch formuliert wird. Den Schwanz ziert eine zitronengelbe Endbinde, und an den Armschwingen leuchten korallenrote Federkiele, als wäre Wachs verspritzt worden, das tropfenförmig im Gefieder ausgehärtet ist. Daher der englische Name *waxwing*, also Wachsflügel.

In Kanada wird erzählt, wenn der männliche Vogel seiner Partnerin gefallen will, pflückt er eine Beere und überreicht ihr diese. Die Seidenschwänzin nimmt das Geschenk und hüpft davon. Er wartet. Sie kehrt zurück und übergibt ihm nun ihrerseits dieselbe Beere. So geht es viele Male hin und her.

Ich beobachtete die Vögel eine Zeit lang, doch sie verweilten nicht lange, bald flatterten sie weiter zu ihren Brutgebieten. Die Sonne strahlte herab, und der Himmel war tiefblau. Während ich so dahinstapfte, stellte ich mir vor, wie unser Planet vom Weltall betrachtet aussieht – eine blau schimmernde Kugel. Es ist diese dünne Schicht Atmosphäre, die unserer Erde ihre besondere Farbe verleiht und uns leben lässt. Was musste alles zueinanderpassen, damit Leben entstehen konnte. Ein respektvoller Abstand zur Sonne war Voraussetzung, um weder zu verglühen noch zu vereisen. Der Sauerstoff, der nicht von Anfang an da war, musste erst als Abfallprodukt von einzelligen Organismen gebildet werden. Ein Überbleibsel aus turbulenten Zeiten ist unser Mond, der wahrscheinlich bei einem Asteroideneinschlag von der damals noch nicht erkalteten Erde abgespalten wurde. Er hilft unserem Planeten, auf einer stabilen Bahn zu bleiben. Ohne unseren Trabanten hätten sich möglicherweise nur niedere Lebewesen, wenn überhaupt, entwickeln können, denn er bewirkt nicht nur Ebbe und Flut durch seine Anziehungskraft, sondern bremst auch die Drehkraft und sorgt so dafür, dass sich die Erde nicht zu schnell dreht. Zudem stabilisiert er die Achse der Erde, damit sie schräg zur Sonne steht. Wäre die Achse senkrecht, würde ein lebensfeindliches Klima herrschen, auf der einen Hälfte, die der Sonne zu stark ausgesetzt wäre, immerwährende Wüste, auf der anderen ständige Eiszeit.

Schließlich, als alle Lebensbedingungen optimal eingerichtet waren, begann die Evolution ihren Tanz und schuf eine erstaunliche Vielfalt an Lebewesen. Vielleicht aber hätten wir Menschen nie die Chance gehabt zu entstehen, hätten nicht ein Meteoriteneinschlag und die nachfolgenden Wetterkatastrophen die Saurier ausgelöscht und damit den Platz frei gemacht für die Entwicklung der Säugetiere. Zu guter Letzt wäre die Menschheit fast vernichtet worden wie die Saurier, nicht durch einen Meteoriten, sondern durch die Eruption des Supervulkans Toba im heutigen Sumatra. Die Vulkanasche stieg hoch in den Himmel und verdunkelte ihn weltweit. Das Klima verschlechterte sich dermaßen, dass viele Lebewesen starben: Menschen, Tiere, Pflanzen. Das war vor etwa 74 000 Jahren, wie Wissenschaftler errechnet haben. Nur wenige Tausend Menschen überlebten, von denen wir abstammen, wie anhand unserer Gene festgestellt wurde.

Wieder einmal wurde mir bewusst, wie kostbar das Leben auf der Erde ist; da entsteht automatisch der Wunsch, es zu schützen und zu bewahren. Ich erinnerte mich an die Bemerkung eines Astronauten, der aus dem Orbit auf unseren kleinen Planeten herabschaute und erkannte, wie fragil alles ist, wie schnell alles zerstört werden kann, nicht nur durch menschliches Tun, auch durch kosmische und vulkanische Katastrophen.

Nach vier Stunden war ich zurück im Camp. Vier Stunden, für die John mit dem Schneemobil nur 20 Minuten gebraucht hatte. Nicht nur das Gehen war langsam und mühevoll gewesen, ich hatte auch immerfort nach Tieren Ausschau gehalten, war wiederholt stehen geblieben, hatte lange gelauscht und die Gegend mit dem Fernglas abgesucht. Doch außer den Seidenschwänzen und einem aus der Winterruhe erwachten Eichhörnchen waren mir keine Tiere begegnet, dafür sah ich Spuren von Elchen, Wölfen, Luchsen, Ottern, Schneeschuhhasen, Wieseln, Mardern, Vielfraßen und Schneehühnern.

Am Nachmittag verschleierte sich der strahlend blaue Himmel, und in der Nacht schlug der Frost wieder zu, worüber ich froh war, weil der Schnee nicht wegtauen und die Strecke fürs Schneemobil unbrauchbar machen würde.

An diesem Abend und an allen folgenden saß ich, wie mit John ausgemacht, am Funkgerät und rief meine Botschaft in den Äther. Doch der Kontakt mit John, der in der Thukada-Hütte ebenfalls ein Gerät hatte, kam nicht zustande. Früher besaßen die Trapper alle diese Kurzwellenradios, mit denen sie über weite Entfernungen Nachrichten austauschen konnten. Hatte man die gleiche Frequenz eingestellt, konnte man mithören, worüber die anderen sprachen, sich einschalten und einmischen. So informierte man sich und half sich gegenseitig, wenn jemand krank war oder vermisst wurde. Mein Apparat gab nur hässliches Rauschen preis. John war es genauso ergangen, wie ich später erfuhr. Zwar hatte er es vor meiner Ankunft zur Reparatur gegeben, die schien jedoch nicht gelungen zu sein.

Von Tag zu Tag wurde meine Stimmung gedämpfter. Ich verlor den Appetit und die Lust am Skifahren. Meine Gedanken kreisten unentwegt um das gleiche Thema: John war dort in meiner Hütte, wo ich von Anfang an sein wollte. Warum kam er nicht zurück? Was könnte der Grund sein? War ein Bär in die Hütte eingebrochen und hatte sie verwüstet? Hatte der Sturm Bäume entwurzelt und sie auf die Hütte geworfen? War das Dach unter der Schneelast zerborsten? In meiner Fantasie malte ich mir einen Schneeberg mitten in der Hütte aus. War das Schneemobil kaputt oder John gar verunglückt und erfroren?

Am sechsten Tag halte ich die Ungewissheit nicht mehr aus. Ich habe außer dem Kurzwellenfunkgerät ein Satellitentelefon, mit dem kann ich Johns Frau Joan anrufen. Bisher habe ich es mir verkniffen, wollte sie nicht beunruhigen. John hat ebenfalls ein Satellitentelefon, allerdings können John und ich uns damit nicht gegenseitig anrufen. Vermutlich hat er sich aber bei seiner Frau gemeldet. Also wähle ich Joans Nummer. Mein Herz klopft. Was werde ich erfahren? Sie hebt ab, aufgeregt frage ich: »War der Bär in der Hütte, ist das Dach eingestürzt?«

Ich höre sie lachen: »Nichts von alledem. Nichts ist passiert.«

»Ist John gut zum am Thukada Lake durchgekommen?«

»Ja, er hat nur wenige Stunden gebraucht«, weiß Joan.

»Warum kommt er nicht zurück?«

»Keine Ahnung. Mach dir keinen Kopf«, lautet Joans pragmatische Antwort. Nach vielen Jahren Ehe ist sie an seinen einzelgängerischen Charakter gewöhnt. Doch ich bin nicht daran gewöhnt und will mich auch nicht damit abfinden.

Immer stärker wird meine Ahnung, die sich zu einem schlimmen Verdacht verdichtet: John will verhindern, dass ich zum Thukada Lake gelange. Hat er nicht bisher alles getan, die Abfahrt hinauszuzögern? Tag um Tag, Woche um Woche sind vergangen, bald ist der Februar zu Ende, und der März beginnt. Die Zeit wird allmählich knapp, damit es ein echtes Überwinterungserlebnis werden kann. Warum macht er das? Will er wirklich meinen Traum zerstören? Neidet er mir dieses Erlebnis, weil ich keine Kanadierin bin? Für mich hängt viel davon ab, meinen Plan zu verwirklichen. Ich habe mich akribisch vorbereitet, Informationen gesammelt, meine Ausrüstung ergänzt und auf die Überwinterung abgestimmt, im Sommer die Gegend kennengelernt. Viel Zeit, Geld, Aufregung, Planung und Vorfreude habe ich in das Projekt gesteckt. Zorn und Wut machen sich in mir breit. Es ist für mich schwer zu ertragen, jemandem so ausgeliefert zu sein, von Johns Unberechenbarkeit und Launen abzuhängen.

Ich schleppe mich irgendwie durch den Tag. Die Nacht dauert quälend lange. Bereits um 19 Uhr ist es dunkel. Mithilfe der Petroleumlampe könnte ich Johns Bücher lesen, doch meine Gedanken schweifen während des Lesens ab. So verkrieche ich mich im Schlafsack, bin allerdings nach acht Stunden ausgeschlafen. Ich schaue auf die Uhr, es ist drei Uhr in der Früh. Fünf Stunden dauert es, bis es hell wird. Ich zünde das Feuer im Ofen an, lege mich wieder hin. Die Gedanken beginnen zu kreisen. Sie lassen sich nur schwer in andere, erfreulichere Richtungen lenken.

Als John mich das erste Mal allein ließ und zur Reparatur ins Bergarbeitercamp fuhr, habe ich seine Abwesenheit genossen. Diesmal ist es quälend. Die Ursache: Er ist dort, wo ich sein will. So war das nicht gedacht.

Selbst die Meisenhäher machen mir am nächsten Morgen keine Freude mehr. Ihr Verhalten hat sich geändert. Sie bleiben nicht am Futterplatz wie früher, wo ich sie beobachten kann, sondern stopfen sich blitzschnell die Schnäbel voll, fliegen davon und verstecken das Futter irgendwo, wahrscheinlich als Vorrat für die Brutzeit, die bald beginnen wird.

Eine kurze Aufmunterung bereitet mir der Marder. Anfangs hatte ich nur seine Spuren rund um die Hütte entdeckt, mittlerweile wagt er sich immer näher. Da ich mich ruhig verhalte, kaum noch nach draußen gehe, schlüpft er sogar in den Hohlraum unter der Hütte, schläft dort und schaut morgens mit schwarz glänzender Nase heraus. Er ist ein hübscher, kleiner brauner Kerl, putzig mit seinen dunklen Knopfaugen, dem spitzbübischen Gesichtchen. Wenn er gähnt, sehe ich seine weißen vampirähnlichen Eckzähne, die mich daran erinnern, dass er ein Raubtier ist und ohne Weiteres meine Meisenhäher packen und zerreißen würde, bekäme er sie denn zu fassen. Wölfe, Fuchs und Elch lassen sich diesmal nicht sehen.

Gestern habe ich von Joan erfahren, dass John vor sechs Tagen wohlbehalten am Thukada Lake angekommen ist. Ein weiterer Tag vergeht, ohne dass ich das Dröhnen des Schneemobils höre. Seit Tagen habe ich die Hütte nicht mehr verlassen, mir fehlt der innere Antrieb, mich an der Natur zu erfreuen. Die Zeit tröpfelt dahin, verrinnt nutzlos. Womit mich beschäftigen, womit mich ablenken? Ich habe zu nichts Lust. Alles, was ich beginne, lasse ich bald darauf wieder sein.

»Quäle dich nicht! Gib auf, erzwinge es nicht! Lass deinen Traum einen Traum bleiben! Du kannst nicht alles im Leben erreichen, was du dir wünschst. Sei froh mit dem, was du hast, und bescheide dich. Gib dich mit dem zufrieden, was möglich ist. Strebe nicht das Unmögliche an.« Es ist die Stimme meiner Mutter, die ich in meiner Erinnerung höre. Sie hat mir in meiner Jugend stets gut zugeredet, wenn ich zu ungeduldig war. Sie wusste um meinen starrsinnigen Charakter und wollte mich davor bewahren, ins Unglück zu rennen. Doch bei dem, was ich mir für mein Leben vorgenommen hatte, konnte ich ihren Ratschlägen nicht folgen. Hätte ich mich mit dem Möglichen abgefunden, wäre ich in der DDR geblieben und niemals hinaus in die Welt gelangt.

Etwas in mir bringt mich dazu, gerade das Unerreichbare anzustreben, bei Hindernissen nie aufzugeben, sondern zu kämpfen, mit dem unbedingten Willen zu siegen. Ob John meinen Charakter erspürt hat und mich als Konkurrenz sieht? Mehr und mehr muss ich davon ausgehen, dass er mein Projekt von Anfang an nicht ernst genommen hat. Wahrscheinlich will er unbedingt verhindern, dass ich allein in der Hütte am Thukada Lake bleibe, weil er dann nicht die Kontrolle hat. Vielleicht weil er meint, es nicht verantworten zu können, weil diese Hütte zu abgeschieden liegt und schwer erreichbar ist. Warum aber hat er den Vertrag dann überhaupt mit mir geschlossen? Wollte er einfach nur das Geld für die Vermietung der Hütte haben?

Unwiederbringlich verstreicht die Zeit, die für das Erleben des Alleinseins, der Winterkälte, der Abgeschiedenheit, dem Einssein mit der Wildnis gedacht war. Vor Zorn kann ich mich kaum noch zügeln.

Da, am Abend des achten Tages – plötzlich Motorengeräusche. Mein Herz rutscht irgendwohin, versinkt, versteckt sich tief in meinem Körper. Ich fürchte mich vor der Auseinandersetzung, denn ein Streit könnte zu Johns gern benutztem Ausspruch *game over* führen, mit dem er mein Projekt beenden würde. Ich habe etwas zu verlieren, will nicht durch eine unbeherrschte Bemerkung die Chance verspielen, doch noch an den Thukada Lake zu gelangen.

Strahlend steigt John von seinem Vehikel. Er sprüht regelrecht vor Lebensfreude, wirkt wie verjüngt. Er erinnert mich in diesem Augenblick an einen Westernhelden, der eine heroische Tat vollbracht hat. Was stimmt ihn so froh? Ist es die körperliche Leistung, eine weite und schwierige Strecke mit dem Schneemobil bewältigt zu haben? Ist er stolz, die Herausforderung gemeistert zu haben? War es das Erlebnis der grandiosen Landschaft? Während ich noch nach einer Erklärung suche, durchzuckt ein Gedanke mein Hirn – vielleicht ist er deshalb so entspannt, weil er sich in den acht Tagen von mir erholt hat. Meine Unzufriedenheit hat er gewiss gespürt. Das Zusammensein mit mir muss ihn belastet haben.

Seine Fröhlichkeit reißt mich aus meiner dunklen Lähmung wieder ans Licht. Er lacht, und ich lächle, ich muss mich nicht mal dazu zwingen. Kaum haben wir uns begrüßt, sagt er einen Satz, der bei mir einschlägt wie ein greller Blitz: »Übermorgen bringe ich dich an den Thukada Lake!«

Damit habe ich nicht gerechnet. Oh, ich könnte ihn umarmen. Nun strahle ich. In was habe ich mich da nur hineingesteigert? Habe ihn verdächtigt, mein Projekt zu hintertreiben. Vielleicht ist er doch ein grundehrlicher Mann, ohne Hintergedanken und Falschheit. Doch da durchzuckt mich ein skeptischer Gedanke, widerspricht meiner Euphorie und fragt: Warum ist er nicht eher zurückgekehrt und war acht Tage lang fort? Schnell bringe ich den Widerspruchsgeist zum Schweigen, ich will glauben, dass alles gut wird.

Es scheint, all meine Sorgen, die mich die letzten Tage quälten, meine Ungeduld, meine Zweifel waren umsonst. Übermorgen soll es losgehen! So hat er es gesagt, ganz von sich aus, ohne dass ich gefragt oder gedrängt hätte. Erstaunlich, wie abrupt meine Gefühle von einem Extrem ins andere umschlagen können. Das kenne ich sonst nicht von mir. Eben noch voller Zorn und Verzweiflung, durchströmt mich nun tiefe Dankbarkeit.

Übermorgen geht es endlich zu meinem Blockhaus am See mitten in den Bergen.

BEI STÜRMISCHEM WETTER ZUM THUKADA LAKE

Der Tag unserer Abreise beginnt strahlend. Mein Blick fällt auf die im Morgenlicht leuchtenden Bergzacken. Die verschneiten Gipfel, zuerst rosa, beginnen in der Sonne golden zu leuchten. Als ich aus der Hütte trete, fühle ich mich vom Sonnenschein übergossen. Die Himmelskuppel verliert sich in Blau. Ich bin berauscht von Vorfreude. Alles Dunkle ist hell geworden, alle Zweifel sind erloschen. Was für ein schöner Morgen! Das geeignete Wetter, um sogar die Fahrt mit dem Schneemobil zu mögen. Ich werde die Landschaft wiedersehen, die wir im Sommer durchwandert haben, werde John bitten, auf den Pässen zu halten, und Fotos machen, mit denen ich damals und heute vergleichen kann.

Wie immer bin ich schon früh am Morgen abmarschbereit und gehe ungeduldig zum Frühstück in die Essenshütte. Da eröffnet mir John, dass wir vor der Abfahrt Bäume fällen und Feuerholz für die Sommergäste machen müssen. Ich glaube, nicht richtig zu hören. Tagelang haben wir bereits Holz vorbereitet, es stapelt sich in beiden Hütten und im Verschlag in zwei Reihen bis zu meiner Körperhöhe. Ich bin dermaßen überrascht und betroffen, dass es mir die Sprache verschlägt. Wäre wirklich noch mehr Holz vonnöten, warum haben wir es dann nicht gestern gemacht? Aber da hat er in seinen Büchern gelesen und musste sich offensichtlich von der Rückfahrt erholen. Warum macht er es nicht später, wenn er hierher zurückgekehrt ist?

Schweigend mache ich mich fertig, um mit John zum Holzmachen zu fahren. Der halbe Tag geht drauf mit dieser Arbeit. Danach beginnt er, seine persönlichen Sachen zu packen. Vorher müssen wir noch die Vorratskisten durchforsten, um zu entscheiden, welche Lebensmittel ich für meine Überwinterung mitnehme und welche hierbleiben. Wieder denke ich, dazu wäre doch gestern Zeit gewesen. Ohne ihn hätte ich es nicht machen können, denn den Schuppen, wo die von mir gekauften Lebensmittel sich befinden, schließt John stets ab und verwahrt den Schlüssel irgendwo bei seinen Sachen.

Inzwischen sind Wolken aufgezogen. Sie kreisen die Sonne ein, bald wird sie verdeckt sein. Gute Fotos kann ich jetzt vergessen.

»Was hältst du davon, wenn wir etwas essen, bevor wir starten?«, fragt John.

»Warum nicht«, antworte ich, denn seit dem Frühstück sind mehr als sechs Stunden vergangen. Ich bin überzeugt, heute werden wir nicht losfahren, denn die Strecke ist zu weit, um sie am Nachmittag zu bewältigen. Zudem füllt sich der Himmel mit immer mehr Wolken, die dichter werden und sich tief herabsenken. Ein Unwetter scheint heraufzuziehen.

Nach dem Essen trinken wir gemütlich Kaffee, und John beginnt zu erzählen, was mir recht ist, denn an eine Abfahrt ist nicht mehr zu denken. In mir herrscht eine seltsame Leere. Ich spüre weder Wut noch Enttäuschung. Es ist einer dieser Momente, wenn man neben sich steht und die Dinge von außen betrachtet, als wäre man nicht selbst von ihnen betroffen.

Als Verhaltensforscherin versuche ich, nicht nur Tiere zu verstehen, was oftmals einfacher ist, als sich das Verhalten von Menschen zu erklären. Ich überlege, ob es vielleicht ein krankhafter Tick ist, dass John immer, wenn etwas in Angriff genommen werden muss, Verzögerungen erfindet. Am Blue Lake das endlose Telefonieren, jetzt das Bäumefällen. Ich erinnere mich, als wir ihn und die Reitergruppe im Sommer am Bear Lake trafen, hatten wir an dem Tag die längste Strecke der ganzen Tour vor uns, und ausgerechnet, als wir loswandern wollten, verwickelte er unseren Guide Bob in unendliche Gespräche. Damals hatte John uns durch seine Verzögerungstaktik diesen Wegabschnitt besonders schwer gemacht.

In Johns Büchern, geschrieben von den frühen Pionieren in British Columbia, entdeckte ich ein ähnliches Verhalten wie bei ihm. Die Rancher arbeiteten von früh bis spät, bewältigten eine Aufgabe nach der anderen, die Arbeit wurde nie weniger. Da hatte es keinen Zweck, sich zu beeilen und zu hetzen; man schaffte sowieso nie alles, was man sich vorgenommen hatte. Abhängig von Wetterunbilden, Krankheiten der Rinder, Attacken von Wölfen und Bären bildete sich bei ihnen eine Art Fatalismus heraus. Sie konnten nie vorausplanen und lebten von einem Tag zum anderen ohne Uhr und ohne Kalender. John identifiziert sich mit diesen Idolen seiner Jugend, hat deren Denkweise angenommen und ist es gewohnt, unerfahrene Gäste zu führen und ihnen die Wildnis nahezubringen. Bei seinen Touren trägt er die Verantwortung, entscheidet, was zu tun ist. Die Leute müssen sich seinen Anordnungen fügen. Dass ich, die sich nie jemandem unterordnen musste, mich nicht wie seine üblichen Gäste verhalte, muss er als Zurückweisung empfinden.

Vielleicht, um mir klarzumachen, warum wir vor unserer Abreise Bäume fällen mussten, erzählt er mir von einem befreundeten Trapper, der im Winter in einer Hütte erfroren ist, weil kein Holz da war. Jäger, die dort zuvor nächtigten, hatten den gesamten Holzvorrat verfeuert. Früher war es üblich, keine der *cabins* abzuschließen, sie standen für jeden offen. Vom Holz durfte man so viel nehmen, wie man brauchte, musste den Vorrat aber vor der Abreise wieder auffüllen, und auch an den Lebensmitteln konnte man sich bedienen, falls man dafür sorgte, dass für Nachkommende genug da war. Die Jäger, von denen er mir berichtet, hatten sich nicht an das ungeschriebene Gesetz gehalten. Ihre Rücksichtslosigkeit hatte den Tod von Johns Freund zur Folge. Weil diese großartige Gastfreundschaft immer mehr missbraucht wurde, gibt es sie kaum noch. John jedenfalls macht seine Hütten einbruchsicher für Mensch und Bär.

Immer mehr steigert er sich in seine Erzähllust. Ich höre gleichmütig zu, bin nicht wütend auf ihn wie früher so oft. Er spürt meine Gelassenheit und redet weiter: Einmal kam er in eine Hütte, in der ausländische Jäger mit ihrem kanadischen Guide übernachteten. John stellte fest, dass die Gäste ihre Waffen geladen im Vorraum abgestellt hatten, was in Kanada absolut verboten ist. Nie darf ein Gewehr gefüllt mit Patronen unbeaufsichtigt abgelegt werden. John forderte den Guide auf, seinen Gästen diese Regel zu erklären. Als am nächsten Tag immer noch Patronen in den Waffen waren, nahm John sie heimlich heraus, machte sie unbrauchbar, indem er den Zünder entfernte, und steckte sie wieder in die Gewehre. Scheinheilig fragte er am Abend die Männer, ob sie bei der Jagd Erfolg gehabt hätten. Diese Erzählung gibt mir zu denken, zumal er sich jetzt noch über die genasführten Jäger lustig macht. Er ist also doch nicht der grundehrliche Typ, wie ich hoffte, sondern kann ganz schön hinterhältig sein.

Ein anderer Jäger wollte eine Bärin schießen, die ein dreijähriges Junges bei sich hatte. Nach kanadischem Jagdrecht ist dies möglich, weil ein Jungbär mit drei Jahren nicht mehr gesäugt wird und bereits allein existieren kann. John war jedoch der Meinung, dass man keine Bärin tötet, wenn ihr Kind dabei ist, aus dem einfachen Grund, damit es kein Trauma durch den plötzlichen Verlust erleidet. Weil der Jäger das nicht einsehen wollte, musste er seine Jagd abbrechen. »Game over!« Wieder einmal konnte John sein ultimatives Urteil aussprechen.

Es ist längst Nachmittag. Plötzlich taucht John aus seinen Erinnerungen auf und ruft: »Wir müssen los!«

Ich bin platt. Das kann er doch nicht im Ernst meinen? Die Zeit reicht nicht, um vor Einbruch der Dunkelheit den Thukada Lake zu erreichen, zudem sieht der Himmel gefährlich aus. Erkennt er nicht, dass sich ein Schneesturm nähert? Hätten wir ein anderes Verhältnis, würde ich darauf drängen, die Tour zu verschieben. Es besteht keine Notwendigkeit, unbedingt heute loszufahren. Zu viele Tage, sechs am Blue Lake und sogar 21 Tage hier am Rainbow Lake, habe ich darauf gewartet, endlich meine Hütte zu beziehen, da kommt es nun auf einen Tag früher oder später auch nicht an. Aber ich will nicht diskutieren.

Schweigend schwinge ich mich hinter John in den Sattel. Na, dann mal los, denke ich lakonisch, mal sehen, was aus diesem Irrsinn werden wird. Ich bin überzeugt, dass wir wegen des Unwetters bald umkehren müssen.

Es wird eine höllische Fahrt. Schon beim Start segeln die ersten Flocken herab, die sich mehr und mehr in Hagel verwandeln, dann wieder peitscht uns harter Schnee entgegen.

Am Schneemobil hängen noch drei Schlitten, hochbeladen mit Lebensmitteln und Ausrüstung. Entsprechend schwer arbeitet der Motor, dröhnt und hämmert, stößt schwarze Wolken von Abgasen aus, die ich einatmen muss, da wir wegen der Last nicht schnell genug vorankommen. Sehen kann ich rein gar nichts. Die Schutzbrille ist vom Schnee verklebt, der uns entgegenweht. Jeden Moment erwarte ich, dass John umkehren wird, kann er doch genauso wenig sehen wie ich. Es ist mir unerklärlich, wie er die Spur findet. Zwar ist er durch das Schutzschild aus Plexiglas besser als ich vor dem Schneetreiben geschützt, aber Himmel, Erde, Luft, alles ist einheitlich weiß. Hin und wieder hält John an, stapft mit Schneeschuhen umher, prüft, wo die Schneeauflage fest ist. Es ist eisig kalt geworden, dazu kommt der Fahrtwind. Die Kälte dringt in meinen Körper, obwohl ich Skiunterwäsche und zwei Thermohosen angezogen habe, über Pullover und Fleecejacke zusätzlich eine Daunenjacke trage, den Kopf durch Stirnband, Wollmütze, Gesichtsmaske und Anorakkapuze schütze. Bei Steigungen muss ich absteigen und hinaufstapfen. Sehen kann ich dabei kaum die Hand vor Augen, dennoch sind es die einzig erfreulichen Momente, weil mir dabei wärmer wird, ich saubere Luft atmen und mich vom Motorgedröhne erholen kann. Die Schlitten müssen abgehängt und einzeln hinaufgefahren werden, das gleiche Verfahren, wenn es steil in die Tiefe geht.

Der Schneesturm tobt. Der Wind heult. Der Schnee wirbelt von allen Seiten um uns herum. Was für ein Unsinn, bei diesem Unwetter eine so weite Strecke bewältigen zu wollen. Ob John testen will, was ich aushalte? Will er mir zeigen, wie gefährlich die Wildnis sein kann, und mir beweisen, dass ich nicht für diese raue Natur geeignet bin? Will er mich dahin bringen, ihn ängstlich zu bitten umzukehren? Da hat er sich jedoch in mir getäuscht. Mir macht der Schneesturm keine Angst, und lebensgefährlich ist es nicht, nur unerfreulich. Dieses Experiment macht mich wütend, weil John sich ohne Not, Sinn und Verstand in diese Herausforderung gestürzt hat. Was ist das nur für ein seltsamer Mensch?

Wären wir am Morgen losgefahren, hätte ich die Reise genießen, bei blauem Himmel und Sonnenschein die Landschaft wahrnehmen können, wegen seiner Macken habe ich nun nichts von der Fahrt. Vom Lärm des Motors schmerzen mir die Ohren. Von den giftigen Abgasen, die ich bei jedem Atemzug einatmen muss, brennen mir die Lungen, und trotz Schutzbrille tränen die Augen.

Längst ist es dunkel geworden. Wir tuckern immer noch dahin, kreuzen über die freie Fläche eines Sees, danach geht es wieder in den Wald hinein. Es ist mir ein Rätsel, wie er sich orientiert. Zwar hat er Scheinwerfer am Schneemobil, doch die durchdringen kaum die Dunkelheit und das Schneegestöber.

Irgendwann sind wir da! In schwarzer Nacht stehe ich vor meiner Hütte. Ist sie es wirklich? Sie wirkt fremd auf mich, ist kleiner, als ich sie in Erinnerung habe, unscheinbar an den Boden geduckt. Ich habe nicht das Gefühl, dass sie mich willkommen heißt, wie das im Sommer der Fall war. Da hatte sie freundlich und honiggelb gestrahlt, und sofort hatte ich sie als »mein« Blockhaus erkannt. Diesmal ist meine Stimmung dunkelgrau, und genau diese triste Farbe umgibt auch das Blockhaus. Ich kann mich nicht freuen, obwohl ich endlich mein Traumziel erreicht habe. Einen Monat hat es gedauert, doch diese lange Zeit ist nicht die Ursache für meine Niedergeschlagenheit. Mich bedrückt, dass ich nun mit John die Hütte teilen muss. Bisher hatte ich in einer eigenen Hütte meinen Rückzugsort und konnte ihm aus dem Weg gehen, wenn mir danach war. Dieses Blockhaus, in dem Helmut, Bob und ich im Sommer zu dritt übernachtet haben, ist für zwei Menschen, die sich nicht verstehen, zu klein. Ich hoffe, dass ich diese Situation nur wenige Tage aushalten muss, bis wir genügend Holz für meinen dreimonatigen Aufenthalt geschlagen und gestapelt haben. Doch John hat andere Pläne, wie ich bald lernen muss.

TEIL 3
ALLEIN IN KANADAS WILDNIS

FÜNFEINHALB TAGE

Allein! Endlich! John ist mit seinem Schneemobil auf und davon. Was ich mir innigst gewünscht habe – nun erfüllt es sich: Ich habe mein Blockhaus am Thukada Lake für mich, und nicht nur das Blockhaus, auch den See, die verschneiten Gipfel, das ganze imposante Gebirge, die verschwiegenen Wälder, die einsame Winterwelt, in die ich eintauchen, von der ich ein Teil werden will.

Fast wäre mein Vorhaben im letzten Moment gescheitert. Vorsichtig hatte ich die Auseinandersetzung vermieden, und auch John hatte sich nie wirklich erklärt, hatte verschwiegen, was seine Pläne waren, mich meinen Ahnungen und Befürchtungen überlassen. Als nach unendlich lang wirkenden Tagen unser Zusammensein in der Hütte auch für ihn unerträglich geworden war, sagte er: »Allein lasse ich dich nicht hier! Andrew wird dich zurückfliegen!«

Während der ersten zwei Tage nach unserer Ankunft hatten wir Feuerholz gemacht. Als wir drei Bäume mit einem Stammdurchmesser von kaum 20 Zentimetern gefällt, gespalten und gestapelt hatten, meinte John: »So, das reicht!« Mir schien der

Vorrat zu klein zu sein. Die letzten vier Wochen in den anderen Camps hatte ich gelernt abzuschätzen, wie viel Holz ich benötigen würde für meinen Aufenthalt. Meinen Rückflug nach Deutschland hatte ich mit zeitlichem Puffer gebucht, daher standen mir trotz der Verzögerung immer noch die geplanten drei Monate zur Verfügung. Als John am zweiten Tag entschied, es sei genug Feuerholz, widersprach ich ihm, denn ich wusste, es würde nicht für drei Wintermonate reichen. Doch er meinte nur: »Es reicht für die Sommergäste.«

Noch deutlicher konnte er nicht werden. Jetzt hatte ich völlige Klarheit. Nun wusste ich, er hatte nie vorgehabt, mich allein überwintern zu lassen. Wie bei den anderen beiden Camps benutzte er meine Anwesenheit, um die Wander- und Reittouren für den Sommer vorzubereiten. Trotz Vertrag und hoher Bezahlung hatte er nie daran gedacht, sich an die Vereinbarung zu halten. Was sollte ich tun? Ich starrte ihn nur sprachlos an. Auf den Vertrag zu pochen war sinnlos. Ich war ihm ausgeliefert und konnte nichts gegen seine Entscheidung unternehmen.

Den dritten Tag verbrachte John in der Hütte, las und schlief und wartete ab, was ich tun würde. Ich packte meine Skier, war tagsüber draußen. Während ich durch die Winterlandschaft glitt, hielt ich zündende Reden, entwarf ein Plädoyer nach dem anderen, um ihn überzeugen, dass ich wildniserfahren genug sei, um allein zu überwintern. Innerlich hörte ich am Ende eines jeden meiner herzergreifenden Monologe seinen Lieblingsspruch: *Game over!*

Am vierten Abend rollte der Vollmond über die Berggipfel. Der orangefarbene Mond ließ den Schnee auf den Gipfeln leuchten und warf seinen Glitzerschein über den zugefrorenen See. Allmählich zog er höher hinauf und leuchtete alsbald vom nachtschwarzen Himmel herab. Auch damals, als mich

Andrew zum Blue Lake geflogen hatte, war Vollmond gewesen. Nun also zum zweiten Mal. Das machte es mir fühlbar deutlich, wie viel Zeit vergangen war.

Am fünften Morgen war John immer noch da. Ich wusste mir keinen anderen Rat, als die Hütte noch vor dem Frühstück zu verlassen und erst am Abend zurückzukehren. Die Temperaturen waren nicht mehr so extrem, sodass ich das Draußensein gut aushalten konnte, auch weil ich inzwischen an die Kälte angepasst war. Seit drei Tagen aß ich nichts, es war kein Hungerstreik, mein Körper weigerte sich einfach, Nahrung aufzunehmen. Auch sprach ich nicht mehr, dafür rasten die Gedanken in meinem Kopf, während ich mit den Skiern Stunde um Stunde über den Schnee glitt. Kehrte ich in die Hütte zurück und sah den dort hockenden John, verschlug es mir die Sprache. Wie lange würde er es wohl aushalten, mit einer Person dieselbe Hütte zu teilen, die nicht mehr isst und nicht mehr spricht?

Er rechnete wohl damit, ich würde den Anfang machen und die Auseinandersetzung beginnen, vielleicht sogar hysterisch werden und in Tränen ausbrechen. Ich wusste, meine einzige Chance lag darin, ihn weichzukochen. Ich würde länger durchhalten als er. Meiner inneren Stärke bewusst, war mir klar, so ein Schweigen bringt jeden zur Verzweiflung. Wenn ich ruhig blieb und abwartete, wäre ich ihm überlegen. Würde er mit dem Streit beginnen, war ich im Vorteil. Und so geschah es.

Als ich von meiner Tagestour am fünften Abend zurückkam, sprach er mich an, denn auch er hatte die ganze Zeit geschwiegen: »Wir müssen reden!« Ich brachte ein »Okay« zustande. Mehr ging nicht, mein Hals war trocken, wie zugeschnürt.

Er wartete, ich wartete. Keiner sagte etwas. Ein Gespräch kam nicht zustande. Schließlich stieg ich in meinen Schlafsack und schlief erschöpft von der langen Tagestour ein.

Kaum war ich am Morgen des sechsten Tages aufgestanden, und noch bevor ich zur Tür hinausschlüpfen und meine Skier anschnallen konnte, baute er sich vor mir auf und meinte, er könne es nicht verantworten, mich allein zu lassen.

»Warum?«

Seine Begründungen waren lächerlich und entbehrten jeder Grundlage.

»Du wirst dir ins Bein hacken.«

Dabei steht doch im Vertrag, dass er für Feuerholz sorgt. Ich biss mir auf die Zunge, vermied eine vorwurfsvolle Antwort und schwieg lieber.

Sein nächstes irres Argument lautete: »Du kannst nicht einmal kochen.«

Darauf erübrigte sich eine Antwort. Ich hatte ihm die Essenszubereitung überlassen, weil er mir sonst ständig misstrauisch auf die Finger geschaut hätte.

In mein Schweigen hinein behauptete er schließlich: »Du magst in anderen Ländern Abenteuer bestanden haben, doch du kennst nicht die Gefahren in Kanada. Ich kann dich nicht hierlassen.«

Was sollte ich darauf sagen? Darauf gab es keine Antwort. Also schwieg ich weiter, aber irgendwann machte ich dann doch den Mund auf. Ich weiß nicht, was letztendlich den Ausschlag gab. Vielleicht mein Appell, er müsse mich doch eigentlich verstehen, da er die Wildnis liebe und wisse, dass man sie stärker und intensiver wahrnimmt, wenn man allein ist. Es sei nun mal mein Traum, allein am Thukada Lake den Winter zu erleben.

»Willst du etwa behaupten, ich würde deinen Traum zerstören?«, brauste er auf.

»Nein, nein«, beschwichtigte ich schnell. »Nur – die Situation ist nun mal so, dass wir zu zweit hier sind, ich aber möchte die Wildnis allein erleben.«

Die wochenlange Anspannung zeigte Wirkung. Plötzlich konnte ich mich nicht mehr beherrschen, und es brach aus mir heraus: »Das ist meine Hütte! Das sind meine Berge! Das ist mein See! Das sind meine Wälder! Das ist meine WILDNIS! Lass mich allein! Geh endlich!« Ich war aufgesprungen, hatte die Fäuste geballt, und die Tränen rannen mir über die Wangen.

Schweigend erhob er sich, rollte seinen Schlafsack zusammen und belud sein Schneemobil. Mit den Worten »Have a nice stay« verabschiedete John sich und rauschte davon. Weg war er!

Verblüfft schaute ich ihm hinterher. Es sah fast wie eine Flucht aus. Emotionale Ausbrüche konnte er wohl nicht ausstehen. Ihm musste klar geworden sein, dass ich mich nicht zur Rückkehr bewegen lassen würde, zumindest nicht freiwillig. Er hätte Gewalt anwenden, mich niederschlagen, fesseln und zusammen mit Andrew ins Flugzeug schleppen müssen. Solche Szenarien hatte ich mir bei meinen einsamen Skitouren ausgemalt. John hatte eingesehen, dass ein längerer Aufenthalt zu zweit für uns beide unerträglich geworden wäre, und da ich nicht zur Rückkehr bereit war, musste er abfahren.

Ich kann es nicht glauben, noch gar nicht fassen, dass ich allein bin. Ich staune, als ich anhand meines Tagebuchs feststelle, dass es nur fünfeinhalb Tage waren, die wir gemeinsam am Thukada Lake zugebracht haben. Mir kam es bedeutend länger vor. Der Kampf hat mich erschöpft. Noch kann ich mich nicht freuen, der Streit hat mich zu sehr ausgelaugt. Das erwartete Glücksgefühl will sich nicht einstellen. Traurigkeit umfängt mich. Obwohl John nicht mehr anwesend ist, spüre ich seinen Schatten. Zwar habe ich gesiegt, habe endlich erreicht, was ich wollte – aber um welchen Preis? Ich wollte John nicht zum Feind haben. Ich hatte mir gewünscht, mit ihm Freundschaft zu schließen, und noch immer hege ich Bewunderung für ihn, wie er sein Leben in der Wildnis organisiert, für seinen vorsichtigen Umgang mit der Natur, für sein Mitgefühl mit den Tieren, wenn er den Meisenhähern und dem Marder Futter hinstellte. Ich respektiere seine Tatkraft, sein eigenes Outfitter-Unternehmen aufgebaut zu haben.

Allerdings hat er sich nun aus dem Staub gemacht, ohne für ausreichend Holz gesorgt zu haben. Ich werde sehr sparsam mit dem Vorrat umgehen müssen, werde weniger heizen können, als ich es in den anderen beiden Hütten getan habe. Hoffentlich isoliert das Blockhaus besser als die Hütten aus Spanplatten. Um selbst Bäume zu fällen, habe ich keine geeigneten Werkzeuge. John hat seine Motorsäge mitgenommen, und auch Säge oder Axt stehen mir nicht zur Verfügung, nur ein leichtes Beil, mit dem kann ich trockene Äste abschlagen, aber keine Bäume zu Fall bringen.

Um die dunkle Erinnerung an John zu vertreiben, mache ich, kaum ist er weg, auf dem Ofen im Kessel heißes Wasser, fülle es in eine Schüssel und wasche mich von Kopf bis Zeh, auch die Haare, meine Skiunterwäsche, Pullover und T-Shirt. In den Tagen mit John war nur eine »Katzenwäsche« möglich gewesen. Endlich habe ich wieder Appetit und bereite mir eine köstliche Mahlzeit mit den Sachen zu, die ich in Prince George gekauft hatte.

Ein neuer Monat beginnt, es ist der 1. März. Was ist nun anders? Alles und nichts. Es ist noch dieselbe Hütte. Der Blick aus dem Fenster auf den zugefrorenen See mit seiner schier endlosen Weite, die vergletscherten Gipfel, die dunkelschwarzen Fichtenwälder – alles ist gleich geblieben. Geändert hat sich mein

Bewusstsein, im weiten Umkreis der einzige Mensch zu sein. Dieses Wissen verändert alles!

Eine wohltuende Stille umgibt mich. In der Nacht leuchtet noch immer der Mond am flimmernden Sternenhimmel, doch sein volles Rund ist bereits im Abnehmen begriffen. Morgens senkt er sich dem Westen entgegen, während im Osten schon die Sonne über dem Gipfelgrat aufblitzt. Noch herrscht eisiger Winter. Es ist kälter als am Rainbow Lake. Schließlich liegt der Thukada Lake auf fast 1300 Metern Höhe, und bis zum Polarkreis ist es nicht allzu weit. Das Blockhaus ist, wie ich leider feststellen muss, nicht besser gegen Kälte isoliert als die beiden Hütten, in denen ich zuvor übernachtet habe. Das Moos, das zur Isolation zwischen den Baumstämmen steckt, ist über die Jahrzehnte vertrocknet, an vielen Stellen herausgefallen und von den Hörnchen rausgezupft worden, sodass fingerbreite Spalten entstanden sind.

Am ersten Morgen, den ich allein in der Hütte bin, wache ich noch früher auf als sonst. Das Thermometer zeigt minus zehn Grad Raumtemperatur, und es ist noch stockdunkel. Ich setze die Stirnlampe auf. In ihrem sparsamen Schein entzünde ich das Feuer in beiden Öfen, dem einen beim Hütteneingang, mit breiter Kochfläche, dem anderen an der Hüttenrückwand, auf dem nur ein Kochtopf oder der Wasserkessel Platz findet. Dann krieche ich wieder in den Schlafsack, bis annehmbare Temperaturen herrschen, sodass ich mich waschen und Zähne putzen kann.

Nun bin ich für mich selbst verantwortlich, muss morgens das Feuer entzünden, die Öfen am Brennen halten, vom Holzstapel die Scheite hereintragen. Tagsüber lasse ich das Feuer nur in einem der Öfen brennen. Lieber ziehe ich einen Pullover mehr an und streife die Fleecejacke über, um Holz zu sparen. Das Eisloch im See breche ich mit einer Spitzhacke auf; das muss ich jeden Morgen aufs Neue tun, weil es in der Nacht einige Zentimeter dick zufriert.

Nach dem Frühstück schnalle ich die Skier an und bin zwei, drei Stunden unterwegs. Hungrig kehre ich zurück, koche mein Essen und reinige das Geschirr. Dann zieht es mich wieder nach draußen. Es ist ein wolkenloser Tag mit einem Himmel so blau wie auf einer Postkarte. Das makellose Himmelsblau und die schneeweißen Berge scheinen miteinander zu wetteifern, wer die reinere Farbe besitzt.

Am Abend sitze ich am Tisch mit Blick über den See, umkränzt von Bergen. Während die Sonne langsam hinter dem Horizont versinkt, röten sich die Schneegipfel. Ein Schauspiel, an dem ich mich nicht sattsehen kann. Ich blicke hinaus, bis die Farben verblasst sind. Ohne die warmen Töne wirken die Berge jetzt unnahbar, kalt und abweisend.

Meine zweite Nacht allein. Wie ursprünglich besprochen, wähle ich mit dem Satellitentelefon Johns Festnetznummer am Blue Lake. Ich soll mich jeden Abend bei ihm melden, hatte er mir aufgetragen. Er eröffnet mir, dass er am nächsten Tag nach Prince George fliegen wird. Dort könne ich ihn nicht erreichen, sagt er, stattdessen soll ich mich jeden dritten Abend bei seiner Frau Joan melden, denn er selbst wird viel unterwegs sein, verschiedene Leute besuchen, mal bei seiner Tochter, mal bei seinem Sohn sein oder bei Freunden.

Ich bin verblüfft. Vertraglich vereinbart ist, dass er sich in seinem Camp am Blue Lake aufhält, um mir mit dem Schneemobil bei Gefahr schnell helfen zu können, wenn Andrew wegen Schlechtwetter nicht auf dem Thukada Lake landen kann. Zwei sich kreuzende Täler bewirken wirbelnde Luftströmungen, zudem herrschen oft Stürme.

Mir macht es nichts aus, dass er nach Prince George fliegt und damit weit von mir entfernt ist – über 500 Kilometer. Es ist mir sogar sehr recht, denn so kann er nicht unverhofft mit seinem Schneemobil bei mir aufkreuzen. Es gefällt mir außerdem, dass ich Joan nur jeden dritten Abend anrufen muss; so kann ich mein Alleinsein besser genießen.

ALLEIN UNTER WILDEN TIEREN

Während der Tage mit John habe ich keine Tiere am Thukada Lake gesehen, außer den Meisenhähern, die auch hier zu dritt sind. Kaum bin ich allein, zeigen sich mir die Tiere der Wildnis.

Ich sitze am Tisch und schreibe in mein Tagebuch. Ab und zu blicke ich auf und schaue zum Fenster hinaus. Wie ich so den Blick schweifen lasse, erkenne ich zwei dunkle Punkte am Waldrand, die vorher noch nicht da waren. Die Punkte bewegen sich nicht. Es werden vom Sturm freigelegte Baumwurzeln sein, denke ich. Warum aber sehe ich sie erst jetzt? Trotz dieser unbeantworteten Frage will ich weiterschreiben, damit ich bald mit den Notizen fertig bin. Da meldet sich meine innere Stimme. Sie fordert mich auf, doch mal durchs Fernglas zu schauen. Mir stockt der Atem. Mein Puls beschleunigt sich. Es sind keine knorrigen Baumstämme, sondern Elche, die ich im Fernglas deutlich erkenne. In Kanada werden sie *moose* genannt. Das Wort stammt aus einer der indigenen Sprachen und bedeutet »Zweigfresser«. Im hohen Schnee verharren die beiden Elche erschöpft. Nach einer Weile setzen sie sich am Seeufer entlang wieder in Bewegung. Fasziniert beobachte ich die gewaltigen Tiere, die größten Vertreter der Familie der Hirsche. Tagebuchschreiben ist im Moment nicht mehr wichtig. Es dauert eine Stunde oder länger, bis sie sich näher an die Hütte herangekämpft haben. Nun kann ich sie auch ohne Fernglas sehen. Sie mögen jetzt etwa 500 Meter entfernt sein. Langsam, schwerfällig, urtümlichen Wesen gleich, ziehen sie zum Nordende, wo der Fluss den See verlässt. Wegen der heftigen Strömung ist der Fluss eisfrei. Sie werden trinken wollen. Kaum habe ich das gedacht, schnalle ich die Skier an und fahre im spitzen Winkel auf den Fluss zu.

Der verharschte Schnee knirscht unter den Brettern. Dennoch hoffe ich, dass die Tiere wegen dieses Geräuschs nicht die Flucht ergreifen. Gedeckt durch Bäume und Buschwerk nähere ich mich vorsichtig, biege um eine Waldecke – und da sind sie! Keine 30 Meter von mir entfernt, schauen mir die beiden mit ihren langen Gesichtern entgegen. Elche können nicht gut sehen, dafür umso besser riechen. Der Geruch ist ihr wichtigster Sinn. Der Wind weht günstig für mich, deshalb wissen sie nicht, wer oder was den Lärm verursacht hat. Unschlüssig verharren sie. Droht Gefahr? Mit ihren Kräften müssen sie im Winter sparsam umgehen. Bei hohem Schnee finden sie kaum Nahrung, nur Fichtennadeln, Äste, Zweige und Baumrinde. Läge weniger Schnee, könnten sie ihn mit ihren Hufen wegscharren, Flechten und trockene Gräser freilegen, bei hoher Schneelage ist dies jedoch ein aussichtsloses Unterfangen. Da eine Flucht im Schnee, in den sie tief einsinken, ihre Energiereserven angreift, wollen sie erst in Erfahrung bringen, wer sich da anschleicht. Sie haben nicht viele Feinde, deshalb können sie sich das Abwarten leisten. Gefährlich werden ihnen in der Regel nur Wölfe und der Mensch, im Sommer mitunter auch Braun- und Schwarzbären. Ihre Kälber werden manchmal von Vielfraß und Luchs getötet.

Durch einen Busch getarnt nähere ich mich ihnen noch ein paar Meter. Eigentlich ist diese Distanz für meine Sicherheit zu gering, und nur weil der Schnee so hoch liegt, die Tiere sich deshalb nicht schnell bewegen können und zudem mit ihren Kräften haushalten müssen, kann ich es wagen. Noch näher wäre unklug. Reicht die Distanz für eine Flucht nicht aus, würden sie, um sich zu verteidigen, angreifen. Elche drohen vorher nicht wie viele andere Tiere, sondern starten ihren Angriff sekundenschnell. Sie legen die Ohren an, senken den Kopf, sträuben die Mähne, und schon rennen sie los, so wütend und rasend, dass man sich kaum retten kann. Die behäbigen, gutmütig erscheinenden Elche können äußerst gefährlich werden. Es heißt, mehr Menschen kommen durch Elche zu Tode als durch Bären.

Es gibt zwei Situationen, die man unbedingt vermeiden muss. Erstens sollte man nie einer Elchkuh mit ihrem Nachwuchs zu nahe kommen. Wie die Bärin greift auch die Elchmutter den Störenfried sofort an. Mit ihren messerscharfen Hufen haben Elchkühe schon manchen Wanderer, Farmer oder Jäger getötet. Zweitens muss man sich im Herbst vor der Begegnung mit einem Elchbullen hüten. Während dieser Zeit wird er zur tödlichen Gefahr, denn er ist in der Brunft. Hochgradig aggressiv, wird er davon beherrscht, den Nebenbuhler zu besiegen, ihn am besten zu töten. Elche kämpfen nicht ritualisiert, wie ihre Verwandten, die Rothirsche, es tun. Wenn sich kein Rivale zeigt, greift der Bulle in seiner heißen Wut alles Mögliche an. Er entwurzelt Bäume, forkelt Büsche, demoliert auf Forstwegen abgestellte Fahrzeuge, verfolgt Reiter samt ihren Pferden. Vor der Raserei eines Elchbullen gibt es für den unbewaffneten Menschen keine Rettung. Er stößt sein Opfer mit seinen Schaufeln nieder, spießt es mit den Geweihenden auf, zermalmt es mit seinen Hufen. Hat sich der Mensch auf einen

Baum gerettet, stößt er diesen oftmals mit seiner gewaltigen Kraft um.

Diesen wehrhaften Tieren stehe ich gegenüber. Es ist ein erhebendes Gefühl für mich, ihnen so nah zu sein, ohne dass uns ein Fahrzeug oder ein anderer Schutzraum trennt. Mit ihren langnasigen Gesichtern sehen sie ein bisschen dümmlich aus. Ich bin so nah, dass ich das cremefarbene Innenfell der langen Ohren, die an den klobigen Köpfen steil emporstehen, gut erkennen kann. Nach außen hin ist das plüschige Fell mit einer Linie schwarzer Haare abgegrenzt. Äußerst wachsam lauschen sie. Der Kräftigere scheint ein Bulle zu sein, der andere, kleiner und schmächtiger, vielleicht ein Weibchen. Im Winter ziehen meist Männchen und Weibchen gemeinsam umher, oder sind es eine Mutter und ihr Junges vom Vorjahr?

Im Winter fehlen die Schaufeln auf ihren Häuptern. Nach der Brunft werfen männliche Elche ihr Geweih ab, das erst im Frühjahr nachwächst. Sie benötigen es nur für die Kämpfe im Herbst. Diese Rivalenkämpfe sind der einzige Grund für diese aufwendige Investition. Eine Investition, die sich lohnt, schließlich dient sie der Fortpflanzung.

Mein Blick ruht auf den mächtigen Tieren. Sie schauen zurück, unentwegt, ohne ihre Köpfe auch nur einmal abzuwenden. Immer noch sind sie unschlüssig, wer oder was ich bin. Sie schauen und schauen; stumm und fragend blicken sie mich an. Sie können mich nicht einordnen, so, als wären sie noch nie einem Menschen begegnet, was in dieser abgelegenen Gegend vielleicht sogar stimmt.

Was für eine Begegnung von Mensch und Tier in dieser Wildnis! Mein Herz schlägt heftig vor Glück. Der Elch, den ich im anderen Camp gesehen hatte, rief nicht diese Wirkung hervor. Dort sah ich ihn im Schutz der Hütte. Hier habe ich mich den Tieren aktiv genähert.

Ich weiß nicht, wie viel Zeit verstreicht, sie scheint für mich stehen geblieben zu sein. Wie angewurzelt verharren die beiden, und ich ebenso. Da erhebt sich von einem der Baumwipfel ein Weißkopfseeadler, den ich bisher nicht wahrgenommen habe. In knapp fünf Metern Höhe fliegt er über mich hinweg. Es ist ein voll ausgefärbter Altvogel mit kräftigem quittegelbem Hakenschnabel, weißem Kopf und Hals, schwarzem Körper und schneeweißen, in der Sonne leuchtenden Schwanzfedern. Mit brettartigen Schwingen, gut zwei Meter lang, segelt das majestätische Tier über mich hinweg. Ich höre den Wind durch seine Federn streichen.

Als ich wieder zu den Elchen blicke, haben sie mir ihre Hinterteile zugedreht, setzen sich in Bewegung, staksen mit ihren langen Beinen am Flussufer entlang, wobei sie tief bis zum Bauch einsinken. Na so was, denke ich belustigt. Haben sie mir den Adler geschickt, damit er mich ablenkt, um sich still und heimlich aus dem Staub zu machen.

Beschwingt kehre ich zu meiner Hütte zurück. Weißer Rauch kräuselt sich aus beiden Schornsteinen. Der Anblick vermittelt mir ein Gefühl von Wärme und Geborgenheit. Wie wunderbar, dass mich dort niemand erwartet, dass dies mein Reich ist, mein Zufluchtsort. Allmählich verflüchtigt sich der dunkle Schatten, und Freude kehrt in mein Herz ein. So hatte ich es mir gewünscht: Beobachtung wilder Tiere, die mir ohne Furcht begegnen. Bereits am dritten Tag des Alleinseins hat sich dieses beglückende Erlebnis eingestellt, und mir ist, als würde meine Seele jauchzen.

Eine eiskalte Wintersonne steigt über den Horizont und verschwindet bald im Dunst der Wolken. Der Himmel ist weiß, es wird schneien. Die Sonne verbirgt sich den ganzen Tag hinter einer geschlossenen Wolkendecke. Nachts ist es jetzt wärmer, nur noch minus 15 Grad Celsius. Obwohl dies weniger Minusgrade sind als an den Tagen zuvor, fühlt es sich kälter an, denn die Luft ist feucht, und ein heftiger Wind weht. Fauchend bläst er über den See, wirbelt Schnee auf, formt ihn zu einer wellenbewegten Fläche, als wäre das Eis bereits geschmolzen.

Ringsum nichts als weiße Leere. Die kristalline Einsamkeit, die froststarre Leblosigkeit vermitteln mir ein Empfinden, als wäre ich inmitten der Ödnis eines fremden Planeten gestrandet. Vielleicht sollte ich Angst empfinden oder doch wenigstens Beklemmung angesichts der Übermacht der Natur. Meine Gefühle jedoch sind anderer Art. Es sind Neugier und Faszination, die beiden Leidenschaften, die mich ein Leben lang beherrschten. Die wilde Gewalt des Sturms ist ein aufregendes Erlebnis für mich.

Der Sturm wütet drei Tage, dann erst entladen die Wolken ihre Schneelast.

Der Morgen nach dem Sturm wirkt wie erschlafft, als hätte die Natur ihre Energie verpulvert. Eine ruhige Stille liegt über Tal, See, Wald und Gebirge. Auf dem frischen Pulverschnee gleite ich dahin auf meiner morgendlichen zweistündigen Skitour entlang des Flusses, wobei ich Ausschau halte nach neuen Spuren. Doch das reine Weiß ist unberührt. Die Tiere sind in ihren Verstecken geblieben, haben dort das Ende des Sturms und den darauf folgenden Schneefall abgewartet.

Schneehühner und Schneeschuhhasen haben sich einschneien lassen, den Schnee als wärmende Hülle benutzend, wie die Inuit ihre Iglus. Tiere überleben den harten Nordwinter auf ihre Art, während schon die Menschen der Steinzeit ein wärmendes Feuer und schützende Kleidung benötigten. Selbst wenn wir uns mit noch so vielen Tierfellen bedecken, sind wir den Tieren, die an den Norden angepasst sind, weit unterlegen. Wobei mir wieder der Trapper einfällt, von dem John mir berichtet hat, der zwar mit dem Leben im Norden vertraut war und dennoch in einer unbeheizten Blockhütte erfroren ist. Wir Menschen sind im warmen Afrika zu dem geworden, was wir sind, und konnten dennoch alle Klimazonen besiedeln, weil wir die körperliche Unterlegenheit gegenüber Tieren mittels unseres Verstandes ausgleichen konnten. Mit unseren geistigen Kräften finden wir stets Mittel und Wege, mit widrigen Umweltbedingungen zurechtzukommen.

Trotz der Wetterunbilden hockt wie an jedem Morgen ein Weißkopfseeadler auf dem Wipfel der hohen Fichten, die den Flusslauf säumen. Den Kopf tief im Gefieder, die Flügel bis zum Nacken hochgezogen, widersteht er der Kälte. Nicht weit von ihm entfernt sehe ich einen zweiten Adler. Dieses Paar hat das Revier am Thukada Lake besetzt; wahrscheinlich sind es dieselben Vögel, die bereits im Sommer hier waren. Seitdem einer der beiden während der Begegnung mit den Elchen über mich hinwegflog, beobachte ich sie und weiß, dass sie die Nächte auf den Nadelbäumen am Fluss verbringen. Es vergeht kein Morgen, an dem ich sie nicht in aller Frühe auf den Bäumen hocken sehe, immer nur wenige Meter voneinander entfernt. Ihr Anblick bereitet mir große Freude. Was für ein wunderbares Privileg, meine majestätischen Nachbarn regelmäßig besuchen zu dürfen. Später am Tag fliegen sie zur Nahrungssuche in weiter entfernte Täler und Niederungen. Es scheint wirklich nur ihr Schlafplatz zu sein, denn nie kann ich sie beim Beutemachen beobachten und finde auch keine Reste ihrer Mahlzeiten. Eine Zeit lang war ich besorgt um meinen *dipper*, einen Verwandten unserer Wasseramsel, der sich wie diese nicht scheut, sich in eiskalte Gebirgsbäche zu stürzen und dort unter Wasser nach Insekten zu tauchen. Der *dipper* zieht es jedoch vor, meist nur den Kopf ins Wasser zu tauchen, deswegen der Name. Auf Deutsch heißt er Grauwasseramsel, obwohl sein Gefieder eher braun als grau ist. Der Vogel ist rundum dunkel gefärbt und hat keinen weißen Latz wie unser Gebirgsvogel. Beide sind trotz ihres Namens nicht mit Amseln verwandt, sondern mit Zaunkönigen.

Wie war ich eines Morgens überrascht, als ich zum Fluss kam und einen lieblichen Gesang hörte. Mitten in Eis und Schnee saß dieser kleine Vogel und zwitscherte ein Frühlingslied. Umso mehr fürchtete ich, dass das jubilierende Lied eines Tages verstummt sein könnte, weil sein Interpret zur Beute der Adler geworden war. Obwohl die hungrigen Raubvögel auf ihren Schlafbäumen einen direkten Blick auf den kleinen Sänger hatten, taten sie ihm nichts zuleide.

Bald findet sich eine zweite Grauwasseramsel am Fluss ein, was dem Revierinhaber überhaupt nicht gefällt. Sofort beendet er seinen Gesang, verscheucht im rasanten Sturzflug den Eindringling, der weiter flussabwärts sein eigenes Gebiet sucht und dort zu singen beginnt. Mit meinen Skiern gleite ich von Gesang zu Gesang. Während die Töne des einen Vogels leiser werden, schwellen die des anderen immer mehr an. Was für eine beglückende Morgenmusik!

Während ich mich am Vogelgezwitscher in der Winterlandschaft erfreue, stelle ich mir zugleich vor, welche weiteren Tiere versteckt in den geheimnisvollen Wäldern beidseits der Talhänge leben. Eine Spur mit ovalen Ballen und Krallen an den weit auseinanderstehenden Zehen zeigt mir, dass in der Nacht ein Vielfraß den Berg hinab zum Fluss gewandert ist. An einer schmalen Stelle hat er einen weiten Sprung übers Wasser hinüber zum anderen Ufer gewagt und ist in meiner Skispur weitergetrabt. Ich folge der Fährte, bis sie sich im angrenzenden Wald verliert. Außer seinen immer wieder das Flusstal kreuzenden Trittsiegeln bekomme ich vom Vielfraß nichts zu Gesicht. Vielfraße sind nachtaktive Einzelgänger und mit etwa einem

Meter Körperlänge ziemlich große und starke Angehörige der Familie der Marder. Wegen ihres bulligen Kopfs, der kräftigen Gliedmaßen und des dichten Fells nennt man sie auch Bärenmarder, in Kanada heißen sie *wolverine*. Es sind unglaublich mutige Raubtiere, die sich nicht scheuen, ein Opfer anzugreifen, das größer ist als sie selbst. Sogar an Elche wagen sie sich heran. Meist jedoch besteht ihre Beute aus Hasen, Eichhörnchen und Schneehühnern, an die sie sich fast geräuschlos anschleichen. Verbreitet sind sie in Eurasien und in Nordamerika.

Beständig rieseln Schneeflocken herab. See und Berge glimmen verwaschen durch das Schneegestöber. Winzige glitzernde Eiskristalle schwirren wie Diamantstaub in der Luft, dann wieder schweben sanfte Schneeflocken träumerisch herab. Tagelang schneit es, und ich staune, wie unterschiedlich der Schneefall sein kann. In meiner Wintereinsamkeit habe ich Zeit und Muße, die unterschiedlichen Formen zu beobachten. Schneeflocken tanzen leicht wie flauschige Federn in der Luft, dann wieder fallen sie nass und pappig herab, trudeln weich oder treiben dicht an dicht dahin, sind verklumpt zu Graupeln oder schießen als Eishagel vom Himmel herab.

Bleierne Wolken haben die Sicht auf die Berge vollkommen ausgelöscht. Schneller und dichter fällt der Schnee, verdunkelt das Tageslicht zu einer verfrühten Dämmerung, zieht meine Welt noch enger zusammen, begrenzt sie auf den kleinen Kreis um die Hütte. Die Stille der gefrorenen Sternennacht breitet sich aus, und es hört nicht auf zu schneien.

Der Gesang beginnt leise, fast schüchtern, steigt an, wird voller und höher, fordernder, steigt zum Nachthimmel hinauf in unerwartet harmonischen Tönen. Zuerst singt ein einzelner Wolf, klar und hell, dann setzt der Chor ein, und die Einzelstimme geht im gemeinsamen Singen auf. Wieder erhebt nur ein Tier seine Stimme, und die anderen schweigen. Es ist diesmal der Sopran eines jungen Wolfs, kindlich und lieblich klingt sein Singen, und wieder fallen alle ein. Danach ist erneut ein einzelner Wolf hörbar, sein kräftiger Ruf steigt höher und höher, erreicht seinen Zenit und sinkt hinab in die Tiefe der Nacht. Bevor er völlig verstummt, setzt wieder der Chor ein, ein Klang, der kraftvoll die Dunkelheit durchbricht und bei mir ein prickelndes Gefühl hervorruft, als würde ich zurückblicken in eine längst vergangene Zeit, als Mensch und Wolf zueinanderfanden und zu Jagdgenossen wurden.

Noch bevor wir Menschen Wölfe domestizierten, schlossen sie sich unseren Vorfahren freiwillig an. Sie hatten schnell gemerkt, wenn sie den Jägern die Beute zutrieben, gelangten sie müheloser und gefahrloser zu einer größeren Futtermenge, als wenn sie allein jagten. Es gibt zahlreiche Beispiele im Tierreich, wo sich Tiere verschiedener Arten zum gegenseitigen Vorteil zusammentun. So wie der kleine Vogel, der Honiganzeiger genannt wird, der den Bären zum Nest der Wildbienen führt, denn allein könnte der Vogel das Nest nicht öffnen. Oder die Meisenhäher, die den Jäger mit speziellen Rufen auf Wild aufmerksam machen. Genau dieses Verhalten zum eigenen Vorteil praktizierten die Wölfe, als sie sich den Menschen als willigen Helfer auserkoren haben.

Als draußen das Wolfsgeheul beginnt, liege ich im Schlafsack und bin schon fast eingeschlafen. Da die Hütte weder gegen Kälte noch Geräusche isoliert, höre ich das Spektakel so deutlich, als wäre ich vom Rudel umringt, würde mitten unter ihnen sein.

Anders als bei dem einzelnen Wolf, dem ich am Rainbow Lake gelauscht hatte, sind die Töne diesmal nicht sehnsuchtsvoll und melancholisch, sondern voller Stärke und Kraft. Es sind die verschworenen Mitglieder einer Familie, die sich auf die Jagd einstimmen. Mit dem Gesang schmieden sie einen Bund, verschmelzen zu einer perfekt miteinander agierenden Gemeinschaft.

Wahrscheinlich haben sich unsere Vorfahren auf ähnliche Weise, mit Liedern und Tänzen und sicherlich auch mit den Höhlen- und Felsmalereien, auf die Jagd vorbereitet. Aus diesen Ritualen und Traditionen entwickelten sich später Kunst und Kultur. Ich glaube nicht, dass wir Menschen den Wölfen und anderen sozial lebenden Tieren ihr Verhalten abgeschaut haben, vielmehr sind wir nicht allzu weit von unseren tierischen Verwandten entfernt, haben die gleichen Bedürfnisse und ähnliche Mittel und Wege, um uns des Zusammenhalts in der Gemeinschaft zu versichern.

Noch einmal hebt der Gesang an. Die Wölfe heulen aus voller Kehle, die Töne schwellen an, steigen hoch und sinken wieder in die Tiefe, steigen wieder an. Und plötzlich verstummen sie – die Jagd beginnt.

AUSSERHALB DER WELT UND DOCH MITTEN IN IHR

Kein Radio und kein Fernsehen, keine Zeitung, kein Telefon, kein Internet, kein Lärm von Motoren, Autos und Flugzeugen, aber auch keine Musik, keine Gespräche – ich bin vollkommen von der Zivilisation abgeschnitten. Ich genieße diesen Zustand. Als ich vor meiner Reise einigen Freunden von meinem Vorhaben erzählte, meinten fast alle: »Oh, schrecklich, das wäre nichts für mich. Das würde ich nicht aushalten. Vielleicht eine Woche, länger nicht. Ohne Freunde und Familie, das könnte ich nicht!«

Ich jedoch war mir vorab sicher, mir würde es gefallen, wenn von draußen kein Laut zu mir dringt, keine Nachricht, keine Information – und doch bin ich mitten in der Welt, nehme intensiv am Geschehen teil, an dem, was die Erde mir bietet mit ihrem Himmel, wo Sonne und Mond und Sterne leuchten, wo die Wolken ziehen, sich auftürmen und die vielfältigsten Muster und Farben bilden. Die Erde, wo Winde wehen und Stürme toben, wo es schneit und wieder taut, wo Pflanzen und Tiere leben.

Noch keinen einzigen Moment habe ich mich einsam gefühlt. Fernab der von uns geschaffenen Zivilisation gehe ich vollkommen auf in dieser natürlichen Welt, die für einige Zeit zu der meinen geworden ist und wo ich sicher und geborgen bin. Erst in der totalen Einsamkeit, wenn kein anderer Mensch mehr da ist, öffnen sich die Sinne weit der Umwelt, mit der ich nun in ständigem Dialog stehe. Fehlt der Kontakt mit anderen Menschen, greifen Augen, Ohren, Nase, meine Haut, ja mein gesamter Körper nach dem, was um mich ist, nach der Winterluft, den Farben der Berge, den Rufen der Meisenhäher, dem Rauschen der Bäume im Wind, dem harzigen Duft der Nadelbäume. Die Grenzen zwischen dem, was mich als Mensch ausmacht, und dem wilden Land um mich herum fangen an zu verwischen.

Von den hier im Winter lebenden Tieren droht mir keine Gefahr. Begegnungen mit Bären sind nicht zu erwarten. Sie halten zwar keinen richtigen Winterschlaf, wie zum Beispiel Murmeltiere, dösen aber halb benommen in ihrer Höhle vor sich hin, haben Herzschlag, Atmung und Stoffwechsel herabgesetzt. Die Bärin jedoch bekommt, ausgerechnet in dieser Zeit, in der sie keine Nahrung aufnimmt, ihre Jungen und säugt sie bis zum Frühling, ernährt sich und ihre Kinder monatelang von ihrem Körperfett.

Mit Wildtieren, auch mit den gefährlichen, ist in der Regel leicht auszukommen, wenn man ihnen nicht auf den Pelz rückt und sie nicht in Versuchung führt, indem man Futterreste herumliegen lässt. Sicher, wäre ich im Frühling noch hier und sollte einem aus der Winterruhe erwachten Bären begegnen, könnte es brenzlig werden. Doch meist geht es den Bären nur darum, in Ruhe gelassen zu werden. Ich müsste mich schon recht respektlos anstellen oder viel Pech haben, um von einem wütenden Bären angegriffen zu werden. Vorsichtshalber trage ich den Pfefferspray immer bei mir, mit ihm kann ich mich zur Not wirksam verteidigen, falls ein Bär zu früh erwachen und hungrig herumstreifen sollte. Statistische Erhebungen haben gezeigt, dass nur acht Prozent der Bärenangriffe, bei denen Pfefferspray benutzt wurde, tödlich verliefen, während 33 Prozent der Menschen den Angriff nicht überlebten, wenn sie sich mit einer Schusswaffe verteidigten. Selbst wenn ein Bär tödlich getroffen wurde, hat er noch genügend Kraft, sich über den Schützen zu werfen und ihn zu zerfetzen.

Auch von Menschen droht mir keine Gefahr. Niemand wird mich in der Einsamkeit inmitten der Berge finden. Es gibt keine Straßen oder Forstwege, man müsste mit dem Buschflieger oder Hubschrauber auf dem See landen oder sich mit einem Schneemobil den Weg bahnen, wie John es getan hat. Doch da keine Siedlungen und keine bewohnten Hütten in der Nähe sind, von denen sich jemand auf den Weg machen könnte, bin ich vor unliebsamen Besuchern sicher. Früher gab es Trapper in den Wäldern Kanadas, die gerade im Winter den Pelztieren nachstellten, wenn ihr Fell am wertvollsten ist. Wenige gehen noch diesem Erwerb nach, und in dieser Bergregion gibt es keinen dieser Einsiedler, wie mir John versichert hat.

So bin ich also der einzige Mensch weit und breit. Eingebunden in diese mich umgebende Wildnis empfinde ich mich gar nicht so sehr als Mensch. Ich glaube, um sich als ein solcher zu fühlen, braucht es andere Menschen, an denen wir uns messen und orientieren können. Sie fehlen mir nicht. Ihre Stelle hat die Natur eingenommen, die mich ganz ausfüllt, alle meine Bedürfnisse befriedigt. Allerdings nur so lange, wie ich mich in diesem mir selbst gesetzten Zeitraum in der Wildnis aufhalten werde. Danach freue ich mich, wieder in das Leben in Gesellschaft zurückzukehren.

Wir Menschen brauchen andere Menschen. Das Bedürfnis nach Nähe, Austausch, nach einem Miteinander liegt in unserer Natur. Wer über eine unbegrenzt lange Zeit keinen Kontakt mit anderen Menschen hat, der vereinsamt und wird psychisch krank. Schon Kinder, sie vor allem, wollen dazugehören, wollen anerkannt und gemocht werden.

So gern und intensiv wir jedoch miteinander in Beziehungen leben und ohne einander nicht sein wollen, benötigen wir auch das Alleinsein, den Rückzug in uns selbst. Eine Auszeit, eine Dosis Abstand ist wichtig, um sich selbst nicht zu verlieren, um die eigenen Gefühle zu ordnen, sich von den Anforderungen der Allgemeinheit zu erholen und mal abzuschalten. Offenbar hat jeder Mensch ein unterschiedlich starkes Bedürfnis nach Einsamkeit. Warum aber – wenn wir alle hin und wieder das Alleinsein für unsere Gesundheit benötigen – schrecken die meisten vor der Vorstellung, eine Zeit lang allein zu sein, zurück und fürchten sich davor?

Dabei sind wir doch immer, auch in der liebevollsten und intensivsten Beziehung, im Grunde genommen und letztendlich allein. Tief in uns spüren wir: Seit unserer Geburt sind wir abgenabelt, müssen unser Leben allein bestehen und werden allein sterben, selbst wenn uns andere dabei mitfühlend begleiten. Sie bleiben zurück, sie leben weiter, während wir für immer verschwinden. Vielleicht haben die Wörter »allein« und »einsam« aus diesem tieferen Grund diesen negativen Hauch. Es gibt jedoch einen grundlegenden Unterschied zwischen Alleinsein und Einsamkeit. Einsamkeit schmerzt. Sie ist nicht selbst gewollt, ist oft endgültig. Alleinsein dagegen ist meist ein kürzerer, selbst gewählter Zustand, der fast allen Menschen guttut.

Durch frisch gefallenen Schnee stapfe ich am Morgen zum Toilettenhäuschen. Die Mühe, die geflochtenen Schneeschuhe anzuschnallen, habe ich mir erspart. Der neue Schnee liegt auf den bereits verfestigten Lagen und ist weich. Behutsam, um das Gleichgewicht nicht zu verlieren, verlagere ich mein Gewicht von einem Fuß auf den anderen, damit die oberste Schicht mich trägt und ich nicht zu tief einsinke. Das klappt nicht immer. Der Neuschnee sackt immer wieder unter meinen Schuhen weg. Es kostet Kraft, ein Bein nach dem anderen herauszuziehen und den nächsten Schritt zu machen. Dennoch genieße ich den morgendlichen Gang, das Knirschen des Schnees, das Knacken der Äste im Frost, die kalte Luft und den weiten Blick über mein Reich.

Als ich später mit meinen Skiern über den See fahre, stelle ich mir vor, die Berge und Wälder hätten Augen und könnten mich sehen. Was würden sie wahrnehmen? Einen Moment lang sehe ich mich von außen und von weit oben, sehe einen kleinen weiblichen Menschen, der ohne ersichtlichen Grund seine Runden über das Eis zieht. Was würden die Berge, die Wälder, die Wolken denken, welche Spekulationen würden sie anstellen? Würden sie lachen, weil es so komisch aussieht, wie ich mit Rucksack bepackt den See umrunde, immer in der Nähe der Uferzone, ab und zu anhalte, mit dem Fernglas die Wipfel absuche nach Vögeln und die Seefläche nach Schneeschuhhasen und anderem Getier? Ratlos würden sich meine Beobachter fragen: Was macht sie hier? Warum ist sie da? Woher kommt sie? Wo will sie hin?

Es ist ein Gedankenspiel, dem ich mich ab und zu hingebe. Mir gefällt es, mich so von außen zu betrachten, dann erhält das eigene Leben eine andere Bedeutung, und man selbst ist nicht mehr so wichtig. Schon in meiner Jugend fand ich Gefallen an diesem Spiel, habe auch versucht, es als Hilfsmittel anzuwenden, wenn ich verzweifelt war. Dann stellte ich mir die Jahrtausende vor, seitdem der Mensch auf der Erde ist, und wenn das nicht half, die Milliarden Jahre, seitdem es unseren Planeten gibt, und zuletzt die unbegreiflichen Weiten des

Weltalls. Es half jedoch nicht, mein Kummer war stets größer gewesen als all diese Dimensionen.

Auf dem See liegt der Schnee mehrere Meter hoch wie ein weißes Linnen ohne Makel, das starr unter der Wintersonne ruht, leblos, tiefgefroren. Spuren von Tieren entdecke ich nur am Uferrand, wo Bäche einmünden. Dort schimmert das Wasser dunkel durch das Eis hindurch. Diese Stellen muss ich weit umfahren, damit ich nicht einbreche.

Ständig bin ich mir bewusst, vorsichtig sein zu müssen, um alle Arten von Gefahren zu vermeiden. Bei meinen Reisen habe ich gelernt, sie vorauszusehen und Risiken zu minimieren. Es ist wie bei einer Bergtour: Wenn man an einem Sonnentag startet und sich nicht für alle Eventualitäten gewappnet hat, wird man einen Wettersturz kaum überstehen. Je besser man sich auskennt und sich zu helfen weiß, umso eher kann man auch unerwartete Probleme lösen. John meinte, Kanada habe eine Wildnis mit eigenen Gesetzen, da nutze es nichts, dass ich Erfahrungen bei der Durchquerung der Wüste im Jemen, des Hochlands von Island, von Patagonien und Feuerland gesammelt habe. Es stimmt, jede Gegend ist für sich einzigartig, doch es gibt einige grundlegende Regeln, die überall gelten, ob in der Wüste, im Dschungel oder in der Arktis. Entscheidend ist, sich vorher zu informieren, zu wissen, was einen erwarten könnte, und Vorsichtsmaßnahmen zu treffen. Meine wichtigste Informationsquelle waren Bücher, geschrieben von Kanadareisenden, Blockhüttenerbauern, Aussteigern, Jägern und Naturforschern, aus deren Beschreibungen und Erfahrungen ich gelernt habe, worauf es in Kanada ankommt.

»Reine Theorie!«, wertete John mein erworbenes Wissen ab.

Damit hatte er nicht ganz unrecht, man kann sich noch so gut vorbereiten, die Natur ist nicht wirklich berechenbar und überrascht uns immer wieder aufs Neue. Es scheint nur so, dass wir die Natur beherrschen. Irgendwann schlägt sie in Form eines Blizzards, Wirbelsturms, von Murenabgängen, Lawinen, Überschwemmungen, Waldbränden, Tsunamis, Vulkanausbrüchen zu, und uns werden unsere Grenzen aufgezeigt. Abenteuer suchende Menschen werden jedoch von Herausforderungen erst recht angezogen, und gerade Kanada, das Land der Weite, der Freiheit und der scheinbar unbegrenzten Möglichkeiten, zieht den ein oder anderen unwiderstehlich an.

Oftmals sind es gerade nicht die Situationen, die uns dramatisch und riskant erscheinen, die uns ins Unglück stürzen können, sondern diejenigen, die vordergründig nicht gefährlich wirken. Deshalb achte ich darauf, nicht zu stolpern und auszurutschen, wobei ich mir etwas brechen könnte. Ich darf mich nicht stoßen, nicht gegen Äste und Zweige rennen und mir an deren spitzen Enden womöglich ein Auge verletzen, darf nicht mit dem Kopf gegen die Balken der Hütte knallen, mich nicht mit heißem Wasser und Dampf verbrühen, beim Kochen nicht mit dem Messer verletzen. Es sind alles Dinge, die nichts mit der Wildnis zu tun haben, die auch zu Hause passieren könnten. Dort allerdings gäbe es sofortige Hilfe. Am Thukada Lake würden schwere Verletzungen bedeuten, dass ich mit dem Satellitentelefon Hilfe herbeirufen müsste – mein Wildnisabenteuer wäre vorbei, bevor es richtig begonnen hat. Es wäre zu ärgerlich, diesen Triumph gönne ich John nicht. Er hat mich gewarnt: »Solange alles okay ist, wirst du es allein schaffen. Doch geschieht etwas Unvorhergesehenes, kannst du nicht überleben.«

Die Gefahr, krank zu werden, besteht für mich so gut wie nicht. Krankheitserreger existieren nicht bei diesen Minusgraden, und es ist niemand in der Nähe, bei dem ich mich anstecken könnte. Von einem Arzt habe ich meinen Körper vor der Abreise gründlich untersuchen lassen. Zudem war ich noch nie ernsthaft krank. Vielleicht hatte ich die üblichen Kinderkrankheiten, kann mich aber nicht daran erinnern. Meine Zähne sind ebenfalls in Ordnung, wie mir die Zahnärztin versichert hat. Zahnschmerzen kenne ich nicht, und auch von Kopfschmerzen bin ich noch nie geplagt worden. Die Natur hat mich mit einem belastbaren Körper beschenkt.

Dass mir das Alleinsein keine psychischen Probleme bereiten wird, habe ich erfahren, als ich ein ganzes Jahr lang auf den Galapagosinseln war. Die einschneidendste Erfahrung, wie es ist, auf sich selbst zurückgeworfen zu sein, war jedoch die Gefangenschaft in der DDR nach meinem Fluchtversuch. Während der Untersuchungshaft war ich mehrere Monate, fast ein halbes Jahr, allein in einer Zelle, ohne Bücher, ohne Beschäftigung, ohne die geringste Ablenkung. Dort hatte ich nur meine Gedanken, und wie es in dem Lied »Die Gedanken sind frei« heißt: Sie »zerreißen die Schranken und Mauern entzwei«. Sie trugen mich hinaus aus der bedrückenden Situation. Sie fingen an, mich zu unterhalten, indem sie mir Geschichten erzählten, einen Mix aus Selbsterlebtem, Gelesenem, Gehörtem, Erdachtem und Erträumtem. Die Tage vergingen im Nu, von morgens bis abends lieferte mir meine Fantasie ein farbiges Allerlei. Es hat allerdings 17 Tage gedauert, an diese Zahl erinnere ich mich genau, bis mein Kopf seine Arbeit begann. Die Zeit davor ist eine einzige Qual gewesen, weil meine Sinne so gut wie keine Anregung bekamen. Ich hätte nie gedacht, wie schmerzhaft das ist. Die Vernehmer wissen das und lassen die Gefangenen eine Weile schmoren, damit diese erleichtert sind, wenn sie zur Vernehmung gerufen werden, und vor Freude, aus der quälenden Einsamkeit vorerst erlöst zu sein, plaudern sie Dinge aus, die sie geheim halten wollten. Bei mir hatten sich die Stasileute getäuscht. Als sie mich zur Vernehmung holten, hatte mein Gedankenkino begonnen, mich höchst spannend zu unterhalten, dementsprechend war ich wortkarg und mürrisch wegen der Unterbrechung meiner bunten Innenwelt. Im Vergleich mit der späteren Haftanstalt, wo ich in einem einzigen Raum, dem sogenannten Verwahrraum, mit 25 Frauen zusammengepfercht war, fand ich das Alleinsein in einer Zelle erträglicher. Also wird mich die Einsamkeit in der Wildnis Kanadas nicht zermürben, denn die Natur ist meine schönste Unterhaltung.

Wenn eine Gefahr droht, dann nicht von Tieren oder der Einsamkeit, sondern von den beiden Öfen in der Hütte. Einerseits bewahren sie mich vor dem Erfrieren, andererseits könnten sie zur tödlichen Falle werden, wenn sie das Blockhaus in Flammen setzten. Ich bin mir dessen bewusst, und so befeuchte ich jeden Morgen, manchmal zusätzlich während des Tages, den Boden rings um die Heizkörper, damit Funken nicht das trockene Moos unter den Dielen entzünden. Ein winziger Brandherd, der vor sich hinglimmt, genügt. Ein Luftzug, und wie rasend würden sich die Flammen ausbreiten. Die Öfen sind ziemlich alt, die gusseisernen Zylinder haben dünne Stellen. Prasselt das Feuer, glühen sie rot, und Funken spritzen heraus. Auch aus dem Luftloch, dessen Schieber beim Anfeuern offen ist, suchen sich feurige Stäubchen den Weg nach außen. Deswegen beobachte ich meine Wärmespender während der Anheizphase und lasse sie nie unbeaufsichtigt. Gehe ich nach draußen oder lege mich zum Schlafen hin, müssen die Holzscheite heruntergebrannt und beide Schieber, am Ofen und am Ofenrohr, geschlossen sein, damit die Luftzufuhr unterbrochen ist. Aus Vorsicht stehen drei Eimer Löschwasser bereit.

Dennoch verlässt mich die Sorge wegen eines Brandes nie, vor allem wenn ich lange Tagesausflüge unternehme. Deshalb packe ich in meinen Rucksack stets eine Notration und ein Feuerzeug, um ein Lagerfeuer machen zu können, sowie alles, was mir wichtig ist – mein Tagebuch und die Speicherkarten, auf denen die Fotos und Filme sind. Falls die Hütte abbrennen würde, könnte ich bei der Winterkälte und trotz Lagerfeuer nicht lange überleben. Darum trage ich das Satellitentelefon ebenfalls immer bei mir. Einmal hatte ich es vergessen. Sofort entstanden in meiner Fantasie Bilder einer in Flammen stehenden Hütte. Es gelang mir nicht, die innere Stimme zum Schweigen zu bringen. Ich versuchte, sie mit Argumenten zu beruhigen: Warum sollte ausgerechnet dieses eine Mal, wenn ich das Notrufgerät nicht dabeihabe, das Unheil geschehen? Ich wurde immer unruhiger und musste umkehren. Natürlich war alles in Ordnung. Von da an habe ich das Telefon nie mehr vergessen.

Wie eine Geschichte ausgeht, gut oder schlecht, weiß man immer erst hinterher. Manchmal liegt eine Spannung in der Luft, ein Gefühl, das einen warnt. Dann prüfe ich, woran das liegen kann oder ob ich mir eine mögliche Gefahr nur einbilde. Angst ist ein hilfreiches Warnsystem, das ich ernst nehme. Aber die Angst kann einen auch in die Irre leiten und in Furcht und Schrecken versetzen. Es kommt darauf an, sie nicht zu verdrängen, sich von ihr aber auch nicht in Panik versetzen zu lassen. Rechtzeitig den Verstand einzuschalten hat mir bisher stets geholfen.

Es beginnt wieder zu schneien, nachdem mich einige Sonnentage verwöhnt hatten, und hört nicht mehr auf – eine Woche lang, Tag um Tag. Zuerst schweben flauschige Schneeflocken herab, dann fällt der Schnee schneller und dichter. Dann wieder rieseln winzige Eiskristalle vom Himmel, glitzern wie wertvolle Edelsteine, Flocken tanzen federleicht oder fallen schwer herab, verwandeln sich in Eis und prasseln als runde Graupelkörner herunter. Erneut staune ich, wie verschiedenartig Schneefall sein kann. Ich sitze am Tisch und schreibe oder beobachte durchs Fenster lange Zeit das Wettergeschehen. Langweilig wird mir nicht dabei. Wenn ich die Tür öffne und durch den Neuschnee stapfe, dabei die kalte Winterluft einatme, fühle ich mich rundum zufrieden. Mit meinen Skiern bin ich wie an allen Tagen unterwegs und freue mich bei der Rückkehr auf die warme Geborgenheit.

HÜTTENLEBEN

Ein grauer Tag. Als ich aus der Hütte trete, bietet sich mir ein tristes Bild. In Böen braust stürmischer Wind über den See, rauscht in den Bäumen, rüttelt an ihnen, biegt sie zur Seite. Ich genieße es, das wilde Wetter zu spüren, mittendrin zu sein. Mir gefällt der Kontrast zwischen den sonnenblauen Tagen und dem wilden Wettergestürm. Trotz des Winds hängt nebliger Dunst bis hinunter zum gefrorenen See, verhüllt die Berge. Schneeregen fegt durch die Luft. Es ist plötzlich sehr warm geworden. Die Temperatur pendelt sich bei null Grad ein.

Es ist der 1. April. Seit einem Monat bin ich in meinem Blockhaus. Immer noch herrscht Winter, doch die Tage werden länger, und wenn der Himmel wolkenfrei ist, brennt die Sonne herab auf die Schneeschicht, die zwar zusammensackt, doch durch Neuschnee stets wieder aufgefüllt wird. Dieser Monat des Alleinseins ist schneller vergangen als der vorangegangene, den ich mit rastloser Sorge verbrachte, endlich zu meiner Hütte zu gelangen. Nun bin ich zur Ruhe gekommen. Die Zeit ist auf eine wohltuende Weise zeitlos geworden. Dennoch lebe ich weiter nach der Uhr. Auch in der Wildnis brauche ich einen geregelten Tagesablauf. Schon vor meiner Reise habe ich mir Gedanken gemacht, wie ich die Tage in der Einsamkeit gestalten will.

In der Wildnis, und gerade hier, ist es für mich wichtig, nicht einfach so dahinzuleben, sondern zu planen, mir tagtäglich Aufgaben und Ziele zu setzen. Damit dies gelingt, wenn der Druck von außen fehlt, benötigt man Disziplin. Von der hat mir die Natur genügend mitgegeben und in meine Gene gepflanzt.

Meine Tage beginne ich immer gleich. Gegen sechs Uhr stehe ich auf. Die Sonne ist noch nicht aufgegangen, und im Raum ist es stockdunkel. Im Licht der Stirnlampe heize ich die beiden Öfen und setze den Wasserkessel auf. Es dauert etwa eine Stunde, bis in der Blockhütte Plusgrade herrschen, so lange kuschle ich mich noch einmal in den Schlafsack. Während es warm wird, hellt sich draußen der Himmel langsam auf. Nun fällt es mir nicht mehr schwer aufzustehen, mich zu waschen und die Zähne zu putzen. Nie vergesse ich, Wasser um die Öfen herum auszugießen. Dann mache ich mich auf den Weg zur Toilette, die etwa 100 Meter entfernt ist. Weil der Schnee inzwischen durch die wärmeren Tagestemperaturen zu weich geworden ist, trägt er mein Gewicht nicht mehr, und ich muss die geflochtenen Schneeschuhe anschnallen. Während ich mich durch den immer noch hohen Schnee kämpfe, halte ich Ausschau nach Spuren von Tieren, die in der Nacht vorbeigekommen sind. Danach lese ich das Außenthermometer ab und schreibe die Werte auf. Ich bereite mein Frühstück zu und das Futter für die Meisenhäher, und, nachdem sie seit Kurzem aufgewacht sind, auch für die Eichhörnchen. Während ich esse, beobachte ich die Tiere, wie sie sich auf ihre Nahrung stürzen. Sobald sich in der Früh Rauch aus den Schornsteinen kräuselt, fliegen die grauen Vögel herbei und machen durch Rufe auf sich aufmerksam. Sie kennen mich inzwischen, und wenn ich trödele mit dem Futter, schelten sie mich lautstark.

Nach dem Frühstück und dem Abwasch fahre ich mit Langlaufskiern etwa zwei Stunden am eisfreien Fluss entlang, beobachte Tiere, suche Spuren, fotografiere und filme. Jeder Ausflug beschert mir neue Erlebnisse. Zurück in der Hütte lege ich Holz nach und hole Holzscheite vom Stapel herein, der erschreckend schnell abgenommen hat, obwohl ich äußerst sparsam bin. Ich bin dazu übergegangen, mit dem Beil abgestorbene Äste und Zweige von den Bäumen rings um die Hütte abzuschlagen. Gerade zum Anheizen eignet sich das dürre Holz bestens. Ummantelt von den schwarzen Flechten brennt es wie Zunder. So kann ich den Holzverbrauch etwas strecken. Zum Bäumefällen ist das leichte Beil ungeeignet, zudem müsste ich den Stamm in 30 Zentimeter lange Rollen zerlegen und diese dann in Scheite zerspalten.

Nach meinem morgendlichen Ausflug und dem erneuten Anfeuern sichte ich Fotos und Filme auf dem Display meiner Kameras und halte meine Beobachtungen im Tagebuch fest. Dann belade ich den Schlitten mit den Wasserbehältern, der Schöpfkelle und der Spitzhacke und ziehe ihn hinter mir her bis zum Wasserloch im See. Dort hacke ich die Eisschicht auf, schöpfe Wasser und decke das Eisloch mit einer Holzplatte wieder ab, damit es während der Nacht, wenn Minustemperaturen herrschen, nicht zu dick zufriert. Dann ziehe ich den Schlitten zurück.

Jetzt sind vorerst alle Hausarbeiten erledigt, und ich kann mich meinem spanischen Buch zuwenden. Ich will es langsam lesen, unbekannte Wörter nachschlagen und in ein Vokabelheft schreiben. Eigentlich könnte ich die unbekannten Wörter auch überspringen, denn oft ist es nervig, mitten im schönsten Lesefluss zu unterbrechen und das Wörterbuch zu befragen.

Aber so vergrößere ich meinen Wortschatz, was der Zweck der Übung ist.

Gegen Mittag beginne ich zu kochen, die gleichen Gerichte wie zu Hause. In Prince George habe ich mich mit Grundnahrungsmitteln reichlich eingedeckt: Reis, Linsen, Erbsen, weiße, braune, schwarze Bohnen, verschiedene Arten von Nudeln, Tomaten- und andere Soßen, Mehl, Haferflocken, Milch-, Back- und Kartoffelpüreepulver – damit kann ich mir schmackhafte und abwechslungsreiche Gerichte zubereiten. Anfangs hatte ich auch Kartoffeln, Auberginen, Paprika, Kohlrabi, Blumenkohl und vieles mehr, doch nur Zwiebeln und Knoblauch haben die Zeit bis jetzt überdauert. Nach dem Essen folgt der Abwasch, dann geht es wieder zwei bis drei Stunden auf Skitour über den See oder mit geflochtenen Schneeschuhen durch den Wald die Berge hinauf. Zurück in der Hütte muss ich wieder heizen. Danach mache ich mir Kaffee oder Tee und schreibe meine Beobachtungen auf. Am späten Nachmittag widme ich mich dem englischsprachigen Buch, schlage unbekannte Wörter nach und notiere sie mir.

Nach dem Abendessen greife ich beim Licht der Petroleumlampe und der Kerzen zu Büchern, die John mir dagelassen hat, und gönne mir genussvolles Lesen ohne Wörterbuch. Die Kerzenflammen tauchen den Raum in ein schummriges Licht, das von den Wänden mit den rohen Baumstämmen reflektiert wird. Eine anheimelnde Stimmung umgibt mich. Ich höre den Wind um die Hütte streifen und fühle mich wohl. Wenn ich noch Energie habe, schaue ich in die Vokabelhefte und versuche, mir die neuen Wörter einzuprägen.

Meine liebste Abendbeschäftigung ist es aber, zu beobachten, wie die Sonne untergeht. Es ist mir ein ganz besonderes Vergnügen, dem Sonnenuntergang zuzuschauen, was allerdings bei Schneegestöber entfällt. An Schönwetterabenden schaue ich aus dem Fenster neben dem Tisch, an dem ich sitze, und kann den Blick nicht abwenden von den beleuchteten Bergen, den Wäldern, dem See. Manchmal versinkt die Sonne hinter flauschig weißen Wolken und taucht die Landschaft in warme Farben, wirft ein lavendelfarbenes Licht über das Land. Ich versinke in den Anblick des Abendrots, das immer intensiver wird, als würden die Berge von innen glühen. Ein wahrhaft überirdisches Glühen. Allmählich verglimmt das Licht, wird von der Dämmerung verschlungen.

Wie lange das Spektakel dauert, weiß ich nicht, denn gebannt von dem Schauspiel vergesse ich, auf die Uhr zu blicken. Bevor ich mir dessen bewusst werde, erscheint die Nacht. Dunkelheit fällt gleich einer Decke auf die Erde, und am Himmel blinken die Sterne. Ich trete vor die Hütte, bleibe draußen, solange der Frost es zulässt. Trotz der eisigen Kälte fällt es mir jedes Mal schwer, mich von dem Bild loszureißen, das mir der Himmel bietet. Nur die Sterne als einzige Lichtquelle weit und breit – dieses Erlebnis hat man nur in der Wüste und hier im menschenleeren Norden. Wenn ich so hinaufschaue, scheint es mir, als würden die Sterne lebendig werden. Sie senden pulsierende Strahlen aus, tanzen am samtschwarzen Firmament, und sie sind farbig, wo doch Sterne sonst nur hell leuchten. Ich kneife die Augen eng zusammen, öffne sie wieder weit, kneife sie wieder zusammen, doch ich täusche mich nicht, die Sterne sind bunt! Einige sind leicht rot, andere bläulich, auch orangefarbene sehe ich, die meisten sind gelb oder weiß. Und da ist die Milchstraße, brillant überspannt sie den Himmelsbogen, ein breiter fluoreszierender Strom. Unter den vielen Sternbildern sind am leichtesten die beiden Wagen zu erkennen, der Kleine und Große Bär, wie sie auch heißen. Als ich die Kassiopeia, das Himmels-W, betrachte, löst sich ein Lichtstreif und saust als Sternschnuppe der Erde entgegen.

Bald werde ich zum dritten Mal den Vollmond sehen, wie er mit seinem Silberschein Berge und See verzaubert. Ich erinnere mich an eine Sage, die ich in Ecuador gehört habe. Dort erzählt man sich, Mond und Sonne seien einst Liebende gewesen. Ihre übergroße Zuneigung verstieß gegen die Gesetze der Gemeinschaft. Als Strafe wurden sie getrennt und an den Himmel verbannt. Von Sehnsucht geplagt, hören sie nicht auf, sich zu suchen, ohne sich jemals zu treffen, denn wenn die Sonne aufgeht, verabschiedet sich der Mond und umgekehrt. Immer ist einer zu spät und der andere zu früh. Manchmal, wenige Minuten lang, können sie sich sehen. Der Mond steht dann am westlichen Horizont, während die Sonne ihre Strahlen im Osten emporschickt. Für mich ist es ein besonderer Moment, Sonne und Mond gleichzeitig zu erblicken. In Deutschland gelingt mir das selten, weil ich dort nicht wie am Thukada Lake den Rundumblick habe und mir selten die Zeit nehme, so früh morgens hinauszugehen. Das Bild der sich stets verfehlenden Himmelskörper stimmt allerdings nicht ganz, denn auch am Tag steht manchmal der Mond am Himmel, ist wegen des Lichts jedoch nur schwach erkennbar, und es ist immer nur der halbe Mond, nie der volle.

Doch bevor ich zum dritten Mal den Vollmond sehen kann, braust ein Orkan über das Land. Fast eine Woche dauert er schon, die dunklen Wetterwolken verhüllen auch des Nachts den Himmel.

Es sind dramatische Tage. Der Wintersturm jagt über den See, wirbelt den Schnee empor, lässt ihn wie Flaschengeister in der Luft kreiseln. Der Wind zerfetzt die Wolken, ungestüm wie wilde Pferde rasen sie dahin. Die Berge ringsum sind im Schneegestöber verborgen. In den Sturmböen wiegen sich die Baumkronen im wilden Tanz nach allen Seiten. Immer stärker biegen sie sich der Erde entgegen, rauschen und knarren. Heftig prallt hagelgleicher Schnee gegen das Hüttenfenster, und der Wind findet immer wieder neue Spalten zwischen den Balken, durch die er seine eisigen Finger stecken kann. Meine Skitouren muss ich erst einmal bleiben lassen. Gebückt stapfe ich zum Wasserloch, wobei mich die Böen fast umwerfen, und auch der kurze Weg zum Toilettenhäuschen wird ein Kräftemessen mit der Sturmgewalt. Nachts, eingehüllt in den warmen Schlafsack, höre ich draußen das Unwetter rauschen wie eine Meeresbrandung.

Von einem Moment auf den anderen ist der Spuk vorbei. Der Nachthimmel ist leer geblasen von allen Unwetterwolken, der Wind hat aufgehört zu wehen, und Stille senkt sich über das Land. Nach dem lauten Getöse wirkt die plötzliche Ruhe fast unheimlich. Ich bin aufgewacht, wahrscheinlich, weil es so ruhig ist. Ich lausche in die Dunkelheit hinein. Kein Laut ist zu vernehmen. Es drängt mich, aufzustehen und nachzuschauen, wie es vor der Hütte aussieht, ob alles in Ordnung ist. Wenn eine Gefahr droht, ist es besser, rechtzeitig Beschied zu wissen. Schlaftrunken schäle ich mich aus dem Schlafsack und öffne die Tür. Ein pulsierender Sternenhimmel wölbt sich über mir, das flimmernde Sternenlicht lässt den Schnee aufleuchten und erhellt die Dunkelheit ringsum. Selbst der entfernte, dunkle Wald schimmert wie verzaubert. Kein Ton dringt an mein Ohr. Wie friedvoll. Eine heilige Stille hat sich über die Erde gesenkt, als wären jedes Geräusch und jedes Lebewesen verschwunden, hineingesogen in die Unendlichkeit des Sternenhimmels über mir.

Am nächsten Morgen ist der Himmel von einem lichten Blau übergossen. Im frühen Licht segeln glänzend weiße Wolken wie Blütenschäume. Immer neue Wolkenbällchen gesellen sich hinzu. Als würde ich einer Geburt zuschauen, einer lautlosen Wolkengeburt.

Bereits vor dem Sturm war mein Eichhörnchen aufgewacht. Ich habe es im Sommer bei meinem Aufenthalt in der Hütte kennengelernt. Damals hatte ich beobachtet, wie das Tier Schlupfwege in die Hütte hinein benutzte, und vermutet, es würde im geschützten Raum überwintern und aufwachen, sobald ich bei meiner Rückkehr die Öfen beheize und es warm wird. Weil es sich anfangs nicht zeigte, befürchtete ich, es könne Wiesel, Marder, Fuchs oder Vielfraß zum Opfer gefallen sein, deren Spuren rings um mein Blockhaus zu sehen sind.

Da hörte ich eines Morgens, als ich den Meisenhähern ihren Haferflockenbrei hinausbrachte, einen schnarrenden Ton wie von einer Jahrmarktsrassel. Ich erinnerte mich, das Geräusch im Sommer von dem Hörnchen gehört zu haben. Das Rasseln kam aus der mächtigen Kiefer vor dem Hütteneingang. Neugierig schaute ich hinauf. Im Gewirr von Zweigen und Nadeln konnte ich nichts sehen. Da die Töne jedoch sehr kurz waren und sich nicht wiederholten, vermutete ich, einer der Häher habe den Hörnchenwarnruf nachgeahmt. Wie zahlreiche Vogelarten besitzen sie ein Imitationstalent.

Einen Tag später, im Licht des goldenen Sonnenaufgangs, flitzt ein braunes Etwas über den Schnee, hopst und springt hin und her wie ein aufgezogenes Spielzeug, wagt sich schließlich zum Futterbrett und lässt sich den Haferbrei der Meisenhäher schmecken. Respektvoll halten die Vögel Abstand, obwohl sie zu dritt und fast genauso groß sind wie das Hörnchen. Sie wagen sich erst wieder heran, vorsichtig nach allen Seiten Ausschau haltend, nachdem das kleine Pelztier satt davongesprungen ist. Von da an habe ich neben den drei Hähern einen neuen Hausgenossen. Und bald kommt ein zweites Hörnchen hinzu, das sich mit dem ersten überhaupt nicht verträgt. Bemerken sie einander, stoßen sie ihre Rasselwarnung aus, springen hurtig hintereinander her, hopsen über den Schnee, sprinten die Bäume hinauf, sportlich von Ast zu Ast, bis der Rivale verjagt ist. Ich nehme an, dass es entweder zwei Weibchen oder zwei Männchen sind, jedenfalls kein Paar – oder vielleicht dauert es bei den Hörnchen eine Weile, bis die Liebe die Aggressivität besiegt. Sie sehen sich zum Verwechseln ähnlich. An einem einzigen Merkmal kann ich sie unterscheiden: Bei dem einen endet die Schwanzquaste mit schwarzen Haaren, bei dem anderen mit weißen.

Es sind entzückende Wesen. Plüschiges rotbraunes Fell, schwarz glänzende, große Augen, von einem hellen Ring umschlossen. Den buschigen Schwanz tragen sie wie eine Federboa über den Rücken geschwungen. Es ist ein lustiger Anblick, wie sie ihre Hauptnahrung, die Kiefernzapfen, zierlich in ihren Pfötchen halten. Blitzschnell brechen sie die schuppigen Spelzen ab, bis nur noch der Strunk übrig ist. So rasant gehen sie zu Werk, dass ich nicht erkennen kann, ob sie die Samen unter den Schuppen fressen. Allein das Abbeißen der Schuppen nehme ich wahr. Ohne innezuhalten haben sie den Zapfen entschuppt, greifen ruckzuck nach dem nächsten, und das rasende Spiel beginnt von Neuem.

Als ich eines Tages von meiner Tour zurückkomme, liegt auf dem Hüttenboden ein beachtlicher Spelzenhaufen. Das Hörnchen war in der Hütte. Ich schaue mich um, von meinen Sachen hat es nichts angerührt. Am nächsten Tag ein ähnlich großer Haufen an der gleichen Stelle. Ich lege mich auf die Lauer. Und tatsächlich, bald erscheint das Eichhörnchen mit einem Zapfen im Maul, und nicht etwa durch die Ritzen im Dach, wie ich vermutet hatte, sondern durch die Zwischenräume der Dielenbretter. Nachdem es den ersten Zapfen abgenagt hat, verschwindet es kurz und taucht sofort wieder mit einem frischen Zapfen auf. Aha, dort unter den Dielen befindet sich also eines seiner Vorratslager. Deshalb ist der Spelzenabfallhaufen auch immer an der gleichen Stelle. Nachdem es genug hat, verschwindet es wieder, ohne sich in der Hütte umzutun, wo es allerhand Leckereien für das Hörnchen gäbe, wie Äpfel und Nüsse.

Die beiden Hörnchen und meine Meisenhäher bringen Leben in mein Einsiedlerdasein und unterhalten mich auf das Köstlichste. Für die Tiere ist meine Existenz unwichtig, allein das Futter, das ich ihnen gebe, ist für sie von Bedeutung. Ich dagegen fühle mich durch sie beschenkt. Schon in meiner Kindheit wollte ich Tiere um mich haben, aber keine Haustiere. Mir stand der Sinn immer nur nach Tieren, die ich selber fangen konnte. Am Anfang waren es Schnecken, die langsam genug waren, dass meine zweijährigen Kinderhände sie greifen konnten. Später kamen Raupen, Käfer, Eidechsen, Ringelnattern, Kröten, Unken, Molche, Wühlmäuse, Gelbhalsmäuse, Rötelmäuse, Spitzmäuse, Siebenschläfer, junge Vögel, Dohlen und Krähen, Igel und Eulen hinzu, sogar einen jungen Bussard zog ich auf. Sie alle brachte ich zum Schrecken meiner Mutter in die Wohnung. An geeigneten Behältnissen für meine zahlreichen Pfleglinge mangelte es, zudem erschienen mir die Käfige, Terrarien und Einweckgläser zu eng. Um meinen Tieren ein wenig Bewegung zu ermöglichen, ließ ich sie mitunter in der Wohnung frei. Ich musste höllisch aufpassen, dass Mutter sie nicht sah, sonst gab es mächtig Ärger, und ich musste meine Lieblinge zurück in die Natur bringen. Erst auf den Galapagosinseln habe ich begriffen: Das höchste Glück für mich ist nicht, die Tiere in Gefangenschaft zu halten, sondern mitten unter ihnen in ihrer natürlichen Umgebung zu sein.

Deshalb werde ich auch nicht müde, meine Eichhörnchen zu beobachten. Es sieht so lustig aus, wie sie über den Schnee flitzen, die Bäume hinauf, in artistischer Gewandtheit von Ast zu Ast, vom Wipfel zum nächsten Baum, den Stamm hinunter, und weiter geht die Hatz. Erst wenn das andere Hörnchen weit genug entfernt ist, springt jedes wieder seiner Wege, als sei nichts gewesen. Jedes ist einmal der Jäger, dann wieder selbst der Gejagte.

Inzwischen haben sich die beiden Hörnchen an mich gewöhnt. Sie flüchten nicht, wenn ich mich draußen aufhalte. Wiederholt erscheinen sie am Hüttenfenster, blicken hinein, als wollten sie mich auffordern, ihnen ihre Leckerbissen zu bringen.

Habe ich mich an meinen Hausgenossen genug erfreut, besuche ich meine zwei Grauwasseramseln am Fluss, die unermüdlich ihre Frühlingslieder in Eis und Schnee erklingen lassen, ohne dass sich bisher ihre Partnerinnen eingestellt hätten, jedenfalls kann ich sie nicht entdecken. Vielleicht haben die weiblichen Wasseramseln bereits mit dem Nestbau und dem Brüten begonnen. Ihr heimliches Nest bleibt mir allerdings verborgen. Ich versäume nicht, das Adlerpaar hoch oben auf ihren Aussichtsposten zu begrüßen. Hin und wieder zeigt sich ein Otter, auch in diesem See lebt der elegante Wassermarder. Eines Morgens robbte er nur zehn Meter an mir vorbei. Er kam aus einem Gebüsch, wo er die Nacht verbracht hatte. In der ersten Sekunde glaubte ich, einen Hund zu sehen, dann verrieten mir die typisch buckelnden Bewegungen den Otter. Ohne mich wahrzunehmen, obwohl ich so nah war, glitt er gemächlich über den Schnee, eine breite Spur hinterlassend, und tauchte im eisfreien Fluss unter, an der Stelle, wo das Wasser aus dem See herausfließt. Blitzschnell verschwand er unter dem Eis, um sich seinen Morgenfisch zu fangen.

Erfüllt vom Erlebten kehre ich nach jedem Ausflug zu meiner Hütte zurück. Meine Existenz ist auf das Lebensnotwendigste reduziert, umso mehr habe ich den inneren Freiraum, die Natur um mich herum wahrzunehmen. Gern verzichte ich während meines Aufenthalts auf fast alle Annehmlichkeiten unserer Zivilisation, außer auf die Nutzung und Beherrschung des Feuers. Wahrscheinlich war die Herrschaft über das Feuer bei unseren Vorfahren einer der ersten Schritte, sich immer weiter von der Natur zu entfernen und allmählich eine Zivilisation aufzubauen. Ohne das Feuer, dessen sich die Urmenschen bedienten, wäre der Mensch nicht zu dem geworden, was er ist. Das Feuer hat seit Millionen Jahren die biologische und kulturelle Evolution der Menschheit angetrieben. Stets war es gleichzeitig Segen und Fluch, denn wenn sich das Feuer befreite, den Lagerfeuern, Öfen, Herden, Fackeln, Kerzen, Lampen entwich, richtete es schlimmes Unheil und Zerstörung an.

Ein weiteres Utensil aus unserer hochzivilisierten Welt steht mir zur Verfügung: das Satellitentelefon. Mit ihm könnte ich, falls nötig, die Hilfe von Rettungsstationen und Hubschraubereinsatzkräften herbeirufen, deren Nummern am Hörer aufgeklebt sind.

Zudem melde ich mich mit dem Telefon alle drei Tage bei Joan, indem ich ihr versichere: »No problems.«

Sie antwortet dann: »Have a nice time. Bye bye!«

Es ist nicht so, dass ich dem bequemen Leben und dem Luxus unserer Welt überdrüssig wäre und mich deswegen in die Wildnis begeben habe. Ich lehne unsere westliche Welt nicht ab, im Gegenteil. Wenn ich von meinen Reisen in abgelegene, kaum besiedelte Gegenden zurückkehre, schätze ich umso mehr den Wert dessen, was sich die Menschen bei uns im Lauf von Jahrhunderten geschaffen haben, und genieße es, daheim wieder den gewohnten Komfort zu haben. Es ist also nicht die Abkehr von unserem Lebensstil, nicht die Suche nach Einfachheit. Mein Antrieb kommt allein aus dem Wunsch, eine

Zeit lang der Natur nahe zu sein. Die Beschränkung auf das einfache Leben ergibt sich daraus automatisch. Sie ist nicht das Ziel, sondern ich nehme es in Kauf, eine Weile auf das Gewohnte zu verzichten. Nie könnte ich der wilden Natur so nahe kommen, würde ich zum Beispiel in einem Blockhaus mit allen Annehmlichkeiten wie elektrischem Strom, fließendem Wasser, Telefon und Internet überwintern.

Dabei ist mir bewusst, mein Leben hier ist nur eine spielerische Episode. Zwar kann ich mir einbilden, ein Teil der Natur zu sein, in Wirklichkeit jedoch ist das nicht mehr möglich. Als Mensch habe ich mich bereits zu weit von ihr entfernt, meine Bedürfnisse haben einen größeren Umfang und entsprechen nicht mehr denen von Tieren. Die Grundbedürfnisse teilen wir mit ihnen, wie Sauerstoff, Wasser, Nahrung, Fortpflanzung, doch als Mensch verlangt es mich nach viel mehr.

Als Mensch sind wir zwar immer noch Teil der Natur, vom Tierreich sind wir jedoch getrennt durch eine Kluft von einigen Jahrtausenden. Als vor etwa 8000 Jahren die Menschen in Kleinasien und in Mesopotamien die ersten festen Siedlungen bauten, begann eine Entwicklung, bei der wir zunehmend unabhängig von der Natur wurden. Dennoch – trotz all des Erreichten lebt in uns eine Sehnsucht fort nach dem Ursprung.

Frostkristalle hängen an meinen Wimpern. Mein Atem gefriert zu Reif. Meine Wangen sind rot vom Wind. Der Winter ist zurück. Eigentlich ist er noch gar nicht weg gewesen. Einige sonnige Tage mit Temperaturen über dem Gefrierpunkt hatten mich das baldige Schmelzen des Schnees erwarten lassen. Da außer mir noch nie jemand in dieser Gegend überwintert hat, ist nicht bekannt, wann der See eisfrei sein wird. Erst dann kann Andrew mit dem Wasserflugzeug landen und mich abholen. Für Ende Mai ist mein Rückflug nach Deutschland gebucht. Der April nähert sich bereits seinem Ende, deshalb ist es meiner Meinung nach ausgeschlossen, dass in einem Monat der Schnee getaut und das Eis geschmolzen sein wird. Entweder verfällt mein Flug, oder Andrew holt mich bald, solange Schnee und Eis noch fest genug sind, damit er mit den Schneekufen sicher landen kann. Ursprünglich wollte mich John mit dem Schneemobil zurückfahren. Da er sich noch immer in Prince George befindet, hat er wohl von dieser vertraglichen Vereinbarung Abstand genommen.

In der Nacht ist viel Schnee gefallen und hat die von der Sonne verharschte Schicht weich überpudert. Die Koniferen, die ihre Schneelast abgeworfen hatten, sind wieder weiß verhüllt. Die Bäume hier im Norden haben eine nadelförmige Wuchsform. Damit die Äste nicht unter der oft immensen Schneelast abbrechen, sind sie nicht ausladend, sondern wachsen möglichst nah und kurz am Stamm. Die unteren Äste ragen kaum weiter heraus als die Äste am Wipfel, sodass die Bäume schmal und spitz sind.

Es schneit weiter. Leise schweben die Flocken herab. Die Adler hocken auf ihren Baumwipfeln, das Gefieder aufgeplustert, den Hakenschnabel tief auf die Brust gesenkt. Ihren Ausflug zur Nahrungssuche haben sie aufgeschoben. Sie wirken verloren in dieser Winterwelt, wie frierende Wächter auf vergessenem Posten. Die beiden Wasseramseln dagegen lassen sich vom Schneegestöber nicht entmutigen und singen unverdrossen. Für sie ist Frühling, sie orientieren sich an der Tageslänge, ganz gleich, wie das Wetter ist.

Es schneit und schneit, dicke Flocken segeln herab vom weißen Himmel, wo die Sonne als fahler Fleck in all dem Weiß gerade noch sichtbar ist. Ein Vorhang aus Schnee verhüllt die Berge bis hinab zum See. Eine Welt weiß in weiß. Die Landschaft verschwindet hinter den stetig fallenden Flocken, die jetzt nicht mehr schweben, sondern schnell und schwer fallen, als würden sie magnetisch von der Erde angezogen. Schnee in solcher Menge, unaufhörlich und fortdauernd, hat etwas Beängstigendes. Obwohl weich und leise, wirkt er nun gefährlich und gewalttätig, als würde eine böse Macht die Welt zuschütten und verschließen unter einer tödlichen, erstickenden Decke, in der man versinkt, aus der man sich nicht befreien kann, in der man verschluckt wird wie in einem Sumpf. Bisher hat Schnee auf mich nicht bösartig gewirkt. Lawinen natürlich schon, als Bergsteigerin und Skitourengeherin bin ich mit ihnen konfrontiert gewesen. Aber Schnee, der leise vom Himmel fällt?

Von einer dramatischen Begebenheit, die mich eigentlich auf die Schneegefahr hätte vorbereiten sollen, habe ich in einem Kanadabuch gelesen. Bei einem Blizzard, der mehrere Tage tobte, wurden drei Männer in einer Hütte eingeschneit. Sie dachten sich zunächst nichts dabei, doch als sie nach Ende des Schneesturms die Tür öffnen wollten, drückten die Schneemassen von außen dagegen. Die Hütte war bis zum Dach zugeschneit, und selbst die Kraft von drei Männern reichte nicht, die Tür auch nur einen Spaltbreit aufzumachen. Sie saßen in einer tödlichen Falle. Zwar hatten sie Reserven an Nahrung, Wasser und Feuerholz, doch nur für wenige Tage, nicht genug, um bis zur Schneeschmelze zu überleben. Sie lösten das Problem, indem sie das Fenster einschlugen und einen Tunnel durch den Schnee ins Freie gruben. Doch mit zerschlagenem Fenster bot die Hütte keinen Schutz mehr, und sie mussten sich zur nächsten Forststraße durchkämpfen.

Einen kleinen Vorgeschmack, was Schnee anrichten kann, hatte ich bekommen, als die Schneelast von der Hütte am Rainbow Lake herabgerutscht war. Deshalb befreie ich das Dach meines Blockhauses stets vom Neuschnee. Mittels einer Leiter, die an der Hütte lehnt, kann ich hinaufsteigen.

Auch in den folgenden Tagen schneit es weiter. Aus dicken, schweren Wolken fällt das Flockengestöber herab. Das Bild der Frau Holle, die ihre Betten ausschüttelt, ist zu lieblich und eignet sich nicht für diese enorme Schneemenge. Eher schon passt das Wettergeschehen zu Skadi, der nordischen Wintergöttin. Sie, die klirrenden Frost, Eis und Schnee liebt, scheint die Herrschaft an sich gerissen zu haben. Im Märchen des dänischen Dichters Hans Christian Andersen, der sich von nordischen Sagen inspirieren ließ, bewohnt sie als Schneekönigin einen funkelnden Eispalast. In Island erfuhr ich mehr über Skadi, die in der Mythenwelt der »Edda« beschrieben wird. Eigentlich ist sie keine Göttin, sondern entstammt dem Geschlecht der Riesen, die das Land beherrschten, bevor Odin und sein Gefolge die Macht an sich rissen. Skadis Vater war der Riese Thjazi, der von den Asen, wie sich die neuen Götter unter Odin nannten, getötet wurde. Seine Tochter bewaffnete sich mit Pfeil und Bogen und zog wutentbrannt zum Göttersitz Asgard, um seinen Tod zu rächen. Ganz allein stand die junge Frau den mächtigen Asen gegenüber. Diese waren angetan von ihrem Mut und wollten sich friedlich mit ihr einigen. Sie könne sich unter ihnen einen Partner wählen, versprachen sie. Skadi willigte ein, denn ihr gefiel Baldur, der Gott des Lichts. Doch die Asen versteckten sich hinter einem Vorhang und zeigten nur ihre Füße. Skadi dachte, der schöne Baldur müsse auch die schönsten Füße haben, und wählte diese. Als der Vorhang fiel, stellte sie enttäuscht fest, dass es Njörd, der Gott des Meeres war. Die Ehe ging nicht gut und dauerte nur wenige Wochen, denn wenn Skadi bei Njörd weilte, störte sie das Gekreisch der Möwen, und er litt in ihrem Bergdomizil unter dem Geheul der Wölfe. So trennten sie sich, allerdings ging eine der bedeutendsten nordischen Göttinnen aus ihrer Verbindung hervor – Freya, nach der heute noch unser Wochentag Freitag benannt ist.

Die tapfere Skadi, die mit Pfeil und Bogen gut umzugehen weiß, gilt auch als Göttin der Jagd und trägt damit die gleichen Attribute wie die griechische Göttin Artemis oder Diana, die diese Funktion bei den Römern innehatte. Erstaunlich, wie sich die Mythen der Völker ähneln. Auch in der griechischen Sagenwelt gab es vor Zeus und seinen Göttern ein Herrschergeschlecht, die Titanen. Einer von ihnen war Prometheus, der den Menschen das Feuer brachte. Die Mythen spiegeln frühe geschichtliche Ereignisse wider, wenn zum Bespiel ein Volk von einem anderen überfallen wurde, das dann seine religiösen Vorstellungen der besiegten Bevölkerung überstülpte. So, wie das Christentum den Glauben der indigenen Einwohner in Kanada überlagert hat.

Die Flocken drehen sich wild wie in einem Whirlpool. Der hohe Schnee macht die Wildnis noch geheimnisvoller. Eine Welt so komplett weiß, da könnte man meinen, es sei eine monotone Welt, so ganz ohne Farbe. Doch das ist nicht der Fall. Wenn man genau hinschaut, dann ist der Schnee nicht nur weiß. Er glitzert im Sonnenlicht, wobei einzelne Kristalle wie Brillanten leuchten. Dort, wo Wolkenschatten auf den Schnee fallen, changiert er von Grau zu Blau. Der Schatten der Bäume wiederum tönt den Schnee hellgrau und sprenkelt ihn mit Lichtflecken. Bei Sonnenaufgang nimmt der Schnee einen rosa Ton an, der wenig später golden strahlt, im Abendlicht färbt er sich violett, und wenn die Sonne versunken ist, wird der Schnee dunkelblau, schimmert sogar auberginefarben. Das erinnert mich an ein ähnliches Farbenspiel der schieferschwarzen Lava im Hochland von Island. Das Gestein, obwohl schwarz, zeigte bei genauer Betrachtung ein Farbspektrum von Purpur, Grün, Gold und Silber.

Für Tiere und Pflanzen bedeutet der Schnee Schutz vor eisiger Kälte. Schneehühner und Hasen lassen sich bei Schneestürmen einschneien und tauchen erst wieder auf, wenn das Wetter besser ist und sie auf Nahrungssuche gehen können. Tiere beherrschen die unterschiedlichsten Überlebensstrategien. Insekten fallen in Kältestarre. Manche speichern in ihren Zellen und in ihren Körpersäften Glukose, eine Zuckerlösung, oder auch Glycerin, einen zuckerhaltigen Alkohol, der beim Fettstoffwechsel von den Tieren selbst hergestellt wird. Mit diesen Frostschutzmitteln überstehen sie sogar Minustemperaturen, bei denen sich sonst Eiskristalle in ihren Körpern bilden würden. Sogar höher entwickelte Tiere wie Amphibien und Reptilien verfallen in Kältestarre. Frösche, Molche, Kröten, aber auch Schlangen, Eidechsen und Schildkröten sind wechselwarme Tiere. Ihre Körpertemperatur ist nicht konstant, sondern passt sich immer der Umgebung an. Nachdem die Tiere möglichst geschützte Plätze aufgesucht haben, werden sie kälter und kälter, dabei sinkt ihre Atemfrequenz, das Herz schlägt kaum noch. Sinkt die Temperatur weiter, sterben diese Tiere. Von selbst können sie nicht aus der Starre erwachen.

Anders die echten Winterschläfer. Der Winterschlaf ist eine Meisterleistung der Natur, den kleine Säugetiere wie Igel, Fledermaus, Siebenschläfer, Murmeltier beherrschen. Diese hoch entwickelten Tiere, die eine konstante Körpertemperatur besitzen, so wie wir Menschen auch, also von der Umgebungstemperatur unabhängig sind, können ihren Körper aktiv herunterkühlen. Den Zeitpunkt dafür zeigt ihnen ihre innere Uhr an, die vom Tageslicht und Klima gesteuert wird. Der Winterschlaf ist ein Leben auf Sparflamme. Alle Körperfunktionen sind reduziert, um Energie zu sparen. Winterschläfer atmen kaum noch, das Herz schlägt nur wenige Male in der Minute, der Kreislauf kommt fast zum Erliegen, Verdauung und Ausscheidung stellen sich auf null ein. Ein fast todesähnlicher Zustand. Aber anders als bei den Tieren mit Kältestarre erwacht der Winterschläfer, wenn die Temperatur seines Körpers an einen lebensgefährlichen Punkt absinkt. Das Tier erwärmt sich dann durch Zittern, wobei es viel Energie verbraucht. Den Energieverlust versucht es durch seine Fettpolster und durch den Verzehr von im Herbst gesammeltem Futter auszugleichen, dann schläft es wieder ein. Wird der Schläfer mehrmals geweckt und bekommt keine Nahrung, muss er sterben.

Anders diejenigen Tiere, die nicht tief schlafen, sondern nur dösen. Man nennt ihre Überlebensstrategie Winterruhe. Bei Bär, Dachs und Eichhörnchen werden zwar ebenfalls Kreislauf, Herztätigkeit und Atmung gesenkt, aber nicht so stark wie bei den echten Winterschläfern. Diese Tiere wachen öfter auf, nehmen dann in der Höhle verstaute Nahrung zu sich und scheiden auch Urin und Kot aus. Bären schlafen also nicht fest, sie ruhen nur.

Eine naheliegende Strategie, um dem Winter zu entgehen, ist die Flucht, die vor allem von Vögeln, aber auch von Schmetterlingen, zum Beispiel den Wanderfaltern wie Monarch, Admiral und Distelfalter, bevorzugt wird. Für die meisten Tiere ist nicht die Kälte der Grund, weswegen sie diese unterschiedlichen, wirklich außerordentlich beachtlichen Strategien entwickelt haben, sondern der Nahrungsmangel im Winter.

Am späten Nachmittag, nachdem es sieben Tage lang unaufhörlich geschneit hatte, hört der Schneefall auf. Doch die Wolken hängen noch tief und verdecken die Sonne. Das Tageslicht ist fahl und verdämmert in die Nacht hinein. Im Silberschein des abnehmenden Mondes schimmert die Welt um mich herum unwirklich, wie verzaubert, wie ein Traum aus einer anderen Welt.

Als ich am nächsten Morgen erwache und durch frischen Pulverschnee zum *outhouse*, dem Plumpsklo, stapfe, kräuselt sich der Rauch aus beiden Schornsteinen, steigt hinauf in die kalte Luft. Ein helles Zwitschern lässt mich emporblicken. Auf den Wipfeln halten die drei Meisenhäher, ein jeder auf einem anderen Baum, nach mir Ausschau und signalisieren lautstark, sie würden jetzt gern ihr Frühstück bekommen.

THE MYSTERY WOMAN

Unglaubwürdig, absurd, unsinnig, das waren meine ersten Gedanken, als ich hörte, dass eine Frau durch Kanada und Alaska nach Sibirien gewandert sei. Lillian Alling hieß diese rätselhafte Person. Im Buchladen von Smithers, wo ich nach unserer Sommertour eine Karte von der Thukada-Region kaufen wollte, erzählte mir die Buchhändlerin diese unerhörte Geschichte und empfahl mir das Buch »The Journey Home«, das ich in mein Blockhaus mitgenommen habe.

Lillian war keine Abenteurerin, die sich durch eine ungewöhnliche Reise hervortun wollte, sondern eine junge Polin, die Arbeit in Amerika gesucht hatte und wieder heimwollte, so jedenfalls die Vermutung. Aber von Amerika nach Kanada und von dort nach Sibirien, um nach Polen zu gelangen? Was für ein irrer Plan! Und warum zu Fuß? Warum nahm sie kein Schiff zurück nach Europa, wenn sie wirklich dorthin wollte? Bei ihrer Vernehmung – sie war unterwegs verhaftet worden – gab sie an, als Hausmädchen nicht genug verdient zu haben, um sich eine Schiffspassage leisten zu können. Mit einer Übersichtskarte aus einem Geografiebuch und ihren Ersparnissen von 20 Dollar war sie von New York an Weihnachten im Jahr 1926 aufgebrochen, weil ihre Arbeitgeber sie nicht gut behandelt hatten.

Es ist keine ausgedachte Story, wie ich zuerst vermutete. Lillian Alling, geboren 1896, hat wirklich gelebt und diese verrückte Wanderung unternommen. Es gibt Berichte von Zeitzeugen und Dokumente über ihren Grenzübertritt von den USA nach Kanada bei den Niagarafällen und von ihrer Verhaftung im September in Hazelton, im Nordwesten von British Columbia. Constable Georg A. Wymann befürchtete, sie würde im Winter erfrieren, wenn sie weiter nordwärts wanderte. Er verhaftete sie, um ihr Leben zu retten, das behauptete er zumindest später. Obwohl sie keine strafbare Handlung begangen hatte, verurteilte Richter William Grant sie zu einem halben Jahr Gefängnis und ließ sie nach Vancouver in die dortige Haftanstalt bringen. Als Lillian im Frühjahr 1928 wieder freikam, machte sie sich sofort erneut auf den Weg nach Norden. Sie kam auch durch Smithers, damals eine winzige Siedlung im Tal des Bulkley River. Bei meinem Aufenthalt dort stellte ich mir vor, ich müsste mich ohne genaue Karte in unwegsamem Gelände nach Norden durchschlagen – ich bin mir nicht sicher, ob ich das geschafft hätte.

Es gab damals erst wenige Straßen und noch weniger Fahrzeuge. Nur ein einziges Mal wurde die junge Polin wenige Kilometer von einem Ehepaar im Auto mitgenommen, sonst legte sie über 9000 Kilometer zu Fuß zurück.

Von Hazelton aus, wo sie im Jahr zuvor verhaftet worden war, gab es die Telegrafenleitung nach Whitehorse mit Blockhütten für Arbeiter, die die Leitung in Ordnung halten mussten. Von den hilfsbereiten Männern bekam Lillian Verpflegung und Unterkunft. Einer der Telegrafenarbeiter hat sie in seinem Tagebuch so beschrieben: »Sie war zerstochen, Arme und Gesicht geschwollen von Insektenbissen, Kleidung in Fetzen, erschöpft und hungrig. Wir baten sie, sich ein paar Tage auszuruhen, doch bereits am nächsten Tag wollte sie weiter.«

Die Arbeiter gaben der jungen Frau Kleidung und Schuhe von sich, denn ihre Sachen waren unbrauchbar geworden. Lillian trug keine Ausrüstung mit sich, weder Kocher noch Schlafsack, keine Angelutensilien und keine Waffe, um sich in der Wildnis zu verteidigen. Eine Pistole hatte sie ursprünglich gehabt, die war ihr jedoch bei der Verhaftung in Hazelton abgenommen worden.

Die langen Mittsommernächte erlaubten ihr, weite Strecken von bis zu 60 Kilometer täglich zurückzulegen. Allerdings gab es zwischen den Stationen keinen ausgebauten Wanderweg, sondern nur einen Pfad durch raues Terrain, von Windbruch oft versperrt und von Dornen zugewuchert. Herabgestürzte Felsblöcke mussten überwunden werden. Die Strecke führte über hohe Pässe und wilde Gebirgsflüsse.

Die Männer entlang der Telegrafenleitung wunderten sich über dieses halb verhungerte Wesen, das aus dem Nichts kam und ins Nichts verschwand. Lillian gab über sich nichts preis, erzählte niemandem, wohin sie wollte. Auf derartige Fragen antwortete sie lakonisch: »A short way north.«

Nur bei der Vernehmung in Hazelton hatte sie als Ziel Sibirien angegeben, falls der Vernehmer es richtig verstanden und korrekt notiert hatte. Nachdem man ihr durch die Verhaftung und das Gefängnis übel mitgespielt hatte, hütete sich Lillian fortan, ihre Pläne zu verraten. Allein und unabhängig wanderte sie durch eine weite Landschaft, in der sie sich frei bewegen konnte. Wollte sie wirklich nach Sibirien, oder hatte sie das nur gesagt, um den Polizisten eine Antwort zu geben? Der stalinistische Terror hatte gerade begonnen, ob sie davon wusste? Spätere Biografen vermuteten, dass die junge Frau möglicherweise erfahren hatte, dass ihre Eltern und ihr Bruder, der in Polen Bürgermeister gewesen war, in einem Straflager in Sibirien interniert waren. Das hätte ein Grund für ihre Wanderung sein können.

In der Zeitschrift *Whitehorse Star* erschien ein Bericht über Lillian Alling. Dort steht: Sie verließ am 28. August 1928 die Ortschaft Whitehorse und erreichte am 5. Oktober des gleichen Jahres Dawson, wo sie den Winter über blieb. Dort nahm sie verschiedene Arbeiten an in einem Hotel, in einem Restaurant und in einer kirchlichen Wohltätigkeitseinrichtung für Waisenkinder. Dabei hat sie wohl etwas Geld verdient für ihre Tour im folgenden Sommer.

Weitere Artikel über die »Mystery Woman« sind im Archiv der Zeitungen und in Museen erhalten geblieben, sogar mit Fotos. Es sind nur Schnappschüsse, die von ihr existieren, meist von hinten oder von der Seite.

Am 21. Mai 1929 startete sie erneut und verließ Dawson. Wieder war sie allein auf ihrem Weg Richtung Nome in Alaska. Von da an gibt es keine gesicherten Nachrichten mehr über diese ungewöhnliche Frau. Es bleibt der Fantasie überlassen, sich auszumalen, was mit Lillian Alling geschehen ist. Ist sie in den unbewohnten Weiten Alaskas verhungert? Ist sie in den wilden Stromschnellen des Yukon ertrunken oder beim Überqueren der Beringstraße umgekommen? Eine romantische Schriftstellerin, die ihren Spuren in der heutigen Zeit folgte, allerdings mit einem Fahrzeug, hat fantasiert, Lillian habe sich zu guter Letzt in einen Jäger und Fallensteller verliebt und sei zu ihm in sein Blockhaus gezogen. Wenig wahrscheinlich für eine Frau, die sich drei Jahre lang nicht von ihrem Plan abbringen ließ.

Ich hingegen stelle mir vor, dass sie Sibirien erreicht hat. Warum auch nicht? Wer mit unerbittlicher Energie ein Ziel anstrebt, sich von Widrigkeiten nicht unterkriegen lässt, der wird

Mittel und Wege finden, die 80 Kilometer breite Beringstraße zu überwinden. Sie kann mit den Booten der Tschuktschen übergesetzt sein, die ständig die Meerenge überquerten, denn beide Ufer waren uraltes Stammesgebiet.

Allerdings, hätte sie Sibirien erreicht, wäre das besonders tragisch gewesen, denn dort wartete der Tod auf sie. Sie war Polin, kam aus Amerika, was anderes konnte sie in der Vorstellung der Kommunisten sein als eine Spionin. Entweder kam sie im Gulag ums Leben, oder man hat sie sofort erschossen.

Kaum zu glauben, dass es eine wahre Geschichte ist. Warum unterwirft sich ein Mensch einem derart aussichtslosen Unterfangen? Da liegt die Vermutung nahe, Lillian Alling sei nicht normal gewesen. Ja, gewiss, es gehört immer eine Portion Verrücktheit dazu, etwas Ungewöhnliches zu wagen. Doch wer, wie Lillian, ein eigentlich unerreichbares Ziel anstrebt, muss nicht verrückt im medizinischen Sinn sein, sondern ist vielleicht verzweifelt, weiß keinen anderen Ausweg. Als ich so jung war wie Lillian, ist es mir ähnlich ergangen. Damals habe ich versucht, durch die Ostsee zu schwimmen, 50 Kilometer Kampf gegen Strömungen und Wellen und gegen die Kälte. Diesen Fluchtweg aus der DDR hatte ich gewählt, obwohl ich wusste, dass ich diese Strecke nicht schwimmend bewältigen konnte. Es war ein aussichtsloses Unterfangen, wie das von Lillian. Und dennoch habe ich mich dafür entschieden, weil ich meinte, keine andere Wahl zu haben.

Im Licht der Petroleumlampe habe ich lange in dem Buch gelesen, das akribisch zusammenträgt, was über Lillian zu erfahren war. Müde klappe ich es zu, lösche das Licht und lege mich nieder, kann aber nicht gleich einschlafen, zu sehr geht mir das Gelesene durch den Kopf.

Es ist tiefe Nacht, als ich von einem unbestimmten Geräusch wach werde. Ich liege warm eingepackt im Schlafsack und lausche in den dunklen Raum der Blockhütte hinein. Da ist nichts, kein Trippeln und Trappeln, kein Rascheln, kein Knistern oder das Tapsen von Füßen. Was war es nur, das mich geweckt hat? Sehen kann ich nichts, keinen huschenden Schatten, keine Bewegung. Da! Was ist das? Ein Sirren liegt in der Luft. Ein flirrender Laut. Wie bei einem Gewitter, wenn einem die Elektrizität knisternd die Haare aufstellt. Erneut ein eigentümliches Sausen. Mir ist unheimlich zumute, dennoch, ich muss aufstehen und nachschauen, was draußen los ist. Ob ein Unwetter naht? Oder ein Unheil, etwas Schlimmes, von dem ich mir noch keine Vorstellung machen kann? In jedem Fall ist es besser, Bescheid zu wissen.

Ich öffne die Tür – und kann einen erstaunten Ausruf nicht zurückhalten: »Ah! Wie schön! Herrlich!«, rufe ich in die Nacht hinein. Der Himmel leuchtet neongrün. Es ist das Nordlicht, die Aurora borealis. Ich habe das nördliche Himmelslicht schon einmal erlebt, auf Island, aber nicht damit gerechnet, dass es hier, so spät am Winterende, noch auftritt. Das Naturschauspiel ist überwältigend. Nicht nur ein kleiner Bereich des Himmels leuchtet, sondern das ganze Himmelsrund ist in fluoreszierendes Licht getaucht. Grüne Schwaden wogen hin und her, wie Meereswellen, dann wieder verschlingen sich grüne Fäden, verdrillen sich zu Seilen und lösen sich wieder auf. Als würden verschiedene Kräfte miteinander kämpfen und sich wieder vereinen. Ein Tanz des Lichts und der Farben. In das Grün mischen sich jetzt gelbe und rötliche Töne.

Seit Menschengedenken hat man sich über diese seltsame Lichterscheinung gewundert oder sich gar gefürchtet, weil man nicht wusste, ob sie vielleicht ein Zeichen für kommendes Unheil ist. Immer wieder hat man nach Erklärungen gesucht. In früheren Zeiten half man sich mit sehr fantasievollen Gedankenspielen. So glaubte man, es seien Hirten, die mit Fackeln nach ihren Rentieren suchen, oder göttliche Jungfrauen, die im Himmel die Hände aneinanderreiben, bis Funken entstehen. Vielleicht auch die Walküren in ihren güldenen Rüstungen, die zu Gott Odins Gefolge gehören, oder Heringsschwärme und andere Meerestiere, die nachts auftauchen und deren Körper das Licht reflektieren. Oder gar die Seelen toter Kinder, die keine Ruhe finden. Zahlreiche Mythen und Legenden der nordischen Völker befassen sich mit dem Polarlicht. Eine gefällt mir besonders: Die Tiere versammelten sich, als die Dunkelheit zu lange dauerte. Keines der Tiere wusste Rat, nur ein junger Polarfuchs rief, er könne den Himmel zum Leuchten bringen. Die Tiere lachten ihn aus und riefen: »Was willst du kleiner Kerl denn ausrichten!« Da wurde der junge Fuchs wütend und wirbelte mit seinem Schweif den Schnee auf, der hoch in den Himmel stieg, worauf die Schneekristalle dort zu leuchten begannen.

Früher warnten Eltern ihre Kinder, sie sollten während des Polarlichts nicht pfeifen. Mit ihren Pfiffen könnten sie zwar das Licht zum Tanzen bringen, doch würde es dann herabkommen und sie mitnehmen. Schwangere Frauen, vom Nordlicht getroffen, könnten eine Fehlgeburt erleiden, befürchtete man. Etwas näher an natürlichen Erklärungsversuchen war man, als Forscher vermuteten, es könnten Vulkaneruptionen sein, die hoch hinauf in den Himmel ihre Glut versprühten.

Schade eigentlich, dass die Wahrheit über das Polarlicht so viel profaner ist als all die fantasievollen Legenden und Mythen. Die wissenschaftliche Erklärung für das zauberhafte Geschehen ist eher nüchtern. Erst Anfang des 20. Jahrhunderts fand der norwegische Physiker Kristian Birkeland heraus, dass die Sonne verantwortlich für das Lichtspektakel ist. Er ließ 1899 die erste Polarlichtwarte der Welt in Norwegen beim Ort Alta errichten, wo auf dem 900 Meter hohen Berg Haldde noch heute sein Observatorium thront. Unermüdlich versuchte er, dem Geheimnis des rätselhaften Lichts auf die Spur zu kommen, auch mit Laborexperimenten. Mit einem kugelförmigen Magneten gelang es ihm, polarlichtähnliche Erscheinungen künstlich zu erzeugen.

Lange glaubte niemand seiner Theorie. Trotz seiner eindrucksvollen Experimente fand er keine Anerkennung im Kreis der Naturwissenschaftler. Erst 40 Jahre nach seinem Tod wurde seine Theorie im Jahr 1957 bewiesen. Der Physiker Birkeland hatte recht gehabt: Elektrisch geladene Teilchen, hauptsächlich Elektronen, aber auch Protonen und Heliumatome werden von der Sonne ins All hinausgeschleudert, und wenn der Sonnenwind besonders stark ist, gelangt er bis zur Erde. Das Magnetfeld der Erde schützt uns weitgehend vor diesem Sonnensturm und lenkt ihn vom senkrechten Flug seitwärts ab zum Süd- und Nordpol. Dabei treffen die elektrischen Teilchen in etwa 100 Kilometern Höhe mit Atomen der Erdatmosphäre zusammen. Bei dieser Kollision beginnen die Atome der Erde zu leuchten. Die Farbe hängt von der Art der Atome ab. Grün entsteht, wenn es sich um Sauerstoffatome handelt, Stickstoff leuchtet violett und blau, andere Atome senden ein rotes oder auch orangefarbenes Licht aus. Je nach Stärke des Sonnensturms ist die Aurora borealis mehr oder weniger intensiv, und zwar gleichzeitig an beiden Polen, am Nord- und am Südpol. Mitunter breitet sich das Licht auch weit über die Polarkreise hinaus aus, wie jetzt.

Fasziniert schaue ich hinauf in den Nachthimmel. Das grüne Leuchten wird immer stärker, pulsierende Bögen spannen sich aus, Schleier wogen hin und her, fließen ineinander und bilden Bänder und Spiralen. Ich kann meinen Blick nicht von dem Schauspiel abwenden, weiß nicht, wie lange ich schon draußen bin. Plötzlich spüre ich die Kälte, die mit ihrem Eishauch in meinen Körper dringt. Noch immer kann ich mich nicht dazu durchringen, zurück in die Hütte zu gehen. Da! Von einem Moment auf den anderen erlischt das Nordlicht. Über mir wölbt sich der Himmel, an dem unermesslich viele Sterne funkeln.

GLOCKENSPIEL

Sonntägliche Ruhe – der Kalender zeigt den siebten Tag der Woche an. Doch nicht der arbeitsfreie Tag ist in der Wildnis der Grund für die Stille, sondern der frisch gefallene Pulverschnee, der jedes Geräusch verschluckt. Fast lautlos gleite ich mit den Skiern dahin, nur die Glocken klingen leise und geheimnisvoll, als kämen sie aus einer anderen Welt, vom Kirchturm eines längst versunkenen Dorfs.

Diese Glockenklänge gibt es nicht wirklich, meine Ohren und mein Kopf produzieren sie. Immer, wenn man sich in einem schallisolierten Raum befindet, reagiert unser Hörorgan ratlos. Es ist eine Situation, für die es von der Evolution nicht gemacht ist. Es gibt sonst immer Geräusche, und wenn es das Wehen des Windes, das Rauschen der Bäume oder das Plätschern von Wasser ist. Heute aber dämpft der lockere Schnee alle natürlichen Töne. Dem Ohr bleibt nichts anderes übrig, als selbst ein Hörerlebnis herzustellen. Es wendet sich nach innen, lauscht in den Körper hinein, hört, wie das Blut durch die Adern fließt, wie das Herz pumpt, und formt daraus einen Klang, der an hin- und herschwingende Glocken erinnert. Mir gefällt es, wenn mein Körper mir diese Klänge schenkt. Immer wieder bleibe ich stehen, lausche in die weite Landschaft hinein, wo der Schall scheinbar durch die Luft echot, während ich weiß, dass ich in mein Inneres hineinhorche.

Schon früher war ich bei einigen meiner Reisen von Stille umgeben und habe sie genossen, auch wenn ich sie nie bewusst gesucht habe. Es gibt ganz verschiedene Arten von Stille. In Höhlen habe ich eine geheimnisvolle Stille erlebt, nur ab und zu unterbrochen von einem fallenden Wassertropfen, der dann seltsam laut wirkte. Oder in der Wüste, wo nur der Wind zu hören war, der manchmal eine mystische Musik erzeugte, wenn er die Sandkörner einer Düne bewegte, sodass es klang wie eine Himmelsharfe. Es ist ein wahrlich überirdischer Klang, wenn eine Düne beginnt zu singen. Am stillsten war es mitunter, was mich sehr überraschte, im Dschungel. Man stellt sich den Urwald voller Geräusche vor, Zikaden und Vögel und Affengekreisch. Das stimmt, aber manchmal ist es eben auch ganz still – kein Wind und keine Tierstimmen. Die hohen Bäume mit ihrem Blätterdach, durch das nur wenig Himmelslicht fällt, verschlucken jeden Laut.

Im Institut für Verhaltensforschung in Seewiesen hatten wir einen schallisolierten Raum für bestimmte Versuche mit Vogelstimmen. War man als Mensch ohne piepsende Vögel in diesem Raum, fühlte es sich sehr seltsam an. Obwohl keine Geräusche zu hören waren, schien es da drinnen lauter zu sein als draußen. Wenn ich ein Selbstgespräch begann, hörte ich mich nicht richtig, meine Stimme wirkte wie verschluckt, überlagert von einem Rauschen, das manchen sogar Angst machte, sodass sie den Aufenthalt in dem Raum nicht lange aushielten. Manche sagten, ihnen würde in dem Raum schwindelig wie in einem Karussell, und sie würden die Orientierung verlieren. Für mich dagegen ist Stille, genauso wie Einsamkeit, von vornherein positiv belegt.

Während mir diese Gedanken durch den Kopf gehen, habe ich mich wieder in Bewegung gesetzt und durchfurche mit dem heute sehr gedämpften Knistern meiner Skier im Schnee die Stille. Bevor ich es richtig wahrnehmen kann, flitzt ein weißes Etwas nur wenige Meter von mir entfernt über den Schnee, derart rasant, dass ich einige Sekunden brauche, um zu erkennen, was es ist – ein Schneeschuhhase. Er ist weiß wie der Schnee, nur die Ohrspitzen sind pechschwarz. Kaum habe ich mich von meiner Überraschung erholt, da schießt ein grauer Schatten hinter den Bäumen hervor. Alles geht blitzschnell, meine Augen können kaum folgen. Ein Luchs ist in wilder Jagd hinter dem Hasen her. Der Schneeschuhhase rennt um sein Leben, schlägt Haken, springt über einen Baumstumpf und verschwindet im Wald. Der Räuber ist ihm dicht auf den Fersen. Ich weiß nicht, wem ich Erfolg wünschen soll. Natürlich dem Hasen, möchte man meinen. Schafft er es nicht, ist er tot. Doch auch der Luchs hat mein Mitgefühl. Früher oder später stirbt er, wenn er keine Beute macht. Ein wunderschönes Tier, dessen Anblick sich mir tief einprägt, so graziös und zugleich kraftvoll fliegt er in weiten Sprüngen über den Schnee, schnell wie ein Gedanke.

Während ich mir vorstelle, wie wichtig Nahrung für das Überleben eines jeden Lebewesens ist, fällt mir Lillian Alling wieder ein. Wie hat sie es nur geschafft, sich in der so gut wie unbesiedelten Region zu ernähren? Einzig auf der Strecke der Telegrafenleitung konnte sie auf Verpflegung durch die Arbeiter hoffen, aber das waren nur einige Hundert Kilometer. Wie hat sie sich in den anderen Gegenden ernährt? Es ist mir ein Rätsel, wie sie mit so wenig Essen auskommen und trotzdem gewaltige körperliche Leistungen vollbringen konnte. Sie pflücke Beeren, hatte sie einmal gesagt, verzehre Blätter, Wurzeln und was sonst noch essbar sei. Viele Kalorien haben diese Dinge nicht, und es dauert Stunden, bis man seine Tagesration Beeren beisammenhat. Außerdem wäre sie nicht so schnell vorangekommen, wenn sie dauernd hätte Beeren suchen müssen.

Gerne wüsste ich ihr Geheimnis, wie man über lange Zeit mit so wenig auskommt. Das zu wissen wäre äußerst praktisch bei Wandertouren; ich müsste keine schweren Rucksäcke mehr schleppen. Ich erinnere mich, wie ich mir als Jugendliche, als ich bereits fest entschlossen war, einmal Expeditionsreisende zu werden, vorstellte, eine Fee würde mir drei Wünsche freistellen. Sofort wusste ich, was ich mir wünschen würde: nicht essen, nicht trinken, nicht schlafen zu müssen. Das »nicht müssen« war mir wichtig, also nicht von diesen Notwendigkeiten abhängig zu sein, wohl aber, je nach Laune, diese Dinge genießen zu können.

Von dem zu leben, was die Natur an Nahrung hergibt, ist unglaublich schwierig. Für einen einzelnen Menschen ist es so gut wie unmöglich. Die meisten Leute, die von einem romantischen Leben in der Wildnis träumen, haben keine Ahnung, wie schwer es ist, sich nur von dem zu ernähren, was man erjagt und sammelt. Einige Wochen lang mag man durchhalten, doch über einen längeren Zeitraum reichen die aufgenommenen Kalorien nicht für den menschlichen Körper. Er wird seine Fettreserven verbrennen und dann die Muskulatur abbauen. Wollte man, wie in Urzeiten, als Jäger und Sammler sein Dasein fristen, müsste man in einer Gruppe sein. Erst durch das Zusammenwirken aller kann ausreichend Beute gemacht, können vor allem auch fettreiche, größere Tiere erlegt und genügend Beeren, Pilze, Wurzeln gesammelt werden. Allein schafft man es nicht, wie das Beispiel von Christopher McCandless zeigt.

Der junge Amerikaner lehnte das Leben in der Zivilisation ab, er suchte nach dem Sinn des Daseins und wollte sich selbst finden. Im Denali-Nationalpark in Alaska, wo sich mit 6190 Metern Nordamerikas höchster Berg, der Mount McKinley oder Denali, wie ihn die Native Americans nennen, erhebt, wollte er in und von der Natur leben. Der 23-Jährige hatte keinerlei Ahnung von der Wildnis, ihm fehlten das Wissen, die Kenntnisse und die Techniken, die von den Ureinwohnern früher beherrscht wurden. Er wollte möglichst zivilisationsfrei überleben, »live off the land«, wie er in sein Tagebuch schrieb.

Christopher war in der Stadt aufgewachsen als Sohn einer wohlhabenden Familie, hatte die Universität besucht und mit Auszeichnung bestanden, doch dann beutelte ihn eine Sinnkrise. Er suchte ein einfacheres, wie er meinte, natürlicheres Leben als dasjenige, in das er hineingeboren worden war. Am 24. April 1992 wanderte er in die Wildnis hinein. Als Verpflegung hatte er fünf Kilo Reis dabei, alles Weitere wollte er der Natur entnehmen. Dazu hatte er sich ein Pflanzenbestimmungsbuch und ein Kleinkalibergewehr besorgt. Also hatte er schon eine gewisse Vorbereitung betrieben, ein durchgeknallter Spinner war er gewiss nicht. Bis zum Parkeingang war er getrampt. Der Fahrer, der ihn mitgenommen hatte, warnte ihn, dass er mit dem bisschen Reis nicht überleben würde. Chris schlug seine Warnung in den Wind, wanderte allerdings nicht allzu weit auf dem »Stampede Trail«. Nur 30 Kilometer vom Highway entfernt fand er einen ausrangierten Bus, den Straßenarbeiter dort hatten stehen lassen. Paradoxerweise richtete sich der junge Mann, der eigentlich die Errungenschaften der Zivilisation ablehnte, gerade in diesem alten, verrosteten Wrack häuslich ein.

Zuerst ging alles gut. Er erlegte Eichhörnchen und Kleinvögel. Als der Schnee geschmolzen war, grub er Wurzeln aus, später sammelte er Pilze und Beeren. Doch er magerte ab. Sein

Körper verbrannte mehr Kalorien, als er ihm zuführen konnte. Als er zur Straße zurückwollte, war der Teklanika River, den er zuvor ohne Probleme durchwatet hatte, zu einem reißenden Strom angeschwollen. So ging er wieder zum Bus zurück, blieb dort und wurde immer schwächer. Als er die toxischen Samen der Trichterwicke aß, von deren essbaren Wurzeln er sich zuvor problemlos ernährt hatte, besaß sein ausgemergelter Körper keine Widerstandskraft mehr gegen das Gift, das sonst wahrscheinlich nicht tödlich gewesen wäre. Im August starb er nach 113 Tagen in der Wildnis oder was er dafür gehalten hatte, wenige Kilometer von der Straße und einer Siedlung entfernt. Von Elchjägern wurde er tot im Bus gefunden, eingehüllt in seinen Schlafsack.

John kannte diese tragische Story und führte sie als Beweis dafür an, wie gefährlich die Wildnis für Greenhorns sei. Dass ich mit dieser Geschichte durch Jon Krakauers Buch »Into the Wild« bestens vertraut bin, änderte nichts an seiner Meinung, in mir ein ebensolches Greenhorn, ein *baby in the woods,* zu sehen.

Im Nachhinein wurden Christophers Leben und Sterben zu einem Mythos erhöht. Noch heute pilgern junge Menschen auf der Suche nach einem Sinn in ihrem Leben zu dem alten Bus im Denali-Nationalpark. Sie verehren den Toten wegen seiner hehren Ideale, von denen er sich leiten ließ; ein junger Mann, der tollkühn das weite Land seiner Seele erkunden wollte. Sein Tagebuch enthält jedoch kaum tiefgründige Gedanken und philosophische Überlegungen, dafür hat er akribisch notiert, was er gegessen hat. Die Versorgung mit Nahrung war zum dominierenden Element geworden.

Kein Mond leuchtet am Himmel, als ich von einem späten Ausflug zu meiner Hütte zurückkehre. Mit der alles verschluckenden Dunkelheit kommt die Ungewissheit, die Ängste gebiert. Bin ich noch auf dem richtigen Pfad, werde ich mich nicht verirren? Das menschliche Auge ist nicht geeignet, in der Nacht zu sehen. Es nimmt nur einen begrenzten Teil des Lichtspektrums wahr, ohne Farben und ohne scharfe Details. Fast alle Gruselgeschichten handeln mit Vorliebe im Dunkeln, denn wenn wir wenig erkennen können, dann spielt die Einbildung uns Schreckgestalten vor. Schon als Jugendliche habe ich mich darin geübt, mich nicht zu fürchten, wenn es dunkel ist. Angefangen habe ich mit solchen Abhärtungen bereits sehr früh, indem ich als Kind abends in den Keller gestiegen bin, ohne Licht zu machen, und mich nur tastend fortbewegte. Später dann habe ich diese Übungen in den nächtlichen Wäldern meiner Heimat Freyburg fortgesetzt.

Die Nacht in Kanada ist zwar diesmal mondlos, aber nicht dunkel, die Sterne leuchten, und ihr Licht spiegelt sich auf dem Schnee. Einer der Himmelskörper flimmert besonders hell, es mag unser Nachbarplanet Venus sein. Der klare wolkenlose Nachthimmel hat die Erde ausgekühlt. Die Wärme, die die Sonne tagsüber gespendet hat, ist verschwunden. Deutlich spüre ich, dass es noch Wochen dauern wird, bis in diesen nördlichen Breiten und in dieser Gebirgshöhe der Frühling einkehrt.

Ich hatte mir gewünscht, wieder einmal einen richtigen Winter erleben zu können, wie ich ihn aus meiner Kindheit erinnere, mit meterhohem Schnee und Flockentanz. Auch deshalb habe ich mich auf den kanadischen Winter gefreut und wurde nicht enttäuscht. Nicht dass mir jetzt die Winterwelt und ihre eiskalte Schönheit zu viel würden, nur gaukelt mir die Sonne tagsüber mit ihren heißen Strahlen das baldige Winterende vor. Oder sehne ich es vielleicht doch herbei? Daher vielleicht auch die Sommerhalluzination, die ich am nächsten Tag habe.

Wieder einmal ziehe ich meine Runden um den See, da sehe ich plötzlich vor meinem inneren Auge, wie ich ihn im Sommer erlebt habe. Das Winterbild verschwindet und wird von einem grünen Ufer überblendet. Weiden- und Erlengebüsche tragen Blätter, und im blauen Wasser spiegelt sich der Himmel. Es war ein Farbenspektakel, das im Lauf unseres Aufenthalts im Sommer immer intensiver geworden war, als sich mit beginnendem Herbst die Blätter der Birken und Erlen zitronengelb färbten. Die Blätter der Weiden zeigten sich in Gelbgrün, und die meterhohen Weidenröschen entfalteten ihre magentafarbenen Knospen zu blutroten Blüten. Wie schön, dass ich beide Erscheinungsformen der Landschaft in mich aufgenommen habe und mich daran erfreuen kann.

Heute ist der Geburtstag meines Vaters. Wo auch immer ich mich auf meinen Reisen zu diesem Datum befand, nie habe ich versäumt, seiner zu gedenken. Ansonsten mache ich mir nicht viel aus Geburtstagen und am wenigsten aus meinem eigenen, der im Juli ist, einer Zeit, in der ich als Schulkind im Kinderferienlager an der Ostsee war. Niemand hatte dort den Tag meiner Geburt beachtet, weswegen ich Feiern an meinem Ehrentag nicht gelernt habe und nicht gewohnt bin. Aber an den meines Vaters denke ich jedes Jahr, obwohl er seit Langem nicht mehr lebt. Er ist in dem Jahr gestorben, als ich zur Forschungsarbeit auf den Galapagosinseln war.

Er starb, da war er noch nicht einmal 59 Jahre alt. Damals wusste ich, wenn ich nach einem Jahr aus Ecuador zurückkehrte, würde er nicht mehr leben. Er war todkrank, doch die DDR-Behörden erlaubten mir die Einreise nicht. So konnte ich ihn nicht noch einmal sehen und nicht Abschied nehmen. Deshalb ist er für mich auf gewisse Weise immer noch da. Nicht nur an seinem Geburtstag, auch in vielen Situationen denke ich an ihn, frage mich, was er mir raten, wie er die eine oder andere Sachlage beurteilen würde.

Er ist viel zu früh gestorben, wie schön wäre es gewesen, wenn er an meinem Lebensweg noch hätte teilnehmen können, der ja gerade erst begonnen hatte, wobei die Zeit auf den Galapagosinseln der erste Schritt war. Ich hätte ihn noch so vieles fragen wollen. Für immer ist eine schmerzhafte Lücke geblieben, die ich mit meinen Gedanken und Erinnerungen versuche, ein wenig zu füllen. Deutlich erinnere ich mich an seinen 40. Geburtstag. Ich wunderte mich, warum er traurig war. Er nahm mich immer ernst, und so sagte er mir, dem Kind, unverblümt, was er dachte und fühlte: »Es gibt keinen Grund zu feiern und fröhlich zu sein, wenn man wieder ein Jahr älter und das Leben bald vorbei ist.«

»Aber wieso denn?«, rief ich überrascht: »Du bist doch nicht alt! Opa ist viel älter als du, und er lebt immer noch!«

»Die Sache ist die, dass ich viel vorhatte in meinem Leben, so viele Träume, die ich nicht mehr verwirklichen kann.«

In meiner kindlichen Vorstellung war es nicht das DDR-Regime, das seine Bürger einsperrte und sie hinderte, ihre Träume zu leben, sondern ich sah als einzigen Hinderungsgrund uns, seine Familie mit den vier Kindern. Erschrocken wurde mir bewusst, dass ich und die anderen drei die Ursache waren, dass er nicht das Leben führen konnte, das er sich wünschte. Ich fühlte mich schuldig. Vielleicht sah er in meinen Augen, wie betroffen ich war, und sagte: »Lass mal, Kind, nicht so schlimm, vielleicht erfülle ich mir noch den einen oder anderen Traum.«

»Welchen denn, Vati?«

»Ich werde ein Buch schreiben.«

»Oh, wie schön, worüber denn?«

»Über Alexander den Großen.«

»Was? Warum ausgerechnet über diesen Eroberer?«

Mir gefiel dieser Alexander überhaupt nicht. Er hat Kriege geführt, nichts aufgebaut, nur zerstört.

»Mag sein«, wischte mein Vater meine Argumente beiseite und erklärte mir: »Mich interessieren bei diesem Thema die Völker, die er erkundet, und die unbekannten Regionen, die er erschlossen hat. Wenn ich über ihn und seine Taten schreibe, kann ich in der Fantasie mit ihm reisen und seine Abenteuer erleben, als wäre ich dabei gewesen.«

»Fang doch am besten gleich zu schreiben an, dann bist du nicht mehr traurig«, meinte ich.

Mein Vater aber wollte warten, bis er als Rentner die nötige Ruhe und Zeit zum Schreiben hätte. Ich erinnere mich an unser Gespräch, als wäre es erst vor Kurzem gewesen. Damals, mit zwölf Jahren, spürte ich deutlich, auch wenn ich es nicht aussprach, dass man nie warten sollte, denn sonst ist es irgendwann zu spät. Nie kommt von selbst die Zeit, in der sich Träume erfüllen. Selbst muss man dafür sorgen und sofort, sollte es nicht auf später verschieben. Träume warten nicht, sonst bleiben sie für immer unerfüllt.

»Das sind doch nur Luftschlösser«, pflegte meine realitätsbewusste Mutter zu den Ideen meines Vaters zu sagen.

Sein Buch schrieb mein Vater nie. Er starb lange bevor er das Rentenalter erreichte.

In Gedanken halte ich Zwiesprache mit meinem Vater. Ich sehe ihn lächeln, obwohl er selten gelächelt und noch seltener gelacht hat. Seine großen, das Gesicht dominierenden grünbraunen Augen blicken melancholisch in die Welt. Er hat sich nicht so verwirklichen können, wie er es gern gewollt hätte. Doch andererseits war es für ihn wichtig, eine Familie zu haben. Vielleicht war es für ihn das Wichtigste. Uns Kindern hat er durch sein Wesen, seine Güte, sein Wissen und seine

Naturverbundenheit wertvolle Dinge mit auf den Lebensweg gegeben. Da fällt mir ein – warum habe ich nicht längst daran gedacht? Als Mitglied einer Jagdgesellschaft hatte er die Möglichkeit, eine Waldhütte zu bauen. Ursprünglich sollte es ein Lagerhaus für die Winterfütterung werden, um Heu, Kastanien, Eicheln und Mais dort aufzubewahren. Aus dieser Idee erwuchs ein Häuschen mitten im Wald, in dem ich mit meinen Eltern und Geschwistern die Sommerferien und die Wochenenden verbracht habe. Es war eine glückliche Zeit für uns alle, die uns geprägt hat. Mein jüngster Bruder Holger hat die Waldhütte später für seine Familie genutzt und an seine beiden Söhne weitergegeben, was er durch unseren Vater gelernt und erlebt hat.

SONNE HINTER DEN BERGEN

Selbst der Gang zur Toilette kann überraschende Tierbeobachtungen bieten. Es war früher üblich, das *outhouse* ein gutes Stück vom Blockhaus entfernt zu errichten, und zwar ohne Türen, weil die Rancher den Ausblick über ihr Farmland während ihrer Sitzung genießen wollten. Am Blue Lake und am Rainbow Lake haben wahrscheinlich die Sommergäste sich ausbedungen, das Häuschen mit einer Tür auszustatten. Am Thukada Lake ist das *outhouse* offen, und ich erfreue mich am Panorama. Manchmal turnt ein Eichhörnchen anmutig von einem Ast zum anderen, oder ein Schneeschuhhase hoppelt geruhsam vorbei, seine kurzen Ohren mit den pechschwarzen Spitzen steil aufgerichtet. Der Schneeschuhhase *Lepus americanus* ist kleiner und rundlicher als der weiter im Norden lebende Schneehase *Lepus timidus*. Er ist der kleinste in der Hasenfamilie und erinnert eher an ein Kaninchen; die Biologen zählen ihn aber zu den echten Hasen. Im Winter sind die Hasen weiß, im Sommer braun und so perfekt an die jeweilige Umgebung angepasst. Sie leben einzeln, nicht wie Kaninchen in Kolonien, und verteidigen ihr Revier vehement gegen andere Artgenossen.

Meist sind sie in der Nacht oder in der Dämmerung unterwegs. Ich sitze früh am Morgen auf dem Örtchen, als ein Häschen gemächlich angehoppelt kommt. Wahrscheinlich ist es auf dem Heimweg in seine Schneehöhle. Es verharrt, reckt sein Näschen schnuppernd in den Wind, nimmt mich aber nicht wahr und setzt seinen Weg geruhsam fort.

Während der Hase sich mit weißem Fell tarnt, schützt sich das Schneehuhn mit weißem Federkleid. Zwischen den wirr verwachsenen Sträuchern auf dem Weg zum Toilettenhäuschen halten sich mehrere Hühner versteckt und ernähren sich kärglich von den harten und trockenen Knospen. An ihre übliche Nahrung, Beeren, Moose und Flechten, unter tiefem Schnee verborgen, kommen sie nicht heran. Ihre Anwesenheit wird mir durch die mäandernden Fußmarkierungen signalisiert, die sie im Schnee hinterlassen haben. Vorsichtig setze ich einen Schritt vor den anderen und halte nach ihnen Ausschau. Mit ihrem weißen Gefieder sind sie im Schnee fast unsichtbar. Manchmal entdecke ich sie anhand ihrer Augen, die wie schwarze Punkte zwischen den weißen Federn hervorstechen, sehr oft jedoch haben sie mich längst erspäht und schwirren flügelschlagend davon. Im Sommer tragen sie ein Gefieder mit feiner Maserung in verschiedenen Tönungen von Gelb, Braun und Schwarz. Während meiner Sommerwanderung waren sie weniger scheu gewesen. Jeden Tag hatte ich sie in der Nähe der Hütte picken und scharren gesehen. Die Gefahr, die ihnen von Beutegreifern droht, ist im Winter ungleich größer, deshalb sind sie jetzt vorsichtiger.

Heute beschert mir meine Sitzung ein unerwartetes Highlight: Schneeziegen! Zwei dieser Kletterkünstler hüpfen im steilen Gelände durch die Felswand an der gegenüberliegenden Talseite. Einfach fantastisch – wer glaubt mir, dass ich diese seltenen Tiere vom Örtchen aus beobachte?

Die unverhoffte Beobachtung der Schneeziegen hoch oben in den Bergen, die Begegnung mit Tieren am eisfreien Thukada River oder mit Tieren rings um mein Blockhaus, der Besuch der Eichhörnchen und der Meisenhäherfamilie, die täglich bei mir vorbeischauen, sind für mich kostbare Geschenke und bereichern meine selbst gewählte Einsamkeit. Selbst wenn ich nur die Fährten von Tieren sehe, erfreut mich das sehr.

Strahlend beginnt der Morgen am 1. Mai. Ein immenser Feuerball rollt glühend hinter den Bergen hervor. Höher und höher steigt der goldene Ball, zieht seinen Bogen am Himmel, bis er sich am Abend nach Westen neigt. Wer wie ich mitten in der Natur lebt, das Wettergeschehen hautnah mitbekommt, der achtet anders als die Bewohner in festen Häusern auf seine Umgebung. So kann ich mir auch gut vorstellen, wie die Menschen in früheren Zeiten in den Gestirnen Gottheiten gesehen haben. Ist die Sonne nicht ein gigantisches Wesen und in ständiger Bewegung, steigt auf und fällt nieder zum Horizont? Eine flammende Kreatur, die das Leben auf unserer Erde grundlegend formt und beeinflusst?

Mehr und mehr verlagere ich meinen Aufenthalt nach draußen, erkunde mit den geflochtenen Schneeschuhen die bewaldeten Berghänge bis zur Felsregion. Höher wage ich mich wegen der Lawinengefahr nicht. Seitdem es tagsüber bis zwölf Grad warm wird – auch nachts sinken die Temperaturen selten unter null –, trage ich den Bärenspray am Gürtel, falls einer der Winterschläfer vorzeitig seine Höhle verlassen sollte, was jedoch ziemlich unwahrscheinlich ist. Die Bären in diesen nördlichen Breiten wissen instinktiv und aus Erfahrung: Der Schnee muss erst geschmolzen sein, damit sie Nahrung finden. An der Höhe der Schneeauflage hat sich trotz der Sonnenwärme so gut wie nichts verändert, die Bären würden also kein Futter finden.

Gleich nach der Winterruhe ist es für die Tiere wichtig, ihre Energiereserven wieder aufzufüllen. Erstaunlicherweise benutzen sie dazu Gras und machen nicht etwa Jagd auf Beutetiere. Im Frühling sieht man die mächtigen Grizzlys oft zu mehreren beieinander grasend an den Berghängen, so hatte es mir John beschrieben. Gras ist das erste Futter, das zur Verfügung steht. Es wächst, noch bevor die Laubbäume Blätter haben. Diese vegetarische Kost reichern die Bären gelegentlich mit kalorienreichen Speisen an wie Vogelgelegen, Jungtieren oder Aas. Jedoch verschwenden die von der Winterhungerzeit geschwächten Bären keine Energien auf die Jagd. Allerdings, so ein Mensch wie ich wäre für Bären ohne großen Aufwand zu erlegen und sicherlich eine willkommene Nahrungsergänzung.

In Johns Büchern, geschrieben von den frühen Farmern, habe ich authentische Schilderungen über Begegnungen mit Bären gelesen. Eines der Bücher stammt von Diana Phillips. Sie berichtet, wie sich, angelockt von den Rinderherden, auf der Farm ihrer Eltern zwölf Grizzlys eingefunden und großen Schaden unter dem Viehbestand angerichtet haben. Sogar bis zum Wohnhaus hatten sich die Bären gewagt und die Vorratskammer geplündert. Zeit für eine langwierige Jagd hatten die Rancher nicht, also orderten sie aus Vanderhof einen Bärenjäger. Der machte sich die Sache einfach und vergiftete ein von den Bären getötetes Kalb. Das Gift brachte die mächtigen Grizzlys langsam und qualvoll um. Kilometerweit schleppten sie sich durch die Wildnis, erbrachen sich, bis sie schließlich verendeten. Der geliebte Hund des Giftjägers fraß vom Erbrochenen und starb. Auch wenn ich den Tod des Hundes bedauere, hat das Sterben seines tierischen Jagdgenossen den Jäger vielleicht zum Nachdenken gebracht. Allerdings, auch die Farmer verwendeten Giftköder, um sich der Wölfe zu erwehren, was außer den Wölfen auch zahlreiche andere Tierarten das Leben kostete.

Überhaupt ging man damals mit der Natur nicht gerade pfleglich um, es gab ja reichlich davon. Für neues Weideland wurde massenhaft gerodet, Wege und Fahrstraßen wurden gebaut, Flüsse und Bäche gestaut und umgeleitet, Fallen gestellt, um durch den Verkauf der Felle eine zusätzliche Einnahmequelle zu erhalten. Schon zehnjährige Kinder, wie Diana stolz berichtet, lernten das Fallenstellen und hatten ihre eigene *trap-line,* eine Route, an deren Verlauf Fallen aufgestellt wurden. Später gab es teure Fallen, die sofort töteten, doch damals benützte man Fangeisen, die mit eisernen Zähnen die Pfote des unglücklichen Tiers fixierten, bis der Fallensteller kam und das Tier von seinen Qualen erlöste. Nicht jeden Tag kontrollierte man die Fallen, meist nur einmal die Woche. Wölfe und auch Füchse amputierten sich selbst mit ihren Zähnen und humpelten blutend davon, dem Hungertod entgegen, unfähig, zukünftig Beute zu machen.

Richmond Hobson, ein Freund von Dianas Vater, beschrieb in seinem Buch »Grass Beyond the Mountains«, wie er und ihr Vater erstmals in das unberührte Land der Chilcotin Mountains kamen:

»Wir ritten durch eine weit geschwungene Landschaft, Gras, so weit das Auge blicken konnte. Kristallklare Bäche sprudelten durch die Wiesen, umgürtet von Weiden. Es war ein wundervoll saftig grünes Land mit vielfarbigen wilden Blumen. Schlanke Pappeln, Erlen, Tannen und Kiefern wuchsen an den Flussufern. Das sich in alle Himmelsrichtungen erstreckende Grasland wurde eingerahmt von Bergen, die sich in blauen Seen spiegelten. Maultierhirsche sprangen durch das hohe Gras, und Elche weideten in den sumpfigen Niederungen. Unbewohnt und unbekannt lagen sie vor uns. Die ungeheure Größe des einsamen, menschenleeren Gebiets machte einen tiefen Eindruck auf uns. Was sollten wir mit unserer fabelhaften Entdeckung machen? Wenn wir berichteten, was für ein fantastisches Land wir entdeckt hatten, würde dies Farmer mit großen Viehbeständen in das Gebiet locken. In einer hässlichen Vision sah ich dieses einmalig schöne Land zersiedelt, durch Zäune und Straßen zerteilt, die Grasnarbe durch Überweidung zerstört, der erodierte Boden ausgetrocknet und vom Regen weggeschwemmt.«

Von der schlimmen Vision Richmond Hobsons blieb das Grasland hinter den Bergen verschont. Es war zu abgelegen, zu schwer erreichbar, als dass es sich für Großbetriebe gelohnt hätte, dort Profit zu machen. Doch überall, wohin der Mensch kommt, muss die Natur weichen, verändert er die Wildnis zu seinem Nutzen. Die Generation der Pioniere machte das Land urbar für die Rinderzucht, die zweite Generation profitierte davon, die dritte Generation allerdings wollte die harten Lebensbedingungen nicht mehr ertragen und zog in die Städte. Diana Phillips besuchte im Jahr 2006 ihre elterliche Farm, nachdem sie 30 Jahre zuvor aufgegeben worden war. Sie schrieb: »Die Natur hat sich den Platz zurückerobert.«

Ihrer Meinung nach sah es wieder so aus wie zu der Zeit, als ihr Vater dort ankam. Ganz so wird das nicht stimmen. Dort, wo der Mensch eingegriffen hat, bleiben für immer Spuren. Der Boden wurde durch die Rinder gedüngt und verfestigt, deshalb wachsen dort andere Pflanzen als zuvor. Die ursprüngliche Lebensgemeinschaft von Pflanzen und Tieren ist verändert und wird nie mehr die alte sein. Für unsere Augen scheint alles in Ordnung, wenn es nur grün ist. Wer die Artenvielfalt vorher kannte, weiß, was verloren gegangen ist.

Bei dem Gedanken daran, wie die Erde ohne Menschen aussehen würde, muss ich an Marlen Haushofers Buch »Die Wand« denken. In einem Gedankenexperiment hat sich die Autorin vorgestellt, dass durch ein rätselhaftes Ereignis alle

Menschen erstarrt und tot sind, nur die Protagonistin hat in einer abgelegenen Berghütte überlebt. Durch eine unsichtbare Wand ist sie von der Außenwelt getrennt. Von den Berggipfeln kann sie in die Täler blicken und sieht, wie Gebäude, Straßen und alle menschlichen Einrichtungen zerfallen und mehr und mehr vom Grün überwuchert werden.

Das Buch habe ich vor Jahrzehnten gelesen, und jetzt kommt mir in den Sinn, dass es Parallelen zwischen mir und der Frau gibt, die allein in einer Berghütte lebt, abgeschnitten von der Zivilisation und von allem, was ihr bisheriges Leben ausmachte. Es gibt allerdings einen entscheidenden Unterschied: Sie hat sich die Isolation nicht selbst ausgesucht, sondern wurde von einem Tag auf den anderen in diese Situation hineingeworfen. Auch musste sie für ihre Ernährung sorgen, während ich meine Nahrungsmittel mitgebracht habe. Sie pflanzt Kartoffeln, zieht Gemüse, melkt eine ihr zugelaufene Kuh, macht Heu für den Winter, alles schwere körperliche Arbeiten, an die sich die Städterin erst gewöhnen muss; und sie geht jagen! Ohne hin und wieder Wild zu schießen könnte sie mit rein vegetarischer Nahrung nicht überleben, denn es würden ihr wichtige Nährstoffe fehlen. Ein spannendes Buch über einen Menschen, der unvorbereitet in der Natur überleben und mit sich und den Tieren klarkommen muss.

Beim Langlaufen auf dem See werde ich nicht müde, den Kranz der weißen Bergriesen zu bewundern, lasse meinen Blick schweifen, nehme die verschiedenartigen Formen der vergletscherten Felsen tief in mich auf. Je nach Sonnenstand, bei abnehmendem oder aufflammendem Licht und abhängig von den ziehenden Wolken, deren Dichte und Gestalt verändern die Dreitausender ihr Aussehen und bleiben doch stets an ihrem Ort, thronen ernst und stark in der Landschaft. Steile

Flanken stürzen fast senkrecht zum See hinab, Schneemassen hängen unterhalb der Gipfel, weich und sanft, doch mit tödlicher Kraft, falls sie herabdonnern.

Das warme Licht des Nachmittags wirkt auf mich wie eine Umarmung meiner Seele. Immer wieder durchpulst mich der Gedanke, wie privilegiert ich bin, diese wilde Natur erleben zu dürfen. Die natürliche Schönheit dieser Landschaft wirkt stark auf mich ein. Deutlich spüre ich, wie jeden Tag mehr Kraft und Lebensenergie in mich hineinströmen. Je länger ich in dieser magischen Bergwelt weile und mich an diese Umgebung gewöhne, umso stärker spüre ich ihren Zauber. Hin und wieder überfällt mich ein Gefühl der Unwirklichkeit. Bin ich das, die hier ist? Allein in der kanadischen Wildnis?

Die Lautlosigkeit, die mich heute wieder umgibt, übt einen starken Sog aus. Lausche ich in die Stille hinein, höre ich wieder die Glocken klingen, immer dann, wenn kein Wind weht, die Wolken tief hängen und durch Neuschnee Geräusche gedämpft sind. Stille ist nicht nur die Abwesenheit von Lärm, sondern ein Schweigen, das dem, der dafür empfänglich ist, Augen und Ohren öffnet für eine andere Welt.

Quer über den schneeglänzenden See führt eine einsame Spur. Sie stammt von einem Elch. Wie ich an den kaum verwehten Abdrücken erkenne, muss er erst vor Kurzem hier lang gezogen sein. Ich wundere mich, dass der Elch den Weg über den See gewählt hat, sonst meiden Tiere die weite, offene Fläche. Ich suche den Waldrand mit dem Fernglas ab, kann ihn aber nicht erblicken.

Als meine Blockhütte wieder in Sicht kommt, bin ich wie immer froh und erleichtert, sie unversehrt vorzufinden. Nie verlässt mich die Vorstellung, der tückische Feuergeist könnte meine Zuflucht in Asche verwandeln. Wie schnell kann von einem Moment zum anderen alles verändert, alles, was sicher und beständig schien, zerstört sein. Jeder weiß das. Ständig daran zu denken würde uns krank machen. Jedoch, auch wenn man dieses Wissen ins Unterbewusstsein verdrängt, bleibt es dort unterschwellig erhalten, wirkt subversiv weiter und ruft unbestimmte Ängste hervor, lässt uns vor Veränderungen zurückschrecken, oder es macht uns im Gegenteil gerade erst recht mutig, wie es bei mir der Fall ist. Denn wenn das Leben ungewiss ist, wenn es von einer Minute zur anderen vorbei sein kann, dann habe ich die Freiheit, das zu wagen, was mir wichtig ist, mein Schicksal selbst zu bestimmen, mich nicht vor Veränderungen zu fürchten, sondern sie herauszufordern.

Ein Trugschluss ist es, sich einzubilden, alle drei Zeitebenen zur Verfügung zu haben: Vergangenheit, Gegenwart und Zukunft. Denn nur die Gegenwart, dieser eine kurze Moment, der schon vorbei ist, wenn man ihn denkt, gehört uns ganz. Nur diese Bruchteile von Sekunden besitzen wir, die sich aneinanderreihen in eine ungewisse Zukunft und zurückreichen in eine bereits gelebte Vergangenheit. An diese können wir uns wenigstens erinnern. Die Zukunft jedoch ist uns ganz und gar verborgen. Zwar lieben wir es, Pläne zu schmieden, uns Ziele zu setzen, in Hoffnungen zu schwelgen und Erwartungen zu pflegen, doch dabei wissen wir, oder ahnen es zumindest, dass uns die Zukunft nicht gehört.

Stets war und ist mir bewusst, meine Lebenszeit ist viel zu kurz bemessen, zu kurz, um alle Länder, alle Naturräume, alle Kulturen kennenzulernen, die ganze Erde eben. Daran kann ich nichts ändern, außer dass ich die Augenblicke bewusst lebe. Allerdings, irgendwann wird das Leben vorbei sein. Obwohl ich ständig daran denke und mir bewusst mache, alles ist vergänglich und das Leben ist endlich, lebe ich recht fröhlich mit diesem Wissen. Vielleicht gerade weil ich es möglichst nicht verdränge, gibt es mir die Kraft und den Mut, meine Ziele anzusteuern. Seit meiner Jugend habe ich jeden Morgen beim Aufwachen diesen einen Gedanken, der immer von selbst da ist: »Ich lebe noch! Nun aber los, mach was draus!«

ERSTE FRÜHLINGSBOTEN

Die Morgenluft ist frisch. Der Schnee glitzert, angestrahlt von der aufgehenden Sonne. Der Fluss plätschert zwischen vereisten Ufern. Auf einem der Steine im Wasser hockt ein schieferbrauner Vogel. An Körperform und Haltung erkenne ich sofort, es ist keine Grauwasseramsel. Der Vogel, der mir seinen bräunlichen Rücken zuwendet, wechselt plötzlich die Position – ein roter Bauch flammt auf. Es ist ein *American robin.* Oft fälschlich als Rotkehlchen bezeichnet, gehört *Turdus migratorius* zu den Drosseln.

Oh, wie schön, denke ich, ein Frühlingsbote! Und es stimmt. Wird irgendwo in Nordamerika dieser leuchtend ziegelrot gefärbte Vogel gesichtet, weiß man: Der Frühling ist da! Die Leute lieben ihren *robin,* der in keinem Park, in keiner Gartenanlage fehlt und mit Gesang, ähnlich unserer Singdrossel, die Menschen erfreut. Die Wanderdrossel, wie sie heißt, weil sie als Zugvogel im Winter weit nach Süden fliegt, war vom Aussterben bedroht, da in Amerika massenhaft Pestizide versprüht wurden. Die Wissenschaftlerin und Autorin Rachel Carson hat mit ihrem Buch »Der stumme Frühling« dafür gekämpft, kein DDT mehr zu verwenden. Gerade am Beispiel der beliebten, sangesfreudigen und farbenprächtigen Wanderdrossel versuchte sie, die Menschen aufzurütteln. Was ihr schließlich auch gelang.

Meine Drossel nimmt noch einen Schnabel voll Wasser, pickt ein Insekt auf und fliegt zu einem Baumstumpf. Dort hebt sie an zu singen. Was für ein Frühlingslied! Was für ein wunderbarer Morgen!

Jeden Tag bekomme ich nun neue Vogelarten zu Gesicht, die durch mein Gebiet ziehen. Sie bleiben kurz, höchstens ein, zwei Tage, dann fliegen sie weiter, dorthin, wo sie ihre Nester bauen wollen, und das machen sie fast immer dort, wo sie selbst aus dem Ei geschlüpft sind.

Unter der mächtigen Kiefer vor der Hütte, in der die Eichhörnchen leben, ist im Umkreis von zwei Metern der Schnee weggetaut, weil er, aufgefangen von den dichten Nadelzweigen, nicht allzu hoch lag. Erstmals ist wieder Erdboden sichtbar. Nach den Monaten mit schneebedecktem Boden ein erfrischender und anheimelnder Anblick. Eine Schar schieferdunkler, spatzenkleiner Vögel hüpft pickend unter der Kiefer herum. Nachdem ich ein paar Fotos gemacht habe, ziehe ich das Bestimmungsbuch zurate. Der englische Name lautet *dark-eyed junco,* auf Deutsch Winterammer. Von dieser Art gibt es 15 Unterarten oder besser: gab es. Im Jahr 1973 fassten die Mitglieder der American Ornithological Society den Beschluss, die Unterarten zu einer einzigen Art zusammenzufassen. Obwohl die Vögel recht verschieden aussehen, von schwarz über grau bis kupferbraun und zimtfarben, pflanzen sie sich untereinander fort, für Biologen das Kennzeichen, dass es sich um eine einzige Art handelt, obwohl sie regional weit entfernt voneinander leben, von Alaska bis zum Bundesstaat Oregon.

Meine dunkeläugigen Winterammern haben einen kurzen zartrosa Schnabel, der Rücken ist schiefergrau, Bauch und Brust sind lichtgrau, und beim Fliegen leuchten beidseits am Schwanz zwei weiße Federn, als würden sie Signale versenden. Piepsend hüpfen sie auf der schneefreien Erde. Nach einer Rast von wenigen Stunden flattern sie weiter Richtung Alaska. Am nächsten Tag hopst ein neuer Trupp unter der Kiefer, dem einzigen Ort, wo der Boden schneefrei ist.

Mit nervigem Geschrei macht eine Hudsonelster auf sich aufmerksam. Sie hat sich im Wipfel eines hohen Baums positioniert und schimpft lautstark mit allem, was ihr Stimmorgan hergibt. Wahrscheinlich regt sie sich wegen der Eichhörnchen so auf, oder sie hat einen Marder gesichtet. Die Elster heißt in Kanada *black-billed magpie* und sieht unserer Elster zum Verwechseln ähnlich. Die *Pica hudsonia* ist von Alaska bis Minnesota weitverbreitet. Elsternpaare bleiben ein Leben lang zusammen. Während das Weibchen brütet, wird es vom Männchen gefüttert. Die Jungen betreut das Paar gemeinsam.

Endlich hat sich die Elster beruhigt, schaut noch ein paar Minuten umher, und schon ist sie verschwunden. Es kommen keine anderen Elstern nach, jedenfalls bemerke ich keine weiteren.

Eines Morgens schwimmen auf dem Fluss zwei Enten. Mitunter sind diese Wasservögel nicht leicht zu bestimmen, weil sich vor allem die Weibchen der einzelnen Arten mit ihrem braunen Tarngefieder recht ähnlich sehen. Überrascht identifiziere ich mit dem Fernglas eine wohlbekannte, um nicht zu sagen gewöhnliche Art, nämlich die Stockente. Den Erpel erkenne ich an seinem grün schillernden Kopf und Hals, neben ihm schwimmt sein erdbraunes Weibchen. Ganz anders als Stockenten auf unseren Teichen, Seen, Flüssen und in unseren Parkanlagen sind die Enten hier scheue Wildwesen. Sie flüchten, als ich mich ihnen auf 100 Meter genähert habe. Am nächsten Tag sichte ich sie ein zweites Mal, dann sind sie weitergezogen.

Woika, woika, woika, keeww, wick, wick, wick, kick! Mit diesen ungewöhnlichen Rufen macht der Goldspecht auf sich aufmerksam. Seine kupfergoldenen Federn sind nur sichtbar, wenn er fliegt, denn sie zieren die Unterseite seiner Schwingen. Außer dieser auffälligen Farbe, die aber nur im Flug zur Geltung kommt, trägt er ein schlichtes Federkleid. Flügeloberseite und Rücken sind lichtgraubraun gefärbt, Nacken und Scheitel zartgrau. Der wie Perlmutt glänzende Bauch ist übersät mit fingernagelgroßen schwarzen Tropfenflecken. Die Federn neben dem Schnabel bilden einen roten Streifen, und am Hinterkopf leuchten ebenfalls rote Federn. Der *northern flicker* ist etwa so groß wie unser Grünspecht und ernährt sich wie dieser am liebsten von Ameisen, die er mit seiner langen, klebrigen Zunge, als wäre sie eine Leimrute, in seinen Schnabel befördert. Ameisen suchen die drei krakeelenden Spechte, zwei Männchen und ein Weibchen, vergeblich in Hüttennähe. Sie inspizieren ein paar morsche Bäume, ob sie sich als Bruthöhlen eignen, entscheiden sich jedoch, weiterzuziehen in niedrigere Täler, wo es Nahrung gibt. Überhaupt gehört dieses Hochtal in den Rocky Mountains nicht zur Hauptzuglinie, deshalb sind es nur wenige Arten und Individuen, die sich mir zeigen.

Freude bereiten mir die Indianergoldhähnchen, auf Englisch *golden-crowned kinglet.* Der Name passt gut zu diesen Vögeln mit dem rotgoldenen Scheitel. Die Winzlinge sind kämpferisch. Zwei Männchen bedrohen sich gegenseitig und stellen dabei ihre güldenen Federn am Kopf in die Höhe. Es sieht dann aus, als trügen sie einen Goldhelm. Verwandt mit unserem Winter- sowie dem Sommergoldhähnchen, gehören sie mit acht Zentimetern zu den kleinsten Vogelarten; nur

Kolibris sind noch winziger. Wenn ich mich aufs Lauschen konzentriere, sind aus den Kronen der hohen Nadelbäume die feinen, wispernden Töne der Goldhähnchen vernehmbar, sie klingen wie: *Tsee-tsee-tsee-tsee.*

Meine bisherigen Wintergefährten, Hörnchen, Schneeschuhhase, Schneehuhn, Weißkopfseeadler, Grauwasseramsel, Meisenhäher, gelegentlich Otter, Fuchs, Luchs, Wolf und Elch, leisten mir immer noch Gesellschaft. Die durchziehenden Vögel bringen jedoch Abwechslung in meine Beobachtungen. Welche für mich neue Vogelart werde ich diesmal entdecken? Das frage ich mich jeden Tag, wenn ich zu meinen Touren aufbreche.

Inzwischen ist es Mitte Mai. Der Schnee ist nicht weniger geworden, aber weicher. Gefährlich weich. Er taut nicht so, wie ich es von daheim gewöhnt bin, indem der Schnee schmilzt, immer weniger wird und sich nach und nach in Wasser verwandelt. Vielmehr bleibt er gleich hoch, ändert allerdings seine Konsistenz, wird körnig wie Reis. Nur sehr früh am Morgen, vorausgesetzt, die Temperaturen lagen nachts bei null Grad oder tiefer, was nur noch selten vorkommt, kann ich es wagen, mit den Skiern über den See zu fahren. Doch inzwischen traue ich mich nicht mehr. Zu sehr bin ich erschrocken, als ich ohne Vorwarnung dort eingebrochen bin. Ich erinnerte mich sofort daran, was mir John im Sommer gesagt hatte, als ich ihm das erste Mal begegnet bin: »Wenn der See beginnt aufzutauen, ist er lebensgefährlich. Wegen der Schneeauflage kannst du nicht sehen, wo die dünnen Stellen im Eis sind.«

Am Nachmittag war ich am Fluss entlanggefahren, um nach durchziehenden Vögeln Ausschau zu halten und bei meinen Grauwasseramseln vorbeizuschauen, die beide ein Weibchen gefunden haben. Auf dem Rückweg zur Hütte wollte ich, wie so oft, über den See abkürzen, auch um mich an der weiten Schneelandschaft zu erfreuen. Nichts deutete darauf hin, als ich einer meiner alten Spuren folgte, dass sich etwas verändert hatte. Die Oberfläche sah aus wie immer. Plötzlich, ohne Vorwarnung, brach der Schnee unter mir ein, und ich rutschte abrupt in die Tiefe. Zu meinem großen Glück brach das Eis unter dem Schnee nicht ein, sodass ich nicht ins Wasser fiel.

Erschrocken stellte ich fest, dass die dicke Schneeschicht von oben bis in die Tiefe aufgeweicht war und eine amorphe Masse bildete, nicht mehr fest und noch nicht flüssig. Die Skier hatten sich senkrecht eingegraben und ließen sich nicht herausziehen. Die Schneemasse um die Bretter herum war wieder dicht geschlossen. Mit behandschuhten Händen grub ich mich bis zur Bindung vor, was extrem schwierig war, weil meine Füße ja dort verankert waren. Schließlich konnte ich eine Bindung öffnen und hatte nun etwas mehr Bewegungsfreiheit. Dennoch bekam ich die Bindung des anderen Ski, der noch tiefer steckte, nicht auf. Der Druckknopf befindet sich weit vorn und muss kräftig gedrückt werden. Ich steckte mit meinem Bein in der Falle. Im Rucksack hatte ich das Satellitentelefon. Im besten Fall hätte es fünf Stunden gedauert, bis ein Hubschrauber eingeflogen wäre, zudem wäre es mir ziemlich unangenehm gewesen, wenn man mich in dieser lächerlichen Lage vorgefunden hätte. Ich musste mir schon selbst helfen. Das Telefon sollte mir ja auch nur im äußersten Notfall dienen. Mit den Händen reichte ich bis zu den Schnürsenkeln, die ich aufdröselte. Endlich war der Fuß frei, und ich kroch aus dem Schneeloch heraus, das durch meine Befreiungsversuche ziemlich breit geworden war. Den einen Ski konnte ich herausziehen und nahm ihn mit, den anderen mit dem Schuh musste ich dortlassen, er steckte zu fest. Sobald ich mich aufrichten wollte, brach ich ein. So krabbelte ich auf allen vieren zur festgefahrenen Hauptspur, die vom Fluss zur Hütte führt und glücklicherweise fest genug war, sodass ich den einen Ski anschnallen und mich mit dem sockenbekleideten Fuß auf dem Brett stehend mit den Stöcken abstoßen und fortbewegen konnte.

Am Blockhaus angekommen, verweilte ich nicht. Mein Adrenalinpegel war hochgeschnellt und verlangte Aktivität. Also stieg ich in meine Wanderschuhe und befestigte an ihnen die Schneeschuhe, legte Spitzhacke und Schaufel in den Schlitten und zog ihn zu der Stelle, wo mein Ski versunken war. Dort brach ich selbst mit den breiten Schneeschuhen einen halben Meter tief ein. Deswegen kroch ich auf Händen und Knien voran und schob den Schlitten, an dem ich mich festhalten konnte, vor mir her. Ich bewegte mich wie in Zeitlupe, vermied es so gut es ging, den weichen Schnee zu sehr zu belasten. Ich handelte mit äußerster Vorsicht und war mir bewusst, dass ich auf keinen Fall noch einmal tief einbrechen durfte. Meine größte Sorge war, dass das Eis unter dem Schnee bereits geschmolzen sein könnte, vor allem an Stellen, wo Bäche in den See münden. Mit klopfendem Herzen befreite ich mit den Werkzeugen den Ski und kroch wieder zur Hauptspur zurück. Der Ort sah nun wild aus, als wäre dort ein Elch eingebrochen.

Das Erlebnis gab mir zu denken. Wenn der Schnee auf dem See bereits bis zum Grund durchfeuchtet war, bestand für Andrew die Gefahr, dass er sich mit dem Flugzeug auf dem weichen, nachgebenden Grund überschlug oder sogar bis zum Wasser einsank. Andererseits würde es noch einige Wochen dauern, vielleicht bis Mitte Juni oder Anfang Juli, bis sich der gesamte Schnee in Wasser verwandelt hatte und die meterdicke Eisschicht völlig geschmolzen war, um mit dem Wasserflugzeug auf dem See landen zu können.

Am Abend rief ich Andrew mit dem Satellitentelefon an. Über die Wettersituation war er durch den Pilotenwetterdienst bestens informiert. Er warte ab, bis es noch einmal Nachtfröste gebe und die Oberfläche auf dem See fest genug sei, um sehr früh morgens zu landen. Ich solle ihn jeden Abend anrufen, damit ich informiert sei und mich bereithalten könne.

Ein paar Tage später. Es wird immer wärmer, nachts kühlt es nur wenig ab, nicht unter null Grad. An der Schneehöhe ändert sich trotzdem nichts. Oje, denke ich, da sitze ich hier wohl bis auf Weiteres fest und werde meinen Rückflug verpassen. Stornieren oder umbuchen kann ich von hier aus nicht.

Andrew ist optimistisch. »Es wird noch mal kalt!«, beruhigt er mich.

Am Morgen schnalle ich wie immer die Skier an und drehe meine Runde am Fluss. Trotz der Erfahrung ein paar Tage zuvor auf dem See ahne ich nicht, dass der Schnee selbst auf der Spur, die ich Hunderte Male benutzt und dadurch verdichtet habe, porös geworden ist. Heimtückischerweise kann man von oben absolut nichts erkennen.

Ich erfreue mich am mühelosen Dahingleiten, genieße die morgendliche Frische, das Glitzern der Schneekristalle. Der Fluss rauscht lebhaft, und meine verpaarten Grauwasseramseln singen immer noch aus voller Kehle, als plötzlich der Schnee mitten in der Spur unter mir wegbricht. Ich sause bis zur Taille in die Tiefe, die Skier stecken wieder senkrecht unter mir fest. Diesmal ist es nicht so gefährlich wie auf dem See, denn hier ist kein Wasser unter dem Schnee, sondern fester Boden. Für mich aber ist es wieder ein Schock, im Schnee gefangen zu sein. Die Skier stecken diesmal so tief, dass ich nicht an die Bindung herankomme. Ich praktiziere die einmal bewährte Methode, öffne die Schnürsenkel, schlüpfe aus beiden Schuhen und krabbele aus dem Schneeloch, um gleich daneben wieder hüfttief einzusinken. Um zur Hütte zu gelangen, benötige ich die

Skier. Zu Fuß und in Socken würde ich immerfort einsinken. Auf dem Bauch liegend grabe und buddle ich emsig, bis ich die Bretter befreit habe und anschnallen kann.

Da ich selbst auf der viel befahrenen Spur dem Schnee nicht mehr trauen kann, ist mein Bewegungsradius auf den nahen Umkreis der Hütte beschränkt. Ich versuche es mit den Schneeschuhen, doch auch sie tragen mein Gewicht nicht mehr. Nachdem ich ein paar Mal eingesunken bin, lasse ich es bleiben, denn mit Schneeschuhen, die mit Riemen am Wanderschuh befestigt werden, würde es noch schwieriger sein, mich zu befreien, wenn ich in einem Schneeloch feststeckte. Auch zum Wasserholen am Eisloch auf dem See traue ich mich nicht mehr. Falls das Eis unter dem Schnee geschmolzen sein sollte, falle ich ins Wasser und komme möglicherweise nicht mehr heraus. Es bleibt mir nur, den Schnee rings um die Hütte in Töpfe und Eimer zu füllen und auf dem Ofen zu schmelzen. Ich rechne damit, dass ich warten muss, bis die Landschaft von Schnee und Eis befreit ist. Nahrungsmittel habe ich ausreichend, nur mein Flug wird verfallen, und ich werde ein neues Ticket kaufen müssen. Dafür werde ich erleben, wie es hier in den Bergen Frühling wird.

In der Nacht ist der Winter noch einmal mit Frost zurückgekehrt. Andrew hatte recht mit seiner Wetterprognose. Morgen in aller Frühe wird er mich abholen. Plötzlich geht alles schnell, zu schnell. Ich muss kämpfen, dem Abschiedsschmerz nicht zu viel Raum zu geben. Wie immer bei meinen Reisen bin ich traurig, sobald ein schönes Erlebnis unweigerlich zu Ende geht. Vorbei! Nie wieder! Nie wieder werde ich das alles noch einmal erleben können. Wie gern würde ich länger bleiben. Zwar habe ich unglaublich viel gesehen und erlebt, und dennoch, oder gerade deshalb, wächst in mir der Wunsch nach mehr.

Das Alleinsein im Blockhaus hat mich auf den Geschmack gebracht. Wie toll wäre es, ein volles Jahr hier zu sein, zu sehen, wie die weiße Landschaft grün wird, wie das Eis des Sees explosionsartig mit ohrenbetäubendem Knall aufbricht, wieder dem melancholischen Gesang des Eistauchers zu lauschen und so vieles mehr.

Der letzte Tag ist so blendend schön, wie er schöner nicht sein könnte, und macht mir gerade deshalb den Abschied besonders schwer, auch weil ich mir ziemlich sicher bin, dass es ein Abschied für immer ist. Nie mehr werde ich die tief verschneiten Berge sehen und den See, eingebettet in diese wilde Landschaft. Immer wieder lasse ich meine Blicke ringsum schweifen, versuche, mir alles unlöschbar einzuprägen, damit ich dieses Bild in mir aufbewahren kann. Den ganzen langen Tag nehme ich mir Zeit für den Abschied, will mich ganz auf dieses wehmütige Gefühl einlassen, will die Trauer spüren und das Glück, hier gewesen zu sein. Auf der Terrasse vor der Hütte sitze ich auf der Schaukel, schwinge vor und zurück. Abwechselnd lugen ab und zu das Hörnchen mit der hellen und das Hörnchen mit der schwarzen Schwanzquaste um die Ecke und schauen nach, ob es einen Leckerbissen zu ergattern gibt. Auch die Meisenhäher flattern herbei, erfreuen mich mit ihrem Gezwitscher und ihrem lebhaften Wesen. Sie scheinen zu spüren, will mir scheinen, dass die Hütte bald verlassen sein wird und sie dann auf das beliebte Zubrot verzichten müssen. Ihre Laute klingen anders als sonst, als würden sie sich darüber beschweren, dass ich sie einfach allein zurücklasse.

Der Himmel ist von einem unwirklichen Blau, tief und gleichmäßig ohne Wolken. Selbst am Horizont, wo sonst das Blau wegen der dunstigen Luftfeuchtigkeit ausbleicht, ist die Farbe von gleich starker Intensität. Wie ich so schaue, segelt ein

Weißkopfseeadler herbei, schraubt sich höher und höher hinein in den tiefdunklen Kobalthimmel. Sein Schweif, von der Sonne bestrahlt, leuchtet schneeweiß.

EPILOG: DER KOJOTE

War es das wert? Hat sich der Aufwand, den ich in dieses Überwinterungsprojekt gesteckt habe, gelohnt? Diese Frage kann ich uneingeschränkt mit Ja beantworten. Aber – war mein Kanadaabenteuer so, wie ich es mir erträumt habe? Nein, das war es nicht. Es war anders, nicht das idyllische, stille, besinnliche Leben in einem Blockhaus, wie ich es mir ausgemalt hatte. Ruhe und Stille waren zwar in meiner einsamen Blockhütte um mich, aber nicht in mir. Nur in seltenen Momenten vermochte ich, vollkommen in die Stille einzutauchen, eins mit ihr zu werden. Meist war Unruhe in meinen Gedanken, sie flogen weit zurück in die Vergangenheit, danach wieder in die baldige Zukunft, am aufgeregtesten schwirrten sie in der Gegenwart herum. Stets war ich auf meine Sicherheit bedacht, besorgt, keine Fehler zu begehen, denn mir war bewusst, schon eine winzige Nachlässigkeit könnte eine Katastrophe heraufbeschwören.

Die lange Trennung von meinem Freund, ohne Kontakt miteinander, war nicht so belastend wie befürchtet. Ich hatte ihn einfach in meinen Gedanken bei mir, stellte mir vor, dass er an meinem Erleben Anteil nimmt. Es war hilfreich, dass wir im Sommer gemeinsam im Blockhaus gewesen waren und die Gegend erkundet hatten, so konnte ich mir seine Anwesenheit in Erinnerung rufen.

Am Morgen des Abschieds wachte ich noch früher auf als sonst. Schon am Abend zuvor hatte ich meine Sachen gepackt. Doch die Unruhe hielt mich nicht mehr im Schlafsack. Ich machte zum letzten Mal Feuer, räumte Kleinigkeiten beiseite, dann setzte ich mich im beginnenden Morgen warm eingepackt vor die Hütte. Eine frostige Kälte lag über dem See. Der herbbittere Geruch der Nadelbäume wehte zu mir herüber, tief atmete ich den Duft ein, der sich für mich mit meiner Sehnsucht nach Wildnis verband.

Als die ersten Sonnenstrahlen über den Bergen aufblitzten, vernahm ich fernes Motorengeräusch. Schon schwebte das Flugzeug über den See, beschrieb einen Halbkreis, sank tiefer und landete in einer aufsprühenden Schneewolke. Die Oberfläche des Sees war durch den Nachtfrost fest genug für eine gefahrlose Landung. In wenigen Stunden würde der Schnee wieder butterweich sein, so zögerten wir nicht und starteten, nachdem mein Gepäck verladen war.

Nun erblickte ich den See von oben. Dort, wo Bäche in den See mündeten und das Eis deshalb dünner war, hatte der Otter zahlreiche Luftlöcher ins Eis geatmet. Es sah lustig aus, diese Vielzahl kreisrunder Löcher, wie in das Weiß hineingestanzt. Ich sah die dunkle Wasserader des Thukada River, der am nördlichen Ende dem See entströmte und sich durch das Tal schlängelte, wo ich täglich meine Touren gemacht hatte. Schnell verschwand das Blockhaus aus meinem Blick. Wir stiegen höher und höher, und ich erlebte diesmal die Rocky Mountains bei strahlendem Sonnenschein. Was für ein Anblick! Was für ein gewaltiges Gebirge! Ein Glücksgefühl durchflutete mich, diese wilden Berge sehen zu dürfen, und schon entstand in mir der Wunsch, später einmal dort zu wandern.

Wie schön, dass ich die Rocky Mountains auf so verschiedene Weise erleben konnte. Beim Hinflug im Schneesturm wild und gefährlich und beim Rückflug im gleißenden Licht, weiß und tief verschneit, Täler und Gipfelgrate modelliert wie bei einem Relief. Bergkette an Bergkette reihte sich aneinander wie zu Eis erstarrte Wellen. In atemberaubender Schönheit breitete sich das Gebirge unter mir aus. Ich war wie berauscht von dem unnahbaren Anblick, wandte den Blick keine Sekunde ab von dem Felsenmeer. Die strahlend weiße Bergwelt war nirgendwo durch eine Straße oder Siedlung unterbrochen, eine Urlandschaft, als gäbe es keine Menschen.

Wir flogen zu Andrews Farm in der Nähe von Prince George, wo uns seine Frau Stella schon erwartete. Mithilfe des Satellitentelefons hatte ich mit ihr besprochen, die wenigen Tage bis zum Rückflug nach Deutschland bei ihnen wohnen zu dürfen.

Als ich aus der kleinen Propellermaschine stieg, umgab mich Frühlingsluft. Der Schnee war kürzlich erst geschmolzen, und der Geruch von feuchter Erde stieg mir in die Nase, und ich erlebte nach dem langen, schneereichen Winter einen sprühenden Frühling mit seinem Reichtum an Licht und Wärme. Zahlreiche Singvögel erfüllten die Luft mit ihren Liedern. Wie bunt das Leben im Frühling sein kann!

Am letzten Abend vor meinem Heimflug begegnete ich einem Kojoten. Noch nie hatte ich diese Tiere in freier Wildbahn gesehen, und doch erkannte ich ihn sofort. Kleiner als ein Wolf mit sandhellem Fell, erinnerte er mit spitzer Schnauze eher an einen Fuchs, wirkte jedoch durch seine hohen Beine hundeartig.

Ich war einem Wildwechsel gefolgt und am Waldrand stehen geblieben. Plötzlich spürte ich, dass ich nicht mehr allein war, dass jemand sich hinter meinen Rücken geschlichen hatte. Langsam wandte ich mich um. Da stand er, der Kojote. Atemlos blickte ich geradewegs in seine schräg stehenden gelblichen Augen. Beide rührten wir uns nicht. Sein Blick erschien mir, als wüsste er über Dinge Bescheid, die mir für immer verborgen sein würden. Ruhig drehte er den Kopf zur Seite und trabte davon. Ich blickte ihm lange nach, wie er ohne Hast über das hügelige Weideland lief und immer kleiner wurde, bis er im angrenzenden Wald verschwand. Diese Begegnung mit dem Kojoten ist das letzte Bild meines Abenteuers in Kanada, das ich mit mir nehme und das die Sehnsucht nach der Wildnis in mir wachhält.

Ich wurde mit einprägsamen und unvergesslichen Erlebnissen beschenkt, allerdings hatte ich nicht erwartet, dass es notwendig sein würde, mir diese zu erkämpfen und mich gegen einen kanadischen Dickschädel zu behaupten und durchzusetzen. Doch Widerstände, die man überwindet, machen einen stärker. Ist nicht das, was wir uns schwer erringen müssen, umso wertvoller? So gesehen, war mein Abenteuer in Kanada ein voller Erfolg.

Warum sich John gegen meine Überwinterung gewehrt hat, konnte ich nicht in Erfahrung bringen. Wollte er die Kontrolle behalten, mich vor den Gefahren der Wildnis beschützen? Viele Erklärungen sind möglich, die Wahrheit werde ich wohl nie erfahren.

ANHANG

KANADA

ALLGEMEINE INFORMATIONEN

Kanada ist ein eigener Staat in Nordamerika, der sich über die gesamte Landmasse von der Atlantikküste bis zum Pazifik erstreckt. Die Nord-Süd-Ausdehnung beträgt 4634 Kilometer und die größte Ost-West-Entfernung sogar 5514 Kilometer. Mit 9 984 670 Quadratkilometern ist es nach Russland das zweitgrößte Land der Erde und nimmt 41 Prozent der Fläche Nordamerikas ein. Sein einziger Grenznachbar sind die USA.

Ottawa ist die Hauptstadt, Toronto hat jedoch die meisten Einwohner. Die Staatsform ist eine parlamentarische Monarchie, wobei Königin Elizabeth II. von Großbritannien das königliche Staatsoberhaupt Kanadas ist.

Am 10. Februar 1841 wurde die United Province of Canada gegründet, aber erst am 1. Juli 1867 wurde Kanada unabhängig von Großbritannien. Der Name ist mit hoher Wahrscheinlichkeit von *kanata* abgeleitet, einem Wort aus der Sprache der Irokesen für eine ihrer Siedlungen. In der frühen Entdeckungszeit war auf Karten um 1545 bereits die Bezeichnung »Canada«

üblich. Forscher und Pelzhändler zogen von der Ostküste immer weiter in Richtung Westen, wodurch das als »Canada« bezeichnete Gebiet an Größe zunahm.

GEOLOGIE

Die östlichen Provinzen liegen auf dem sogenannten Kanadischen Schild. Mit vier Milliarden Jahren gehört es zu den ältesten Landmassen der Erde und formte sich zu einer Zeit, als die Erdkruste gerade zu erkalten begann. Deshalb ist es einer der Orte, wo man die ältesten Gesteine unseres Planeten findet.

Westlich und südlich des Kanadischen Schilds liegen die Ebenen um den Sankt-Lorenz-Strom und die Großen Seen. Kanada ist überaus seenreich, 7,6 Prozent seiner Landmasse sind von rund zwei Millionen Seen bedeckt. Das westliche Kanada wird von den Rocky Mountains dominiert, die in Nord-Süd-Richtung verlaufen. Der längste Fluss mit 3058 Kilometern ist der Sankt-Lorenz-Strom, eine wichtige Wasserstraße zwischen den Großen Seen und dem Atlantik. Der zweitlängste ist der Mackenzie River mit 1903 Kilometern im Nordwesten.

BEVÖLKERUNG

Die letzte Volkszählung im Jahr 2016 ergab eine Einwohnerzahl von wenig mehr als 35 Millionen, genau waren es 35 151 728. Für das zweitgrößte Land der Erde ist das eine sehr niedrige Zahl. Die errechnete Bevölkerungsdichte von 3,9 Menschen pro Quadratkilometer gehört zu einer der geringsten der Welt. Der Grund dafür sind die geografischen Gegebenheiten mit unbesiedelbaren Gebirgen und unwegsamen Wäldern. Diese wilde Natur ist der eigentliche Schatz Kanadas. Die Bevölkerung konzentriert sich in großen Städten wie Vancouver, Toronto, Montreal, Ottawa.

Kanada ist noch immer ein Einwanderungsland. In der Vergangenheit kamen die Menschen aus vielen Ländern Europas wie etwa aus Frankreich, England, Deutschland, Italien, Irland, Ungarn, Polen, Kroatien, den Niederlanden, aber auch aus den USA. Inzwischen wächst der Anteil aus Asien, vor allem aus China, Indien, Pakistan und den Philippinen.

GESCHICHTE

Ur- und Frühgeschichte

Vor 30 000 Jahren, so nimmt man an, wanderten die ersten Menschen über die während der Eiszeit weitgehend zugefrorene Beringstraße, die damit eine Landbrücke zwischen Sibirien und Alaska bildete. Von Alaska breiteten sich diese Nomaden asiatischer Herkunft weiter in das heutige Kanada aus. Die günstigen klimatischen Bedingungen am Ende der Eiszeit ermöglichten das Einsickern sehr verschiedener Gruppen, die sich in Folge recht unterschiedlich entwickelten. Zum Beispiel passten sich die Inuit an arktische Bedingungen an, andere lebten als Nomaden vom Jagen und Sammeln oder bildeten bereits bäuerliche Kulturen, noch bevor Europäer das Land eroberten.

Die Besiedlung durch diese asiatischstämmigen Einwanderer gilt als paläoindianische Periode. Archäologisch nachweisbar ist sie durch Funde an den Küsten, die mindestens 14 000 Jahre alt sind. In den Bluefish-Höhlen am Yukon fand man menschliche Spuren, die als die ältesten Kanadas angesehen werden. Es handelt sich um rund 12 500 Jahre alte Werkzeuge. Funde weiter südlich bei Banff und in Saskatchewan stammen aus einer Zeit vor 11 000 Jahren.

Vor etwa 10 000 Jahren begann die archaische Phase. Bei Ontario fand man 9500 Jahre alte Speerschleudern. Die Menschen begannen, sich im Osten am Sankt-Lorenz-Strom, an den Großen Seen und der Küste Labradors anzusiedeln. Dort entstanden vor 8000 Jahren die ersten großen Grabstätten. Es sind Hügelgräber, die als *burial mounds* bezeichnet werden.

Um diese Zeit entwickelte sich auf den Great Plains ein weitläufiger Handel mit Chalzedon und Obsidian. Bereits vor 6800 Jahren wurde Kupfer abgebaut und bearbeitet.

Als die ersten Menschen nach Kanada einwanderten, gab es noch wilde Pferde, die auch gejagt wurden, später aber ausgestorben sind. Die Vorgeschichte der Pferde fand ausschließlich in Nordamerika statt, wo sie sich vor 55 Millionen Jahren vom hasengroßen, mehrzehigen, Blätter fressenden Urpferdchen zum Huftier entwickelten. Vor drei Millionen Jahren wanderten einige dieser Pferde über die Landbrücke zwischen Alaska und Sibirien nach Asien und weiter nach Europa und Afrika. Es entstanden sodann verschiedene Pferdearten, wie zum Beispiel auch das Zebra.

Als die ersten Menschen nach Nordamerika kamen, grasten also dort noch Pferde. Das ist durch Fossilien belegt. Die indigenen Völker haben die Pferde gejagt und gegessen, wie Spuren an den Knochen beweisen. Jedoch unternahmen sie, soweit bekannt ist, keinen Versuch, die Pferde zu zähmen und als Reittiere zu benutzen. Vor 9000 Jahren waren dann die Pferde in Kanada und auf dem gesamten nordamerikanischen Kontinent komplett ausgestorben. Eine eindeutige Erklärung gibt es dafür nicht. Man kann nur vermuten, dass dramatische

Klimaveränderungen nach der Eiszeit der Grund dafür waren. Schließlich starben um diese Zeit auch weitere Eiszeittiere aus, wie Mammut und Wollnashorn.

Im Westen Kanadas reichen die Spuren der indigenen Völker ähnlich weit zurück. Der Handel mit Obsidian vom Mount Edziza soll schon vor über 10 000 Jahren stattgefunden haben.

Vor 4500 Jahren entstanden im Westen Siedlungen, wobei einzelne Familien sich saisonal zur Jagd in großen Gruppen zusammenfanden. Gewohnt wurde meist in Tipis, Hunde dienten als Trag- und Zugtiere. Allmählich entwickelte sich der Übergang vom Nomadenleben zur Halbsesshaftigkeit mit Winterdörfern und sommerlichen Wanderzyklen.

Die Technik, Tongefäße herzustellen, erreichte das Gebiet des heutigen Kanada erst vor 2500 Jahren, wahrscheinlich durch Einflüsse und Handelsbeziehungen mit Südamerika. Mit dem Fund von Keramik beziffern Archäologen das Ende der archaischen Phase. Diese wurde von der sogenannten Woodland-Periode abgelöst, in der ganzjährig in Langhäusern gewohnt wurde. Fernhandel war weitverbreitet und reichte westwärts bis zum Pazifik.

Kolonisierung

Europäische Siedler erreichten Nordamerika beziehungsweise das heutige Kanada um das Jahr 1000. Es waren Wikinger, die ursprünglich aus Skandinavien stammten und mit ihren Drachenbooten von Island und Grönland zur Küste von Neufundland segelten, um dort Siedlungen zu errichten. Der erste war wohl Bjarni Herjúlfsson, der im Jahr 985 vom Kurs abkam und eine Küste mit bewaldeten Hügeln erblickte. Bei der Rückkehr berichtete er von seiner Entdeckung. Unter den Zuhörern war auch der damals zehnjährige Leif Eriksson, dem diese Erzählung nicht aus dem Kopf ging. Zehn Jahre später rüstete er ein

Expeditionsschiff aus und segelte von Grönland hinüber zur nordamerikanischen Küste. Bei der Besiedlung waren Frauen dabei, und es ist verbürgt, dass in den Siedlungen an der kanadischen Küste Kinder geboren wurden. Auch in späteren Jahrhunderten holten die Wikinger Bau- und Feuerholz aus Nordamerika, bis ins 14. Jahrhundert konnten diese Kontakte nachgewiesen werden. Eine große Wikingersiedlung befand sich in L'Anse aux Meadows.

Die bewegte Geschichte Kanadas ist im 15. und 16. Jahrhundert geprägt von den Entdeckungsreisen der Europäer und dem Pelzhandel mit den Ureinwohnern, der vor allem zunächst von Spaniern und Portugiesen ausgeübt wurde. Bei der späteren Besiedlung dagegen waren Franzosen und Briten dominierend.

Ab dem späten 15. Jahrhundert landeten Europäer, zunächst Engländer und Franzosen, an der Ostküste und begannen, sich anzusiedeln und Kolonien zu gründen.

Im Jahr 1497 erreichte der italienische Seefahrer Giovanni Caboto die Küste von Neufundland. Da er in englischen Diensten stand, nahm er das Land für England in Besitz. Baskische Walfänger und Fischer kamen ab 1525 regelmäßig an die Küste Labradors, wo sie in den fischreichen Gründen vor allem Kabeljau fingen, den sie zu Stockfisch verarbeiteten und damit beträchtlichen Gewinn erwirtschafteten.

Eine Expedition unter der Leitung von Jacques Cartier erkundete 1534 das Gebiet um den Sankt-Lorenz-Golf und erklärte es zu französischem Besitz. Noch waren die Einflüsse der Europäer auf die einheimische Bevölkerung marginal. Doch schon 1605 gründete Samuel de Champlain die ersten dauerhaften Ansiedlungen in Nova Scotia und Quebec, zudem kamen immer mehr französische Pelzhändler und katholische Missionare ins Land. Auch die Engländer versuchten, von diesem neu entdeckten Kontinent zu profitieren und ihren Anteil zu bekommen.

Zwischen 1689 bis 1763 kam es zu vier kriegerischen Konflikten zwischen Briten und Franzosen. Schließlich musste Frankreich am Ende des Siebenjährigen Krieges fast all seine Besitzungen an Großbritannien abtreten. Es entstanden drei britische Kolonien, die sich 1763 zur Kanadischen Konföderation vereinigten.

Britische Herrschaft

Nachdem die Konflikte mit Frankreich bereinigt waren, entluden sich die Spannungen zwischen Großbritannien und den USA im Britisch-Amerikanischen Krieg von 1812 bis 1824. Soldaten der US-Armee kämpften erbittert gegen Soldaten der britischen Kolonie Kanada. Außer dass der Krieg viele Menschen das Leben kostete, brachte er kein Ergebnis. Die bisherigen Grenzen blieben bestehen. In Kanada wird bis heute dieser Krieg als erfolgreiche Abwehr amerikanischer Invasionsversuche betrachtet und gefeiert. Die vorher untereinander feindlich gesinnte, sowohl britisch- als auch französischstämmige Bevölkerung entwickelte durch den Kampf gegen einen gemeinsamen Feind ein kanadisches Nationalgefühl.

Während der nachfolgenden Friedensjahre nach dem Kriegsende von 1824 gärte es in der Bevölkerung gegen die Bevormundung durch das britische Empire. Der Wunsch nach Selbstverwaltung wuchs. Die Siedler protestierten vor allem gegen die Steuern, die sie an Großbritannien abtreten mussten. Der Widerstand gegen die wirtschaftliche und politische Vorherrschaft führte zur Rebellion von 1837, die allerdings rasch niedergeschlagen wurde. Ab 1867 erhielten die kanadischen Provinzen eine gewisse Eigenständigkeit, blieben aber unter britischer Vorherrschaft. Erst 1931 wurde mit dem Statut von

Westminster die Unabhängigkeit Kanadas gesetzlich verankert. Kanada war aber weiterhin Teil des britischen Commonwealth of Nations. Völlige Unabhängigkeit erlangte Kanada erst durch eine neue Verfassung im Jahr 1982, es blieb aber Mitglied des Commonwealth, und die britische Monarchin Queen Elizabeth ist nach wie vor das nominelle Oberhaupt Kanadas.

BRITISH COLUMBIA

ALLGEMEINE INFORMATIONEN

Die Provinz British Columbia grenzt im Westen an die Küste des Pazifischen Ozeans. Mit einer Fläche von 944 735 Quadratkilometern ist sie die drittgrößte Provinz Kanadas. Bei der letzten Volkszählung im Jahr 2011 wurden 4 400 057 Einwohner ermittelt, was etwa 13 Prozent der Bevölkerung Kanadas entspricht. Victoria ist Provinzhauptstadt, wobei Vancouver mit 647 540 Personen die meisten Bewohner hat und zugleich das größte Wirtschaftszentrum ist. Die Mehrheit der Bevölkerung ist europäischer Abstammung. Zu den Angehörigen der First Nations, wie die Ureinwohner in Kanada bezeichnet werden, gehören in British Columbia rund 130 000 Menschen, die sich in etwa 200 einzelne Gruppen und Stämme untergliedern.

Der Name der Provinz leitet sich vom 1953 Kilometer langen Columbia River ab, dem wasserreichsten Fluss der Provinz. Die Pazifikküste ist stark zerklüftet, sie weist zahlreiche Fjorde und Inseln auf. Die mit Abstand größte Insel der Provinz ist Vancouver Island. Mit einer Länge von 450 Kilometern und einer Breite von rund 100 Kilometern ist sie die elftgrößte Insel Kanadas.

Während der weltweit letzten Eiszeit, der Würm-Kaltzeit, war ganz British Columbia vergletschert, mit Ausnahme kleiner Gebiete entlang der Küste und der Region auf Vancouver Island.

Die Rocky Mountains durchziehen das Land mit vier parallel verlaufenden Gebirgsketten, die sich während der Kreidezeit aufgefaltet haben. Lange, schmale Täler erstrecken sich im zentralen Hochland, in denen sich zahlreiche Seen gebildet haben. Durch Dammbauten, insbesondere am Columbia River, sind riesige Stauseen entstanden. Am Peace River befindet sich der künstlich gestaute Williston Lake, der als größter Süßwassersee der Provinz gilt. Insgesamt liegen in British Columbia 241 576 Seen, die zusammen eine Fläche von rund 22 500 Quadratkilometern bedecken.

Kaum mehr als vier Prozent des Landes sind für die landwirtschaftliche Nutzung geeignet. Diese Gebiete liegen im Süden und entlang der Flussläufe, ansonsten dominieren Wälder. Allerdings, wirkliche Wildnis mit naturbelassenen Urwäldern gibt es nur noch im unzugänglichen Gebirge. Besucher aus Europa, die wegen Kanadas Wildnis kommen, merken das jedoch kaum, denn Wald gibt es genug. Nur wer sich auskennt, sieht, dass es nicht mehr der wild gewachsene Baumbestand, sondern der nach Holzeinschlag nachgewachsene oder angepflanzte Wald ist. In British Columbia wird streng darauf geachtet, dass, wenn Bäume gefällt wurden, entsprechende Flächen mit Setzlingen neu bestückt werden.

Zunehmende Freizeitaktivitäten, wie Wandern, Angeln, Campen und vor allem im Winter die Störung durch motorisierte Schlitten, die Schneemobile, haben einen negativen Einfluss auf die Tier- und Pflanzenwelt.

GESCHICHTE

Wie die anderen Gebiete Kanadas wurde das Land zuerst von Einwanderern aus Asien über die Beringstraße besiedelt. Da die Küsten während der Kaltzeit partiell eisfrei waren, konnten sich indigene Gruppen am Ozean entlang südwärts bewegen. Zudem war dort die Nahrungsversorgung für die allmählich zunehmende Bevölkerung gesichert durch den Reichtum an Fisch, Muscheln, Robben und jagdbarem Wild. Auch Früchte, Beeren und andere Nahrung gab es reichlich. So entwickelten sich hierarchische und komplexe Gesellschaften mit eigener Kultur. Totempfähle und Masken, von Archäologen ausgegraben, manifestieren diese kulturelle Entwicklung.

Bald entstanden im Winter dauerhaft bewohnte Dörfer. Statt der vorher üblichen Tipis baute man nun Häuser aus Holzplanken. Haustier war auch hier der Hund, der als Zug- und Tragtier und als Wächter diente und dessen Haare zu Textilien, Schmuck und rituellen Gegenständen verarbeitet wurden. Heute noch an der Küste lebende indigene Gruppen könnten Nachkommen dieser frühen Einwanderer sein.

Im Landesinneren von British Columbia, zum Beispiel am Fraser River, werden archäologische Funde auf ein Alter von 12 500 Jahren datiert. Vor 4000 Jahren stieg die Bevölkerung stark an, es bildeten sich große Siedlungen, die mehrere Jahrtausende konstant bewohnt wurden.

EROBERUNG, ERFORSCHUNG UND HANDEL

Als Erster soll Francis Drake (1540–1596), der englische Freibeuter, der später von der englischen Königin Elizabeth I. zum Ritter geschlagen wurde, die Küste von British Columbia im Jahr 1579 erforscht haben. Doch gibt es keine aussagekräftigen Beweise. Erst 1774 unternahm Juan José Pérez Hernández (1725–1775) die erste dokumentierte Reise in British Columbia, um das Land für Spanien in Besitz zu nehmen. Schon ein Jahr später folgte die Expedition von Juan Francisco de la Bodega y Quadra (1743–1794), der mit seiner Mannschaft die Pazifikküste bis Alaska erkundete. Bei dieser Expedition war Hernández als Ortskundiger mit dabei und starb unterwegs. Für die einheimische Bevölkerung bedeutete die Ankunft der Spanier eine Katastrophe, denn sie schleppten die Erreger der Pocken ins Land, denen damals ein Drittel der Ureinwohner zum Opfer fiel.

Im Jahr 1778 erreichte der Brite James Cook auf der Suche nach der Nordwestpassage die Küste und regte den Pelzhandel mit den Einheimischen an. In Folge kam es zu Konflikten zwischen Briten und Spaniern, die ausnahmsweise einmal friedlich beigelegt werden konnten. Um diese Zeit war auch George Vancouver im Land, der mit Vermessungsarbeiten beschäftigt war.

1793 durchquerte Alexander Mackenzie im Auftrag der North West Company als erster Europäer das Land von der Ost- bis zur Westküste. Sein Begleiter John Finley gründete im Jahr 1794 Fort St. John. Es war die erste dauerhafte europäische Siedlung in British Columbia. Wenig später, im Jahr 1808, erkundete auch Simon Fraser mit seiner Mannschaft das Landesinnere entlang des nach ihm benannten Flusses. Überhaupt haben die ersten Entdecker sich mit ihren Namen verewigt, indem sie Flüsse und andere landschaftliche Gegebenheiten nach sich benannten.

Noch immer gab es viel zu entdecken, was weitere Abenteurer anlockte. Es war eine Zeit, über die ich viele Bücher gelesen habe und in der ich gern gelebt hätte – wenn ich denn als Mann geboren worden wäre. Denn unter all diesen mutigen Entdeckern gibt es nicht eine Frau, nicht einmal als Begleiterin.

1811 erforschte David Thompson die gesamte Länge des Columbia River. Die meisten dieser Reisen von Europäern dienten noch nicht direkt der Eroberung und Inbesitznahme des Landes, sondern zunächst der Erkundung. Es ging darum, neue Handelsrouten zu finden. Es gab zu der Zeit gleich drei große Handelsorganisationen: die North West Company, die Hudson's Bay Company und die American Fur Company, denen indigene Jäger und Fallensteller die Pelze lieferten. Die Händler der drei Organisationen konkurrierten untereinander um die Kontakte mit den Ureinwohnern. Im Jahr 1821 wurde British Columbia in drei Handelsdistrikte mit eigenen Verwaltungssitzen aufgeteilt, um die ständigen Streitigkeiten zu befrieden.

Durch den Bau der transkontinentalen Eisenbahnstrecke, der Canadian Pacific Railway, die bereits im Jahr 1885 fertiggestellt wurde, war fortan der Westen Kanadas leichter erreichbar. Es entstanden zahlreiche Kohle- und Eisenerzminen sowie Eisenwerke. Die Bevölkerung siedelte sich dort an, wo es Arbeit gab. So wuchsen immer größere Städte heran.

Neben dem Bergbau spielten auch Forstwirtschaft, Fischerei und Farmbetrieb eine wachsende Rolle. Die Ausbeutung der natürlichen Ressourcen, die wirtschaftliche Entwicklung und die Aussicht auf Arbeit sprachen sich im Ausland herum und zogen immer mehr europäische Immigranten an. Die Zuwanderer kamen jedoch nicht nur aus Europa, sondern vermehrt auch aus China und Japan.

Besonders Vancouver erlebte einen rasanten Aufstieg und ein enormes Anwachsen der Bevölkerung, weil die Canadian Pacific Railway dort ihren westlichen Endpunkt hatte. So konnten die Bodenschätze der Provinz dorthin transportiert werden. Nachdem ausgedehnte Hafenanlagen gebaut worden waren, exportierte man Bodenschätze und Waren gewinnbringend ins Ausland.

DIE UREINWOHNER

Das Wort »Athabasken« wird als Sammelbezeichnung für zahlreiche, zerstreut lebende indigene Gruppen in British Columbia benutzt, die früher entlang der großen Flüsse und an den Seen lebten. Sie betrachten sich selbst nicht als einheitliche Gemeinschaft, zudem sprechen sie verschiedene Sprachen, die so unterschiedlich sind, dass sie sich nicht untereinander verständigen können. Heute benützen sie deshalb als gemeinsame Sprache das Englische, während die indigenen Sprachen mehr und mehr verlöschen.

Im Nordwesten Kanadas waren sie seit jeher nomadische Jäger und Sammler. Als kleine egalitäre Verwandtschaftsgruppen durchstreiften sie die Wälder und Tundren des subarktischen Raums. Der Wald bot den Ureinwohnern reichlich Nahrung. Sie jagten Waldkaribus, Waldbisons, Hirsche und Elche. An den Flüssen wurden Lachse und andere Fische in Netzen und Reusen gefangen. Ihr Alltag war von der Umwelt und den Klimaverhältnissen geprägt und davon abhängig.

Kleidung wurde aus Leder, Pelz und Birkenrinde hergestellt. Die Behausungen bestanden aus konischen Zelten, den Tipis. Zum Transport ihrer Jagdbeute hatten sie im Winter kufenlose Schlitten, *toboggans,* die sie per Hand zogen, wobei sie sich mit Rahmenschneeschuhen fortbewegten. In der schneefreien Zeit benutzten sie Kanus und unternahmen weite Fußwanderungen. Die verschiedenen Stämme wussten genau über die Grenzen ihres Territoriums Bescheid. Wurden diese missachtet, gab es Konflikte oder sogar heftige Kämpfe mit den Nachbarn.

Soziale oder politische Einheiten, eine größere Stammesidentität oder gar eine Nation konnten wegen des harten Überlebenskampfs unter den schwierigen Lebensbedingungen nicht entstehen. Die langen, schneereichen Wintermonate, die ständige Sorge, genügend Nahrung zu jagen und zu sammeln, forderten alle Kräfte und Energien der Menschen. Die Größe der Gruppe war abhängig von den zur Verfügung stehenden Ressourcen. War wenig Nahrung, also jagdbares Wild, vorhanden, lebten sie nur in kleinen Familiengruppen; wurden die Lebensbedingungen besser, vergrößerten sich die Gemeinschaften etwas. Deshalb betrachteten sich die Athabasken nie als Volk, sondern höchstens als miteinander verwandte Stämme. Geheiratet werden musste zwischen verschiedenen Stämmen, die durch Totems, also Gruppenabzeichen, voneinander abgegrenzt waren. Das Totem war meist nach Tieren benannt, wie zum Beispiel Bär, Wolf, Biber, Frosch, Karibu, aber auch nach Pflanzen, Bergen, Flüssen, Quellen.

Als die Europäer ins Land kamen, änderte sich der Lebensstil der Athabasken. Durch den Handel mit den Fremden wurde die Pelzjagd im 18. Jahrhundert zur Basis ihrer Wirtschaft. Die Lebensbedingungen verbesserten sich durch den Gewinn, den sie für die Pelze bekamen. Zugleich entstanden neue Probleme mit Alkohol und Glückspiel, wodurch sich viele verschuldeten und ihre Familien ins Elend stürzten. Seit Mitte des 20. Jahrhunderts nimmt die Assimilation der Athabasken durch den Einfluss der modernen Gesellschaft immer mehr zu. Nur noch rund die Hälfte spricht ihre Muttersprache.

In British Columbia leben die Angehörigen der ursprünglichen Bevölkerung zumeist in eigenen Siedlungen. Die First Nations haben in Kanada das Privileg einer freien Sozialversicherung sowie eigene Vertretungen, sogenannte *Native Corporations,* die eigene Gesetze erlassen können. Das hat zur Folge, dass manche *Native Corporations* das Glücksspiel legalisiert haben, obwohl es ansonsten in Kanada verboten ist. Dadurch sind einige indigene Gemeinschaften zu beträchtlichem Wohlstand gelangt. Zudem befinden sich in ihrem Besitz umfangreiche erdölreiche Gebiete und andere wertvolle Bodenschätze.

Gesang und Tanz waren und sind den Athabasken wichtig. Früher dienten die Lieder vor allem dazu, den Kindern Wissen über ihre Ahnen zu vermitteln. Heute gehört Musik zur Folklore der First Nations.

Inzwischen sind so gut wie alle Athabasken Christen. Die Christianisierung begann mit dem Pelzhandel und wurde durch Missionare durchgeführt, die aber wegen der unwegsamen Gegend und der verstreut lebenden Gruppen die Menschen nur sporadisch erreichten und immer nur kurz auf sie einwirken konnten. So sind noch viele Elemente des traditionellen Glaubens vorhanden und mischen sich mit der christlichen Religion.

Die ursprüngliche Religion war animistisch. Alle Lebewesen, aber auch unbelebte Naturobjekte wie Quellen, Berge, Felsen waren in ihrer Vorstellung beseelt und von Geistern bewohnt, die sie *yega* nannten. Diese *yegas* waren mächtig und mussten durch Opfergaben (Tieropfer, Nahrungsmittel, Gesänge und rituelle Handlungen) wohlgesinnt gestimmt werden. Tiere, auch und vor allem die Jagdtiere, wurden hoch verehrt.

Verstöße gegen die Sitten der Gemeinschaft hatten die Rache der Geister zur Folge; Krankheiten, Not und Hungerzeiten wurden als Strafen der Geister angesehen. Durch Zeremonien, Gesang und Opfergaben versuchte man, das Unglück abzuwenden. Half das nicht, musste ein Schamane – häufig übten Frauen diese Funktion aus – die Geister beschwören und wieder besänftigen. Schamanen werden auch heute noch bei Krankheiten gerufen und bei problematischen Entscheidungen befragt.

Über die frühe Geschichte der Athabasken ist wenig bekannt. Ihre Anwesenheit im Einzugsgebiet des Mackenzie River ist erst seit etwa 3000 Jahren nachweisbar. Vorher, in der Zeit vor rund 5000 Jahren, lebten hier andere Ureinwohner. Deren Siedlungen werden von den Archäologen als *Tykee-Lake-Komplex* bezeichnet.

Um 1770 drangen Pelzhändler in die unwegsamen Wälder vor und trafen am Lake Athabasca auf Ureinwohner, die verschiedenen Stämmen angehörten, wie Beaver, Dogrip und Gwich'in.

Erst ab dem 20. Jahrhundert reisten Wissenschaftler in dieses Gebiet und versuchten, ernsthafte Forschung zu betreiben. Inzwischen jedoch haben sich Lebensweise und traditionelle Kultur der Athabasken verändert.

DIE ROCKY MOUNTAINS

Türkisblaue Seen, schneebedeckte Gipfel, scheinbar endlose Wälder, einsame Täler und steile Felsen, das sind die Rocky Mountains. Sie sind die mächtigste Gebirgskette des nordamerikanischen Kontinents und erstrecken sich über 4800 Kilometer von New Mexico bis Kanada. Die Alpen würden der Länge nach vier Mal in die »Rockies«, wie sie umgangssprachlich genannt werden, hineinpassen. Der höchste Gipfel ist mit 4401 Metern der Mount Elbert in Colorado.

Die Rocky Mountains sind Teil der von Feuerland bis Alaska reichenden Kordilleren. Bereits vor 700 Millionen Jahren gab es ein riesiges Gebirge, das jedoch beinahe vollständig abgetragen wurde. Nur wenige Gesteinsmassen im Süden stammen aus jener längst vergangenen Zeit. Das heutige Felsengebirge wurde vor etwa 70 Millionen Jahren emporgehoben, als die Pazifische Platte unter die Nordamerikanische Platte geschoben wurde. Der gewaltige Druck im Erdinneren wölbte die Erde an ihrer Oberfläche hoch hinauf und faltete die Gesteinsmassen. Dabei entstanden magmatische Gesteine, wie Granit, und metamorphische, also Sedimente aus früheren Ablagerungen, die unter Druck wieder zu Gestein verfestigt wurden. Zudem gab es auch einige wenige vulkanische Ergüsse.

Ab der Zeit vor 70 000 bis vor 11 000 Jahren waren die Rocky Mountains weitgehend von Gletschern bedeckt, die formgebend gewirkt haben.

BÜCHER ZUM WEITERLESEN

Neil Ansell: »Tief im Land. Meine Jahre in den Wäldern von Wales«, Berlin 2016

Eines meiner Lieblingsbücher. Vor allem für Naturbegeisterte und Vogelliebhaber geeignet. Fünf Jahre lebte der Autor und Journalist allein in einem einsamen Cottage ohne Strom. Holz zum Kochen und Heizen musste er selbst schlagen. Das Alleinsein führte ihn nicht zur Innenschau, im Gegenteil – er öffnete sich der Natur, die er mit wunderbar poetischer und klarer Sprache schildert. Begeistert haben mich seine genauen Beschreibungen und Kenntnisse der Vogelwelt.

Wladimir Arsenjew: »Der Taigajäger Dersu Usala«, Zürich 2009

In meiner Jugend weckte dieses Buch in mir die unstillbare Sehnsucht nach der Wildnis. Als ich es jetzt nach so vielen Jahren als Vorbereitung für mein Kanadaabenteuer wieder las, war ich erstaunt, wie genau ich mich noch daran erinnern konnte. Die tiefe Naturverbundenheit des Einheimischen Dersu Usala hat sich in mir manifestiert. Der Autor Arsenjew erforschte als Geograf im Auftrag des Zaren im Jahr 1902 die unwegsamen Grenzgebiete zwischen Russland und China. Dersu Usala, ein Jäger vom Volk der Golden, wird sein Führer, und eine ungewöhnliche Freundschaft entsteht. Das Buch ist ein spannender Abenteuerroman und zugleich ein Expeditionsbericht.

Marlen Haushofer: »Die Wand«, Berlin 2014

Die Autorin (1920–1970) schrieb »Die Wand« bereits im Jahr 1963, doch das Buch ist zeitlos aktuell. Beim Lesen fragt man sich unwillkürlich: Was würdest du tun, allein in einer Berghütte, und plötzlich ist die Welt um dich herum verschwunden? Es gibt sie einfach nicht mehr, kein Mensch lebt anscheinend außer dir. Das Thema berührt sowohl philosophische Aspekte, den Gedanken vom Ende der Zivilisation, wie auch ganz praktische: Wie überlebt ein Mensch allein? Bis auf das überraschende Ende lebt das Buch nicht von der äußeren, sondern der inneren Dramatik. Deshalb hat die Autorin bewusst einen einfachen, klaren, sehr genauen Stil im Ton eines Tagebuchs gewählt.

Eowyn Ivey: »Das Leuchten am Rand der Welt«, Hamburg 2018

Die raue Heimat der Autorin, in Amerika als »The Last Frontier« bezeichnet, ist Mittelpunkt des Romans, der zwischen Fantasie und Realität irrlichtert. Traumhafte Szenen, eindringliche Naturbeschreibungen, Briefe, Tagebucheintragungen, Zeitungsartikel bilden ein komplexes Konglomerat, das den Leser in seinen Bann zieht. Die reale Expedition von Henry Tureman Allen im Jahr 1885 entlang des Wolverine River liegt dem Roman zugrunde und wurde von der Autorin mit Fantasie ausgefüllt.

Jon Krakauer: »In die Wildnis. Allein nach Alaska«, München 2010

Der Autor hat genau recherchiert und beschreibt voller Anteilnahme die tödlich endende Sinnsuche von Christopher McCandless, der ein neues Leben beginnen wollte, ein Leben außerhalb der Zivilisation, in der er behütet aufgewachsen war.

Christiane Ritter: »Eine Frau erlebt die Polarnacht«, Frankfurt 1992

Im eisigen Spitzbergen hat die Malerin Christiane Ritter im Jahr 1938 einen Winter lang mit ihrem Mann und seinem Jagdgefährten in einer Bretterhütte mit rauchendem Ofen und karger Nahrung gehaust. Mit Humor schildert sie, die noch nie zuvor in einem Schlafsack geschlafen hatte, wie sie aus der Zivilisation und einem bequemen Leben in eine primitive Umwelt hineingeschleudert wurde. Ihr Mann, ein Abenteurer und Seefahrer, war sich wohl kaum bewusst, was er seiner Frau zumutete. Die Malerin aber ertrug tapfer die harten Lebensumstände und beschreibt eindrucksvoll mit leuchtenden Farben die eisige Natur, die Polarnacht, Sturm und Schnee. Dem einfühlsamen Buch dieser mutigen Frau wünsche ich zahlreiche Leser.

Jocelyne Saucier: »Ein Leben mehr«, Berlin 2017

Ein Roman, ungewöhnlich und überraschend, geheimnisvoll wie das Leben mit offenen Fragen. Menschen, die spurlos verschwinden, ein Todespakt und der unwiderstehliche Ruf der Wildnis. Es geht in diesem Buch um die Liebe, die dem Leben einen Sinn gibt, und um den Tod, der in dieser Geschichte lauert, so, wie er auch im Leben immer vorhanden ist. Ein Waldbrand wütet, Menschen sterben, andere überleben. Drei alte Männer ziehen sich in die nordkanadische Wildnis zurück, genießen ein gemütliches Einsiedlerleben, bis zwei Frauen auftauchen, eine junge Fotografin und eine geheimnisvolle 82-jährige Dame.

Susan Smith-Josephy: »Lillian Alling. The Journey Home«, Halfmoon Bay 2011

Weihnachten 1926 verlässt eine junge Polin, die nach Amerika ausgewandert war und als Hausangestellte arbeitete, heimlich ihre Arbeitgeber und macht sich zu Fuß auf den Weg. Drei Jahre lang wanderte Lillian von New York nach Kanada und Alaska. Ob sie ihr Ziel Sibirien erreichte und ob es überhaupt ihr Ziel war, bleibt wohl für immer ein Geheimnis. Die Autorin hat die Wanderung Lillians akribisch recherchiert, alte Dokumente und Polizeiberichte aufgestöbert, Zeitzeugen und deren Nachkommen befragt und sogar Fotos gefunden.

Henry David Thoreau: »Walden oder Leben in den Wäldern«, Zürich 2015

Thoreau veröffentlichte 1854 ein Buch, für das er bis heute berühmt ist. Er beschreibt, wie er sich zwei Jahre in eine selbst gebaute Hütte am Walden-See zurückgezogen hatte und dort in Abgeschiedenheit lebte. Er gilt gewissermaßen als Ökopionier. Das Buch ist ein Klassiker für Aussteiger, für Alternative und die Bibel für die grüne Ökologiebewegung. Neben der Natur als Lehrmeister und Inspirationsquelle predigte Thoreau auch den Ungehorsam gegen den Staat und die Pflicht des Einzelnen, Widerstand zu leisten. In seinem Buch stellt Thoreau existenzielle Fragen: Wie will ich leben? Was ist der Sinn meines Lebens und des Lebens überhaupt? Sein Werk kann auch heute noch Menschen eine Richtung geben, die sich auf Sinnsuche begeben wollen. Es ist ein Plädoyer für das Infragestellen aller Werte in einer sich immer schneller bewegenden industrialisierten Welt. Erstaunlich, dass Thoreau unsere heutigen Probleme zu seiner Zeit, vor fast 200 Jahren, bereits so klar erkannt hatte. Mir aber hat das Buch vor allem wegen seiner Naturbeschreibungen gefallen.

Velma Wallis: »Zwei alte Frauen. Eine Legende von Verrat und Tapferkeit«, Hamburg 1993

Dieses Buch hat mir tiefe Kenntnisse über das frühere Leben der kanadischen Ureinwohner vermittelt. Geschrieben wurde es von einer Angehörigen des athabaskischen Volkes, die wie ihre Vorfahren aufwuchs, dann aber die Highschool besuchte. Die Autorin erweckt mit ihrem Text eine alte indigene Legende zum Leben, die sie als Kind gehört hatte. Sie schildert, wie ihr Volk in der Vergangenheit von den Launen der Natur abhängig und oftmals dem Hungertod preisgegeben war. Während eines Hungerwinters werden zwei Alte zurückgelassen und damit dem Tod ausgeliefert. Wie die beiden es schaffen, zu überleben und sich Nahrung zu verschaffen, ist spannend, aufschlussreich und überraschend.

DANK

Mein Dank gilt den Menschen, denen ich in British Columbia begegnet bin. Ihnen verdanke ich, dass ich mein Kanadaabenteuer verwirklichen und die urwüchsige Wildnis mit ihrer faszinierenden Tierwelt erleben durfte.

Seit meinem ersten Buch über meine Forschungsarbeit und den einjährigen Aufenthalt auf den Galapagosinseln lektoriert Susanne Härtel meine Bücher. Ich denke, es ist endlich an der Zeit, ihr meinen herzlichen Dank auszusprechen. Ich schätze ihre strenge Kritik sehr, die immer dem Text zugutekommt.

Dankbar bin ich meinem Verlag und seinen Mitarbeiterinnen, vor allem Bettina Feldweg, der Programmleiterin, Verena Pritschow, die als Verlagslektorin immer ein offenes Ohr für mich hat und eine kenntnisreiche Ansprechpartnerin und Beraterin für mich ist, und Antje Leipsic, die meine Lesungen betreut.

Bei meiner Familie möchte ich mich hier besonders bedanken. Denn ohne die Liebe und das Verständnis meiner Eltern, die mich in meiner Entwicklung und meinem Handeln nie beengt und eingeschränkt haben, wodurch ich selbstbewusst und voller Neugier auf das Leben aufwachsen konnte, hätte ich vielleicht nicht den Mut und die Entschlossenheit gehabt, meinen Weg zu gehen. Meine Mutter hat all meine abenteuerlichen Unternehmungen wohlwollend und anteilnehmend verfolgt. Nur mein Vorhaben, in einer Blockhütte zu überwintern, schien ihr so absurd, dass sie es mir am liebsten ausgeredet hätte. Sie, die Sonne und Licht liebt, fand es schrecklich, ihre Tochter in Kälte und Dunkelheit zu wissen. Als sie aber nach meiner Rückkehr die farbenprächtigen Fotos sah, änderte sie ihre Meinung sofort.

Bei meinem Freund Helmut bedanke ich mich, dass er mit der viele Monate dauernden Trennung einverstanden war, mehr noch, dass er mich in meiner Unternehmung tatkräftig unterstützt hat. Der Wind trug mir tagtäglich seine liebevollen Gedanken zu, die mein Alleinsein in der Wildnis erhellten und mich gerne zurückkehren ließen.

Bei »Timbooktu«, der Buchhandlung an meinem Wohnort, konnte ich die für meine Vorbereitung benötigten Bücher bestellen und wurde von Frau Stawarz und Herrn Wiedemann bei der Literaturauswahl bestens beraten. Das Buch »Das Leuchten am Rand der Welt« von Eowyn Ivey wurde mir von Herrn Ralph Zaffrahn, dem Leiter der Stadtbibliothek »Bücherturm« in Neuburg an der Donau, empfohlen, wofür ich mich herzlich bedanke. Wahrscheinlich wäre ich sonst nicht auf dieses ungewöhnliche Buch über eine Expedition in die Wildnis Alaskas aufmerksam geworden.

Beaufort-
see
ALASKA
(USA)
Yukon River
Dawson
YUKON
Yukon River
Whitehorse
Rocky Mountains
Norman
Wells
Great Bear Lake
Mackenzie River
NORTHWEST
TERRITORIES
Fort Simpson
Yellowknife
Great Slave Lake
Golf von
Alaska
Cassiar-
Berge
Stikine River
Thukada Lake
Omineca-
berge
K A N
Lake Athabasca
Fort Chipewyan
BRITISH
COLUMBIA
Smithers
Prince
George
Fraser River
ALBERTA
Edmonton
SASKAT-
CHEWAN
MAN
Lake
Winn
Vancouver
Victoria
Regina
Winnipeg
PAZIFIK
Missouri River
Mississip
N
W
O
S
U S A
0
250
500 km